大学生心理健康教育

——积极心理学的运用

谭华玉　马利军　主编

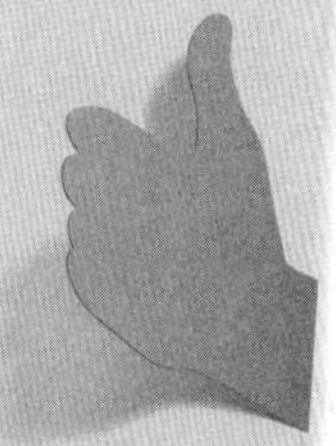

华南理工大学出版社
SOUTH CHINA UNIVERSITY OF TECHNOLOGY PRESS
·广州·

图书在版编目（CIP）数据

大学生心理健康教育：积极心理学的运用 / 谭华玉，马利军主编. —广州：华南理工大学出版社，2020.6（2023.1重印）
ISBN 978-7-5623-6334-7

Ⅰ. ①大… Ⅱ. ①谭… ②马… Ⅲ. ①大学生-心理健康-健康教育-高等学校-教材 Ⅳ.①G444

中国版本图书馆CIP数据核字（2020）第064544号

Daxuesheng Xinli Jiankang Jiaoyu——Jiji Xinlixue De Yunyong
大学生心理健康教育——积极心理学的运用

谭华玉　马利军　主编

出 版 人：柯　宁
出版发行：华南理工大学出版社
（广州五山华南理工大学17号楼，邮编510640）
http：//hg.cb.scut.edu.cn　E-mail：scutc13@scut.edu.cn
营销部电话：020-87113487　87111048（传真）
责任编辑：林起提
责任校对：李　桢
印 刷 者：广东鹏腾宇文化创新有限公司
开　　本：787mm×1092mm　1/16　印张：17.75　字数：421千
版　　次：2020年6月第1版　2023年1月第5次印刷
定　　价：45.00元

编委会

内容提要

本书立足于大学生的心理健康状况和身心特点，在编写过程中坚持“育心”与“育德”相结合，将课程思政与积极心理学的理念和科学的方法融入大学生心理健康教育的核心主题中，有意识地引导学生形成正确的价值观，发展自身的积极品质和健康人格，着力培育大学生理性平和、积极向上的健康心态，促进其健康心理素质的发展和完善。全书分为10章，包括“健康人生　从心开始”“认识自我　悦纳自我”“优化人格　展现魅力”“学会学习　受益终生”“和谐人际　幸福之源”“情绪调节　快乐生活”“谈性说爱　成长成熟”“管理压力　笑对挫折”“职业规划　从容就业”“珍爱生命　积极人生”。每章内容围绕主题介绍相关的心理知识、存在问题和调适方法，同时阐述了大学生如何在大学生活中增进心理健康和发展自身潜能。另外，各章还包含相关主题的拓展阅读和课程实践（心理测试、心理训练和思考讨论）。

在编写过程中，作者尽可能提升教材的可读性、实用性、体验性和操作性，将理论学习与实践训练紧密结合起来，以适应大学生学习阅读的心理特点，进而最大限度地实现教材内化于心、外化于行的教育功效。

本书可作为高等院校心理健康教育教材和参考用书，也可作为大学生完善心理健康状态、提升心理素养的自学自助读本。

前言

全面加强和改进学生心理健康教育工作是培育担当民族复兴大任的时代新人的重要内容。高校学生的心理健康工作不仅涉及一个人、一个家庭、一个学校，更关乎民族的未来和国家的全局。大学生正处于青年期，是个体身心发展迈向成熟，由他律转变为自律、由社会我进入心理我充分发展的时期；也是从发现自我、了解自我到认识自我与他人关系、自我与社会关系，进而拓展人生意义、厘清未来发展方向的重要时期。大部分学生进入大学后，由于学习和生活环境发生了巨大的变化，直面环境适应、学习、交友、恋爱、就业等问题，来自社会、学校、家庭的各种矛盾与自身成长的遭遇相互冲突、交织，心理健康问题比较突出。

教育部在《普通高等学校学生心理健康教育工作基本建设标准（试行）》中提出“高校应将大学生心理健康教育纳入学校人才培养体系”等；在《普通高等学校学生心理健康教育课程教学基本要求》中明确提出课程性质与教学目标、主要教学内容、课程设置与教材使用、教学模式与教学方法等内容；在《高校思想政治工作质量提升工程实施纲要》中强调“育心与育德相结合”，“大力推动以‘课程思政’为目标的课堂教学改革”。本书紧扣以上文件精神，在编写中贯穿“两结合、双并行”理念。即坚持育心与育德相结合，体现课程思政与积极心理学双特色；补救性与发展性相并行，通过理实一体化教学，不仅注重解决学生的心理问题，更注重发展学生的积极品质，挖掘学生的积极力量。本书内容涵盖“健康人生　从心开始”“认识自我　悦纳自我”“优化人格　展现魅力”“学会学习　受益终生”“和谐人际　幸福之源”“情绪调节　快乐生活”“谈性说爱　成长成熟”“管理压力　笑对挫折”“职业规划　从容就业”“珍爱生命　积极人生”等10大专题。每个专题独立成章，读者可以随意从任何一个自己感兴趣的专题开始阅读。

本书是编者团队对多年教学经验和研究成果进行总结、归纳和凝练的结晶。执笔编委分工如下：第一章、第三章、第四章，由谭华玉撰写；第二章、第六章，由支素华撰写；第五章、第九章，由李鸥、谭华玉撰写；第七章、第八章，由马利军撰写；第十章，由梁娟撰写。全书由谭华玉、马利军统稿。

本书在编写过程中，尽管参阅了大量的文献资料，但由于编者的理论修养和实践经验有限，书中难免存在疏漏之处，恳请各位专家、同行、读者斧正，以便进一步修订完善。在此，谨向本书中的引文作者表示深深的谢意！向支持本书出版的各位领导、专家和朋友表示衷心的感谢！向为本书编写收集资料的老师们和同学们表示衷心的感谢！

衷心希望广大的青年大学生身心健康、快乐成长！

谭华玉

2023年1月

目录

Contents

第一章

健康人生　从心开始

——大学生心理健康教育绪论

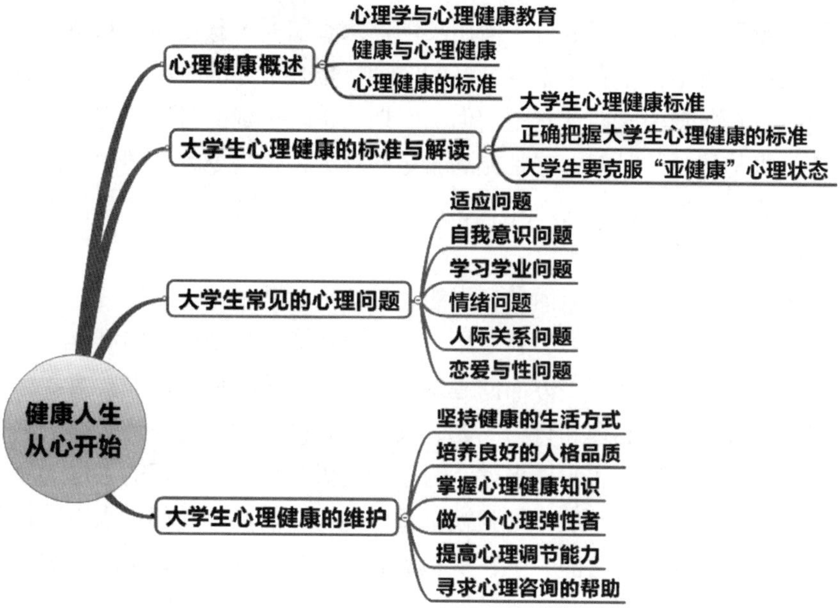

图1-1　第一章基本框架

世界上最宽阔的东西是海洋，比海洋更宽阔的是天空，比天空更宽阔的是人的心灵。

——维克多·雨果

拥有健康身体的同时拥有健康的心理，是这个世界上关于幸福状态简短而又充实的描述。如果一个人拥有这两个方面，那他就没必要再祈求其他的了；追求身心的健康要比追求其他的东西有价值得多。

——乔·勒克

大学是人生发展的重要时期，承载着许多美好的愿望和向往，同时也充满着矛盾冲突，甚至危机。借用英国作家查尔斯·狄更斯《双城记》里的一段话来概括："它是人生最好的时期，也是最坏的时期；它是智慧的时期，也是愚蠢的时期；它是信仰的时期，也是怀疑的时期；它是光明的时期，也是黑暗的时期；它是充满希望的春天，也是令人失望的冬天；我们前途有着一切，我们前途什么也没有；我们正在直升天堂，我们也正在直下地狱。"

大学生生活阅历相对简单，思想比较单纯，承受挫折的能力较弱，在面临学业压力、经济压力、就业压力等多重压力，以及就业与升学、恋爱与学业、生存与发展等多方面的趋避冲突时，如果不能适时调整自我，容易出现多种形式的心理和行为问题，甚至严重的心理失衡，导致自伤、自杀及伤人、杀人等违法犯罪事件。为了帮助大学生树立良好的心理健康意识，培养积极的心理品质，增强社会适应能力，提高心理保健水平，以积极向上的心态开拓自己的人生，从积极心理学角度开展大学生心理健康教育显得尤为重要。

第一节 心理健康概述

一、心理学与心理健康教育

恩格斯曾把人的心理现象誉为“地球上最美的花朵”，很多大学生对人的心理现象充满好奇，觉得心理学是神秘而好玩的。于是，经常有人提诸如“你能不能知道我现在在想什么”“你听了上半句，会知道我下半句想说什么吗”之类的问题，甚至有人把心理学与“算卦”“占卜”“星座”“血型”等联系在一起。实质上，心理学是一门研究人的心理现象和行为规律的科学。积极心理学是心理学新的生长点，又被誉为一门研究快乐和幸福的科学。它倡导用积极的心态对人的许多心理现象，包括对心理问题，做出新的解读，用欣赏性的眼光去看待人类的潜能、动机和能力，从而激发个体自身所固有的某些实际的或潜在的积极品质和内生力量，并利用它们来帮助有问题的人、普通人或者具有一定天赋的人最大限度地挖掘自己的潜力，获得良好生活。

中国正处于经济快速发展的阶段，人们的生活节奏日益加快，竞争越来越激烈，人际关系越来越复杂，工业化、现代化、社会化、一体化程度在不断提高，科学技术的飞速进步，知识爆炸性地增加，迫使人们不断地进行知识更新。正如美国一位资深心理医生所说：“人类进入了情绪负重年代，随着中国向商业化的转变，人们面临的心理问题对自身生存的威胁，将远远大于一直困扰着中国人的生理性疾病……”作为社会人口的重要组成部分，高等院校莘莘学子对社会心理这一时代变化的“晴雨表”非常敏感，他们需要面对许多引发心理冲突的困境，如对新生活、新环境的适应和对过往经历的怀念，对专业的选择和学习的适应，对理想的追求与对现实的妥协，对复杂人际关系的处理，以及恋爱、就业等问题。据有关文献资料表明，我国有20%～25%的大学生存在不同程度的心理健康问题，甚至个别报告指出这类学生约占50%。近年来，有些调查研究发现大学生的心理健康水平有恶化的趋势。如何使大学生避免或消除由上述冲突造成的心理应激、心理障碍或心理危机，以积极的、正常的心理状态去适应环境，增进身心健康，预防心理障碍和精神疾病的发生，使同学们能更好地发展潜力、发挥实力、实现价值，大学生心理健康教育就成了时代发展迫切的需要和学生成长的重要保障。

近年来，中共中央以及教育部、国家卫生健康委员会、广东省教育厅等不断发文要求加强学生的心理健康教育，倡导从积极心理学视角去构建大学生心理健康教育。从传统的病理性心理学角度来看，当人们谈到大学生的特点时，会马上联想到大学生存在以自我为中心、缺乏使命感和责任感、没有理想与信念、人生价值观偏差、挫折承受力弱、对职业生涯迷茫、缺乏对未来的规划等问题，却较少去关注大学生的积极品质和人格优点。在大学生心理健康教育中，教师常常与学生谈论什么是抑郁症、什么是焦虑症、大学生常见的心理问题是什么、怎样克服心理困扰、怎样矫治心理障碍、怎样帮助存在心理问题的同学等，却很少和学生探讨幸福的奥秘是什么、现代人为什么经常不快乐、怎样保持生命的最佳状态、怎样拥有洋溢积极的精神、如何充满乐观的和散发活力的阳光心态等这类促进学生思考和培养积极生活态度的问题。从传统的病理性心理学角度开展的大学生心理健康教育过多地关注了负面问题，似乎觉得只要预防心理问题的发生，大学生自然就是健康和幸福的。其实，消除问题只是“零”状态。积极心理健康的核心理念是，心理健康不仅要关注人的各种心理问题或心理疾病，还要更多地关注人的积极品质或积极力量（马甜语，2009）。积极心理学主张心理学应对普通人如何获得更好的发展、如何生活得更加幸福、如何使具有天赋的人更大程度地发挥其潜能等问题进行研究。哈佛大学幸福课的忠实粉丝汪冰在《世界再亏欠你，也要敢于拥抱幸福》中说，“……积极心理学的妙处在于，它不仅仅关注那些吸引眼球的特别乐观、特别成功、特别幸福的人，它更关注他们的经验能否被科学验证，能否被普通人学习掌握，而之前的自我激励的运动，则往往将个人经验不加验证地进行推广——‘我能你也能’。如果你没有做到，不是因为这方法有问题，只是说明你‘自我洗脑’得不够彻底。不顾个人特点和客观实际的自我激励，有可能带来更深的挫败和绝望。”从积极心理学角度出发的大学生心理健康教育的目的在于将积极心理学与传统的大学生心理健康教育进行有机结合，让学生们懂得利用积极心理学原理来反省、思考、实践，从而对其心理的健康发展产生更大的帮助，更好地挖掘其潜能、发展其技巧，使之更好地工作、学习和生活。

二、健康与心理健康

“身体健康”是最常见的祝福语，反映了“健康”是每个人的愿望。前世界卫生组织（World Health Organization，WHO）总干事马勒博士曾指出：“必须让每个人认识到，健康不代表一切，但失去了健康，就失去了一切。”

关于健康的定义，传统观念认为健康就是身体没有疾病。因此，人们重视身体的锻炼与保养，而往往忽略了心理的保健。随着科学的进步和社会的不断发展，人们对健康的理解越来越全面。世界卫生组织（1998）将健康定义为：健康应包括身体健康、心理健康、社会适应良好和道德健康。有关学者也提出了具有现代意义的新的健康观：健康应是能对抗紧张，经得住压抑和挫折，积极安排自己的各种生活活动，使自己的智慧、情感和躯体融为一体，生活和精神充满生机，且富有文明的意义。

传统的心理健康观念视心理健康与心理疾病为一条线上的两个端点，没有心理疾病就是心理健康。然而，随着科学文化的进步和社会的不断发展，人们对心理健康的理解也更加深入。世界卫生组织（2001）将心理健康定义为：心理健康不仅是一种无精神病，更可视为一种幸福状态（well-being）。在这种状态中，每个人认识到自己的潜力，可以应付正常的生活压力，有效地从事工作，并能够对社会做出贡献。从广义上来讲，心理健康是指个体具有一种持续、高效而满意的心理状态，在这种状态下，生命具有活力，潜能得到开发，价值得以实现。从狭义上来讲，心理健康是个体具有稳定的情绪、适度的行为，具有协调关系和适应环境的能力。

三、心理健康的标准

关于心理健康的标准有众多版本，下面列举几种常见的标准。

（一）第三届国际心理卫生大会提出4条心理健康标准

（1）身体、智力、情绪十分调和；

（2）能适应环境，人际关系和谐；

（3）有幸福感；

（4）在工作中能充分发挥自己的能力，过有效率的生活。

（二）著名的人本主义心理学家马斯洛和米特尔曼提出10条心理健康判断标准

（1）是否有充分的安全感；

（2）是否对自己有较充分的了解，并能恰当地评价自己的能力；

（3）自己的生活和理想是否切合实际；

（4）能否与周围环境保持良好的接触；

（5）能否保持自身人格的完整与和谐；

（6）是否具备从经验中学习的能力；

（7）能否保持适当和良好的人际关系；

（8）能否适度地表达与控制自己的情绪；

（9）能否在集体允许的前提下，有限度地发挥自己的个性；

（10）能否在社会规范的范围内，适度地满足个人的基本需求。

（三）国内学者王登峰、张伯源归纳总结的8项心理健康指标

1. 了解自我，悦纳自我

心理健康的人能体验到自己的存在价值，既能了解自己，又能接受自己，具有自知之明，即对自己的能力、性格、情绪和优缺点能做到恰当、客观地评价，不会提出苛刻的非分期望与要求，生活目标和理想也能定得切合实际，因而对自己总是满意的；同时，能努力发展自身的潜能，即使对自己无法补救的缺陷，也能安然处之。心理不健康的人则缺乏自知之明，并且总是对自己不满意，由于所定的目标和理想不切实际，主观和客观的距离相差较大而常常自责、自怨、自卑，不断要求自己十全十美，却又无法做到完美无缺，于是，经常体验挫折感，结果导致心理状态永远无法平衡，也无法较好地摆脱将要面临的心理危机。

2. 接受他人，善与人处

心理健康的人乐于与人交往，不仅能接受自我，也能接受他人，能认可别人存在的重要性和作用，也能为他人所理解、所接受，能与他人相互沟通和交往，人际关系协调和谐，在集体生活中能与他人融为一体，乐群性强，既能在与挚友团聚之时共享欢乐，也能在独处沉思之时而无孤独之感。在与人相处时，积极的态度（如同情、友善、信任、尊敬等）总是多于消极的态度（如猜疑、嫉妒、畏惧、敌视等），因而在社会生活中具有较强的适应能力和充足的安全感。一个心理不健康的人，总是自别于集体，与周围的环境和人

们格格不入。

3. 热爱生活，乐于工作

心理健康的人珍惜和热爱生活，积极投身于生活，在生活中尽情享受人生的乐趣，而不会认为生活是重负。他们在工作中尽可能地发挥自己的个性和聪明才智，并从工作的成果中获得满足和激励，把工作视为乐趣而不是负担。他能把工作过程中积累的各种有用的信息、知识和技能储存起来，便于随时提取使用，以解决可能遇到的新问题，能够克服各种困难，使自己的行为更有效率，工作更有成效。

4. 正视现实，接受现实

心理健康的人能够正视现实，接受现实，并主动地去适应现实，进一步改造现实，而不是逃避现实，对周围事物和环境能做出客观的认识和评价，并能与现实环境保持良好的接触，既有高于现实的理想，又不会沉湎于不切实际的幻想与奢望，对自己的能力有充分的信心，对生活、学习、工作中的各种困难和挑战都能妥善处理。心理不健康的人往往以幻想代替现实，不敢面对现实，没有足够的勇气去接受现实的挑战，总是抱怨自己生不逢时或责备社会环境对自己不公，无法适应现实环境。

5. 能协调与控制情绪，心态良好

心理健康的人常常处于积极情绪状态，他们愉快、乐观、开朗、满意，虽然也会有悲、忧、愁、怒等消极的情绪体验，但一般不会长久。他能适当地表达和控制自己的情绪，喜不狂、忧不伤，胜不骄、败不馁，谦虚不卑，自尊自重；在社会交往中既不妄自尊大，也不畏缩恐惧；对于无法得到的东西不过于贪求，争取在社会规范允许的范围内满足自己的各种需求，对于自己能得到的一切感到满意，保持开朗、乐观的心态。

6. 人格和谐完整

心理健康的人，其人格结构各方面能平衡发展，包括气质、能力、性格和理想、信念、动机、兴趣、人生观等能够协调一致，人格作为人的整体精神面貌能够完整、和谐地表现出来；思考问题的方式是适中和合理的，待人接物能采取恰当灵活的态度，对外界刺激不会有偏颇的情绪和行为反应；能够与自己步调合拍，也能融入集体。

7. 智力正常

智力正常是人正常生活、工作、学习的最基本的心理条件，是心理健康的重要标准。一般智商低于70分为智力落后者，智力落后限制了个体各项心理机能的发展。

8. 心理行为符合年龄特征

心理健康的人应具有同年龄段大多数人都具备的心理行为特征。如果一个人的心理行为经常严重偏离自己的年龄特征，一般都是心理不健康的表现。

以上列举了不同版本的心理健康的评判标准和尺度，个体可以此来大致衡量自己的心理健康水平。通常来讲，心理健康水平可分为如下三个等级：

（1）常态心理。表现为经常有愉快的心理体验，适应能力强，善于与别人相处，能较好地完成同龄人发展水平应做的活动，具有调节情绪的能力。生活中的大部分人属于常态心理。心理健康教育的目的就是帮助大学生持续保持正常心态，并不断开发心理潜能，提高心理健康水平。

（2）轻度失调心理。表现为不具有同龄人所应有的愉快，与他人相处略感困难，生活自理有些吃力。若主动调节或通过心理辅导专业人员的帮助，就会消除或缓解心理问题，逐步恢复常态。小部分人会在不同的生活阶段出现这样或那样的轻度心理失调情况。对轻度心理失调应持“接受人会感冒发热”一样的态度，积极进行调整，一般很快会恢复常态。

（3）严重病态心理。表现为严重的适应失调，无力维持正常的生活和学习。如不及时治疗，有可能会恶化，导致神经症或精神病性障碍。精神病性障碍是严重的心理疾病，这类人群只占极少数。心理健康教育就是要通过宣传教育，积极预防严重心理疾病的发生，做到早发现、早治疗。

需要说明的是，即便是有精神病性障碍的人，他们的心理活动也并不全部表现为异常。比如，他们的人格可能有某方面的缺陷并伴随思维障碍，可是感知却正常，而且经过系统治疗，心理的异常部分也能得到改善或完全被矫正。因此，正常心理活动和异常心理活动之间，有相互转化的可能性。这一可能性，就是正常心理活动和异常心理活动在人群中永远并存的根据。

近年出现的心理健康新观点——心理健康的双连续模式（见图1–2），也提出了类似的观点。该观点认为心理疾病和心理健康在一个人身上可以并存。心理疾病和心理健康是两个既独立又保持互相关联的概念。

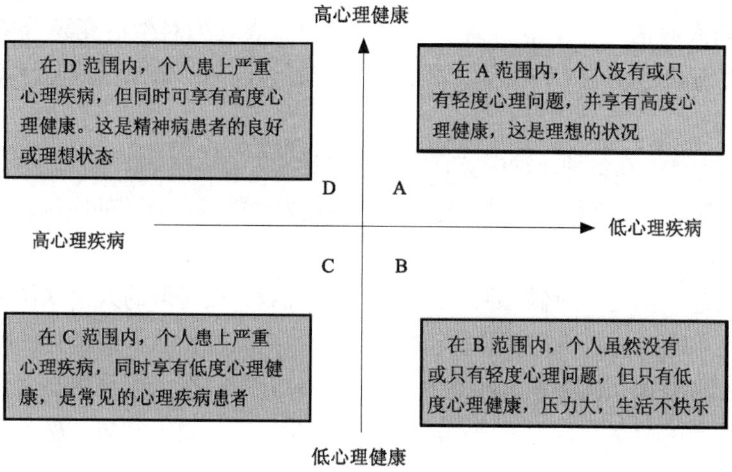

图1–2　心理健康的双连续模式

一般说来，心理健康的人都能够善待自己、善待他人、适应环境，且情绪正常、人格和谐。在心理健康的状态下，生命具有活力，潜能得到开发，价值得以实现。但心理健康的人并非没有痛苦和烦恼，而是他们能适时地从痛苦和烦恼中解脱出来，积极地寻求改变不利现状的新途径。他们能够深切领悟人生冲突的严峻性和不可回避性，也能深刻体察人性的善恶。他们能够自由、适度地表达，展现自己的个性，并且与环境和谐地相处。他们善于不断地学习，利用各种资源充实自己。他们不会钻牛角尖，而是善于从不同角度看待问题。他们会享受美好人生，同时也明白知足常乐的道理。

第二节 大学生心理健康的标准与解读

大学生的年龄一般在18～25岁，心理学上称此年龄段为“青年中期”。大学生的心理具有青年中期的许多特点，但作为特殊群体，大学生又不能完全等同于一般青年。心理是否健康，需要通过量表的测量、临床的诊断。同时，健康的标准不是固定不变的，它会随着时代的变迁、文化背景的不同而变化。

一、大学生心理健康标准

根据当前我国大学生的实际情况，在实践中，以下几条标准可在评判中着重考虑。大学生在阅读时，可以试着给自己的心理健康打分。假设按符合程度，把心理健康分为5个等级，等级由低到高分别为1～5分，心理越健康，分数越高。

1. 智力正常

高智商的人，心理不一定都健康。因此衡量时的关键在于是否正常地、充分地发挥了效能：即有强烈的求知欲，乐于学习，能够积极参与学习活动。

2. 情绪健康

心理健康的人通常能保持情绪稳定和心情愉快。表现为对生活充满希望，愉快情绪多于负性情绪，能直面自己的不良情绪，并且善于控制与调节，情绪反应与环境相协调。

3. 意志健全

意志健全的大学生在各种活动中应有较高的自觉性，能适时地做出决定并运用切实有效的方式解决问题；当遇到困难和挫折时，有恒心、有毅力，能采取合理的应对方式解决问题。

4. 人格完整

即个人的所想、所说、所做协调一致。大学生应以积极进取的人生观作为人格的核心，并以此为中心把自己的需要、目标和行动统一起来；把人格作为人的整体的精神面貌完整、协调、和谐地表现出来，例如思考问题的方式适中、合理；待人接物的态度恰当灵活；对外界刺激不会有偏激的情绪和行为反应；能够与社会相适应，也能和集体融为一体。

5. 自我评价正确

正确的自我评价是大学生心理健康的重要标准，应能客观地认识自己、恰如其分地评价自己、正视自己的缺点和不足，并悦纳自我，做到自尊、自强、自制、自爱。

6. 人际关系和谐

良好而深厚的人际关系，是事业成功与生活幸福的前提。其表现为：交往动机端正，积极的交往态度多于消极的交往态度，既有广泛而良好的人际关系，又有知心朋友；在交往中能保持独立而完整的人格，有自知之明，不卑不亢；能客观评价别人和自己，善取人之长补己之短，宽以待人，乐于助人。

7. 社会适应正常

心理健康的大学生应能较快适应变化了的学习环境、生活环境、自然环境及人际环境等。即使突然发生意外变化或身处恶劣环境中，也能较快顺应环境并保持心理平衡。

8. 心理行为符合年龄特征

大学生应具有与年龄、角色相应的心理行为特征，如果心理行为经常严重偏离自己的年龄特征，一般都是心理不健康的表现。

二、正确把握大学生心理健康的标准

读完以上标准后，给自己打分的同学均得到了一个分数，结果可能让你很欣慰，或者沮丧甚至焦虑，因此正确理解大学生心理健康的标准非常必要，应从以下几个方面来把握。

1. 标准的相对性

人群的心理健康状况分布大体符合正态分布曲线（见图1-3），绝对健康和绝对不健康的人都是少数，大部分人都落在中间区域。

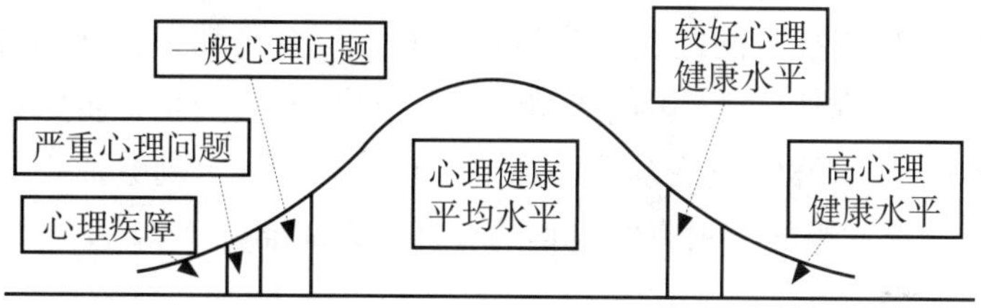

图1-3　心理健康水平的常态分布图

心理健康灰色理论将完全心理健康比作白色，将强烈的不健康比作黑色，该理论认为在白色与黑色之间存在着一个巨大的缓冲区域——灰色区。灰色区域又可以进一步分为浅灰色区与深灰色区，浅灰色区的人只有心理冲突而无人格变态，如失恋、丧亲、夫妻纠纷、家庭不和、工作不顺、人际关系不佳等生活矛盾带来的心理不平衡与精神压抑。深灰色区的人则患有种种人格障碍与神经症，如强迫症、恐惧症等。世间属于纯白的心理完美与纯黑的精神疾病的人极少，大多数人的精神状况都散落在灰色区域内（见图1-4）。

	白色区	浅灰色区	深灰色区	黑色区
特点	健康人格、自信适应	由生活人际关系压力而产生心理冲突	患有各种人格障碍与神经症	患有精神病

（续上表）

	白色区	浅灰色区	深灰色区	黑色区
服务者	无需	心理咨询师、社会工作者	心理治疗师	精神科医生
服务模式	无需	咨询心理学模式	临床心理学模式	医学模式

图1-4　心理健康灰色理论

有些学者将灰色区域——既非疾病又非健康的中间状态称为“亚健康状态”。从静态的角度看，心理健康是一种状态；从发展的角度看，心理健康是围绕着健康常模，在一定范围内不断上下波动的过程，处于一种动态平衡的状态。不管是普通人群还是大学生群体，在人生发展的过程中遇到各种各样的心理问题都是正常的，就如心理得了“感冒”，不必由此带来过重的情绪负担，而应积极加以调整或治疗。

2. 整体协调性

从心理过程看，健康的人的心理活动是一个完整统一的协调体，整体协调性保证了意识和行为的高度准确性与有效性；从心理结构看，一旦不能符合规律地进行协调运作，便可能产生一系列的心理困扰或问题；从个性角度看，每个人都有长期形成的稳定的个性心理，个性在没有明显、剧烈的外部因素影响下不会轻易发生变化，否则说明其心理健康状况发生了变化；从个体与群体的关系看，每个人在其现实性上划分成不同的群体，不同群体间的心理健康标准存在差异，没有绝对化的心理健康标准。

3. 发展性

人在发展的过程中会遇到各种各样的挫折，一些不健康的心理状态可能是大学生成长中不可避免的问题，比如新生适应问题、就业焦虑问题。随着时间的推移、身心的发展，其症状会自行缓解或消失。

心理健康标准是一种理想的尺度，它是一个衡量的依据，更重要的是它指明了提高心理健康水平的方向。目前，关于心理健康到底是一个目标，还是一个过程的问题尚存在争论。很多理论家、学者都提出心理健康应该是一个目标。作为一个目标呈现给个体，个体按照标准去执行，就可以达到心理健康的标准。另外一种观点认为心理健康应该是一个过程，是实现的过程，是被完成的过程。美国的人本主义心理学家卡尔·罗杰斯在他的著作《论成长》中就使用进行时来描述心理健康的发展。实际上，罗杰斯就是把心理健康看作一个过程，尽管现在还没有具备心理健康的种种积极的品质，但是在朝这个方向不断接近的时候，心理也是健康的，而不一定说非得达到了某个标准才算是心理健康。

三、大学生要克服“亚健康”心理状态

亚健康状态即介于健康与非健康之间的中间状态，是机体在内外环境的不良刺激下引起心理、生理发生异常变化，但尚未达到明显病理性反应的程度的一种状态。世界卫生组织

一项全球性调查结果表明，全世界真正健康的人仅占5%，患病的也只占20%，而75%的人处于亚健康状态。据一项对大学生的调查结果显示，大学生的亚健康状态主要表现为：人生目标茫然、学习目标不明确、学习动力缺失、生活目标随波逐流、常有无意义感伴随、自卑与自负两极振荡、懒散与退缩、恐惧失败等。导致大学生亚健康状态的原因很多，除由于过度疲劳造成的精力、体力透支，人体生物周期中的低潮时期、身体疾病等因素外，心理疾病也是一个非常重要的原因。为预防与消除亚健康状态，大学生应做好以下方面：（1）适度运动；（2）保持全面均衡的营养；（3）关注自己的生理周期；（4）保证睡眠，午睡不可忽视；（5）提高自我保健意识，及时进行心理调节；（6）主动寻求心理帮助。

第三节　大学生常见的心理问题

大量的调查表明，大学生的心理健康状况总体较好，但有一定比例的人存在各种不同程度的心理异常，给学习、生活和健康发展带来了严重影响，需要引起高度重视。当代大学生存在的心理问题主要是成长、发展中的问题，包括以下几种：

一、适应问题

【案例1】A同学，女生，从云南来到广州某大学求学，由于环境气候发生了较大变化，皮肤总是起疹发痒。学生饭堂的饭菜是典型的广东口味，她无法下咽，每天吃饭都是白饭拌辣椒酱。跟宿舍和班里的同学也没有共同语言，她们每天谈论的话题，A同学都不感兴趣，只有默默去图书馆，又被同学说清高。她觉得大学生活跟自己想象的完全不一样，很苦闷，很想回去复读，但又担心复读考不好，每天晚上都辗转难眠。

大学生在适应新的角色、任务和环境的过程中，会产生许多心理问题。适应问题包括新生入学的生活适应、心理适应；在校期间角色变化的心理适应；日常行为习惯的心理适应；毕业时的心理适应等。其中以新生入学后一周到两个月之间，不适应表现最为集中、明显，具体的如同学A，不适应新气候、新口味和新生活，不习惯离开家，不会照顾自己，晚上躺在床上胡思乱想、难以入睡等。

二、自我意识问题

【案例2】B同学，女生，认为自己美丽有气质、聪明过人，常常在同学面前炫耀自己过去的光辉历史，对同学有比较强的支配欲，认为同学们都很喜欢她、甘愿受她支配，觉得班里的男同学都对她有不一样的好感。她每天都在盲目的孤芳自赏中自得其乐，慢慢地舍友都受不了她，她跟老师投诉说同学们都嫉妒她，对她不公正。

在大学生的自我发展过程中，既存在自我认识、评价与实际情况的差异问题，如案例2

中的B同学，也存在理想自我与现实自我的落差问题。研究表明，理想自我与现实自我的不平衡往往是心理问题产生的重要因素。如何协调这种不平衡、如何看待自己，是大学生发展阶段面临的重大问题。另外，过度的自我接纳与过度的自我拒绝、过度的自尊与过度的自卑、自我中心与从众心理、过度的独立意识与过度的依赖心理等问题及其矛盾冲突也是大学生自我意识问题的主要表现，尤其是自卑心理。

三、学习学业问题

【案例3】C同学，大一男生，生于公务员家庭，向来对自己要求比较严格，期望比较高。步入大学生活后，决心不浪费大学的一分一秒，大一第一学期就报了专插本培训班，准备插本到211重点院校，改写自己的大学毕业证书。同时还自学教育学、心理学等课程，准备考教师资格证。每天过着三点一线的生活，从不参加班集体活动和宿舍活动。期末考试将至，其患上了比较严重的考试焦虑，求助心理咨询。

在校大学生的主要任务是学习，圆满地完成大学期间的学习任务几乎是每个大学生的愿望，但学习压力过大、目标不明确、对所学专业不感兴趣、动力不足、注意力不集中、成绩不理想、方法不适应、对老师的授课方式不习惯、考试焦虑等学业问题或多或少地困扰着每一个大学生，如案例3是一个比较典型的学习压力大的个案。

大学相对中学来说，有更多的自由支配时间，也有的学生经过多年的“高压”学习，进入大学后，一方面缺乏明确的学习目标、学习动机，另一方面学习独立性差，缺乏毅力和韧劲，出现较严重的学习倦怠现象，如学习情绪低沉、逃课、上课玩手机、抄作业、考试作弊、迷恋网络等，导致学习生活质量低下，缺乏应有的活力和热情。

四、情绪问题

社会期望高、心理压力大、学习负担重、竞争激烈等问题，易使大学生的情绪处于紧张状态。一般认为，适度的、情境性的负性情绪反应，如考试的紧张焦虑、失意后的悲伤等情绪都比较正常。但是，如果大学生不能很好地处理学习生活中的各种问题，极易产生不同程度的情绪问题，从而影响身心的健康发展。在情绪问题方面，比较突出的有以下几种：

1. 抑郁情绪

主要表现为个体心中持久的情绪低落，常伴有身体不适、睡眠不足，什么活动都懒得参加，什么事也提不起精神来，逃避参与。

2. 焦虑情绪

焦虑表现为自我焦虑、考试焦虑等。在自我焦虑方面，青年时期比其他任何年龄都更关注自己在他人尤其是异性心目中的形象，大学生受很多因素影响，会产生各种各样的焦虑，如有的女生担心自己长得不够漂亮、不能获得异性的好感，因没有男生追求而苦恼等。在考试焦虑方面，尽管大学生都经过了高考的严峻考验，但多数大学生尤其是基础较差的学生面对大学的各种考试，同样会产生担心、害怕、厌倦的心理；而对成就动机较强的学生来说，他们也会感到压力大、紧张焦虑，甚至睡不着觉。

3. 情绪失衡

大学生的社会情感丰富而强烈，具有一定的不稳定性与内隐性，表现为情绪波动大，喜怒无常，会因小小的胜利而沾沾自喜，也易因一次考试失败、情感受挫而一蹶不振，甚至无法控制自己的情绪。

五、人际关系问题

良好的人际关系是大学生成长成才与良好社会化的重要支持，也是保持良好心理状态的必备条件，它使人获得安全感和归属感、得到支持与理解，给人精神上的愉悦和满足；不良的人际关系使人压抑和紧张，感到孤独与寂寞。对刚跨入大学校门的学生而言，在人际关系问题方面主要有以下表现：

1. 人际关系不适

刚进入大学，远离熟悉的生活与学习环境，面对来自五湖四海的新的人际群体，许多思想和习惯碰撞在一起，学生会产生一定程度的不适应。部分学生对大学的师生关系、同学关系、异性关系显得很不适应。

2. 社交不良

大学生活在一定程度上给学生创造了一个模拟社会的环境，学生可以展示自我风采。但有部分学生缺乏在公众场合表达自己思想的能力与勇气，面对各种各样的活动，既充满兴趣和希望，又担心失败；既渴望友谊，又不敢主动出击，表现出退缩甚至回避。“外面的世界很精彩，外面的世界很无奈”。同时，由于个体间正常的交往不够，易引发猜疑、妒忌等，不利于良好人际关系的形成，甚至影响心理健康，个别严重的还会出现社交恐惧症，导致封闭自我、不愿交往。

六、恋爱与性问题

虽然在大学里爱情并非一门必修课，但已成为重要主题。大量事实证明，爱情是最令大学生心醉和神往的期待，同时也是引发大学生烦恼的主要原因。在爱情问题上，很多大学生存在情感迷茫和恋爱观不正确等问题。“专业恋爱、业余学习”“普遍撒网、重点培养、择优而谈”“不在乎天长地久，只在乎曾经拥有”“预约失恋”等都是校园里较为普遍的现象与观念，同时很多大学生也存在从众心理、攀比心理、游戏心理、放纵心理等不良恋爱动机。处在生理成熟期的大学生也容易出现各种各样的性心理问题，主要包括以下两方面：

1. 性生理适应不良

青春期性生理的成熟，必然带来相应的心理变化，如渴望获得异性的好感与承认，产生性幻想、性冲动等。由于性教育的严重缺失，很多学生不能正确认识正常的性反应，产生了堕落感、耻辱感与自责自罪感，把性与不洁联系起来。

2. 性心理问题

青春期性心理与性生理密切相关，性心理有对异性产生好感，希望在异性心目中确立良好的形象、获得认可等。性好奇、性无知、性贞洁感的淡化，甚至性与爱的困惑、分离以及由于性行为引起的后果及产生的心理压力，都是心理健康教育中值得重视的问题。

第四节 大学生心理健康的维护

一、坚持健康的生活方式

生活方式与心理健康是密切相关的。不健康的生活方式容易引起生理疾病和“亚健康”心理状态。如何鼓励人们形成健康的行为模式是现代健康心理学家感兴趣的话题。在美国加利福尼亚州，健康心理学家进行了一个为期6年的社区健康促进项目。他们通过电视、广播和报纸传播关于健康行为的信息，举办关于心理因素影响健康等方面的主题课程和讲座等活动，对超过10万名居民进行健康指导。结果显示，与其他城镇居民相比，这些居民在健康危险因素方面的知识比较丰富，平均血压和心脏病的发病率较低，心血管疾病的风险率也很低。身心健康来自健康的生活方式——好习惯的坚持，而不是一时兴起。大学生应养成健康、文明的生活方式，如合理作息、起居有常、膳食平衡、科学用脑、劳逸结合、积极休闲、适量运动等；主动杜绝沉溺网络、暴饮暴食、过度节食瘦身、晚睡晚起、饮食不规律、抽烟酗酒等行为。

二、培养良好的人格品质

良好的人格品质是大学生心理健康的重要标准之一。大学生应主动培养与心理健康有关的状态和品质。王登峰教授提出以下9种心理健康的人应该具备的比较有代表性的积极品质：

1. 幸福感

幸福感是指人类基于自身的满足感与安全感而主观产生的一系列欣喜与愉悦的情绪，是心理健康的一个很重要的品质。

2. 内心的和谐

内心和谐是指个体对事物的看法和认识，对自己眼前的处境，对将来追求的目标，还有现在所能够做的，各个方面之间能够达到协调。比如，有些人尽管现在条件很差，但是对未来充满了信心。他清楚现在条件差是没有办法的，也相信通过自身的努力将来会得到改善。在眼前的困难和对未来的追求之间达到了一种内心的和谐，即你所追求的、所希望的与现实之间是和谐的。

3. 自尊感

自尊感就是自己喜欢自己。实际上，喜欢自己是一种能力，也是一种积极的品质。有的人喜欢自己能够获得成功，喜欢自己身上的很多优点，但是不喜欢自己身上的一些缺点，不愿意接受自己还有很多做不好的事情。这种情况下，他的自尊感就会比较低，心理就不够健康。

4. 个人的成长

人的一生要经过不同的阶段，从小到大需要承担的责任、所要完成的任务都不一样，在不同年龄阶段应该有与该年龄段相适应的行为方式或者行为准则。到了某个年龄段，就需要达到该年龄段的要求。而若过了该年龄段，行为还停留在之前的模式上，就表示个体可能还比较幼稚，发展、成长不够顺利。当前，许多人一方面希望自己显得老成一些，另一方面又希望自己显得年轻一些，其实都是不健康的心态。如果达不到相一致，那就需要寻找一下问题出在哪里。

5. 个人的成熟

个人的成熟是指在处理自己的问题、人际关系、环境的要求、工作的要求，处理家庭、同事、朋友之间的关系时能够非常得体。表现为个人社会化程度的高低，言谈举止能不能为周围的人所接受。

6. 人格的完整

人格的完整即指自己的感觉、知觉、记忆思维、情感、抑制活动相互之间协调一致。

7. 与环境保持良好的接触

心理健康的人应该跟周围的环境有一种良好的接触，整个心理活动是对现实环境的一种反映。

8. 有效地适应环境

有效地适应环境指个体的言行首先要符合环境的要求，个体首先需要融入环境中，然后才能够发展成为一个心理健康的人。

9. 在环境中保持独立

个体除了要适应环境的要求，同时还要保持独立，即要给自己一定的调整行为的空间。一方面顺从了环境，同时又保持了独立性，既服从又能够反叛，有一定的反叛精神。而处理好适应和独立之间的关系则需要不断地汲取经验，不断地观察，不断地学习。

三、掌握心理健康知识

大学生应积极参加学校开设的有关心理健康知识的课程、专题讲座和心理健康知识竞赛等活动，阅读相关书籍，查阅心理科普网站等，了解和掌握心理健康的有关知识。国外一项研究认为，平时阅读相关书籍能治疗由精神和情绪引发的疾病，如抑郁、焦虑、紧张、恐惧、偏执症等。图书馆是“一座心智的药房，存储着为各类情绪失常病人治病的‘药物’”，经常到图书馆查阅相关图书对大学生的身心健康有很大的帮助。调查表明，求助人生哲理类书刊解决心理困扰的前4项是就业压力、交际困难、人生目标不明确、遭受挫折；求助小说类书刊解决心理问题的前4项是孤独、恋爱苦恼、厌学、焦虑；求助休闲类读物解决心理问题的前4项是焦虑、孤独、遭受挫折、当众讲话紧张。

四、做一个心理弹性者

“记住该记住的、忘记该忘记的、改变能改变的、接受不能改变的”。沃纳使用“弹性”来描述很多青少年奋力克服所面临的逆境所表现出来的品质。弹性的组成元素主要有坚持、顽强、目标性、健康的成功导向、成就动机、教育期望、对未来的信念、期望感、目标感和一致感。这些要素组成的弹性品质使得人们能够以健康和灵活的方式去应对压力应激事件。如果上帝给他们一个柠檬，他们会把它变成柠檬汁。那么如何做一个心理弹性者？华东师范大学心理与认知科学学院教授席居哲给出以下建议：

1. 顺应世界变化，做到随“变”

世界上唯一不变的真理是世界永远都在变化。发展变化是世间恒理，对抗只能让自己徒增苦恼。随“变”是一种境界，也是一种姿态，兵来将挡、水来土掩。

2. 勇于面对挫折，善品生活诸味

如果所有事情都在自己的意志范围内，所预料的必然会发生，非意欲的必然都不会发生，那么生活就没了趣味，世界便少了精彩。一下子直视无碍地看到自己的一生，是爆破生活信心的最强力的锥形炸药。

3. 正视不公平，要多从差异化视角看问题

不公平是世界上最大的公平。因为在不公平这个问题上，所有人都公平地享有了。如果有区别，可能是一些人比另外一些人觉得更为不公平罢了。世界是多态的，文化是多元的，生活是多彩的，这是世界丰富的写真。

4. 多创造积极情绪

在压力或逆境之中，情绪不佳是很自然的事情。所以，不必为消极情绪的存在而苦恼，否则只会徒增消极情绪而已。学会接纳不良情绪，而不是对抗。间接表达不良情绪，不失为良策，如运动起来宣泄一下，找个没有人的地方大吼一声，看一场感动得流泪的电影等。心理弹性者，不是完全没有消极情绪，而是知道生活的真谛是痛并快乐着。会生活的人可以含着眼泪微笑，不因为有苦而将其作为放弃享有快乐的理由。心理弹性者，不会听任于消极情绪的影响，他们不仅会将注意点放在积极情绪上，而且会通过创造积极的情绪，以消除消极情绪的不利影响。因此，要做自己情绪的主人，做到“我的地盘我做主”。

5. 给自己足够的应对时间

在压力或逆境中，很多事情都不能一蹴而就，即便你觉得自己能力较强，但指望自己朝夕之间就能够摆脱困境也不现实。冰冻三尺非一日之寒，消融坚冰自然也不会立竿见影。给自己充足的时间，让自己有一个喘息的机会，厚积薄发，方能成就未来。对于压力或逆境，只要你直视它们，它们便没有那么可怕。聚精会神地解决它们，困难就会一一化解，再难的事，也有可能探寻到解决的契机。即使困境最终仍然没有得到根本解决，所谓“人生不如意事十之八九”，山挡住了前进的路，爬不上去，绕过去就好！困难来了，应从长计议，积极应对，从容不迫，不胜犹荣。

6. 目标集中，要给自己制定有限的务实目标

应对压力或逆境是一个系统工程，在应对过程中，人们最容易出现的问题之一是给自己定的目标过高、过多。目标太多，容易分散精力，不利于应对压力或逆境。在心理弹性者身上，容易看到他们具有明确的产品结果导向，即注重与压力或逆境较量每一回的收效。研究表明，切中要害，各个击破，是应对压力或逆境的有效策略。

7. 压力或逆境应对中要善待自己

在压力或逆境应对中，拼的是身体健康，个体要善待自己，让自己吃好、睡好，确保拥有一个健康的体魄，这是解决一切问题的关键。正所谓“留得青山在，不怕没柴烧”。

五、提高心理调节能力

精神分析学家西格蒙德·弗洛伊德说过：“人们在舒适地麻木。”为了摆脱这种“舒适地麻木”，大学生要做的就是用心经营振奋、快乐、幸福等情感因素。传统心理学家认为，如果去除了抑郁、焦虑等负面情绪，个体就会快乐，但这其实很难实现。比如享受美食与消化不良的关系。如果个体消化不良，确实不能很好地享受美食；但是即便消化良好，也不一定能享受美食。所以即便剔除了不快乐的成分，快乐也不会自动出现。具有积极心态的人明白，人的本性决定了个体会有痛苦的情绪，但是失败终将过去。只要把目光放在积极的方面，任何痛苦的事情都不会长期持续。这正如奥普拉所说：“你专注的东西会变大，当你专注于生活中的好事上，你就能创造出更多好事。机会、恋情甚至金钱都会向你滚来，因为我们专注的东西会升值。”

大学生需要学会客观、全面、理性地看待问题，以积极的认知方式面对生活；学会以适当的方式宣泄不良情绪，调节和控制自己的情绪。调节情绪有以下几种方法：

1. 积极的自我暗示法

林肯曾说过：“人只要心里决定快乐，大多数都能做到。”大脑分不清什么是真正事物，什么是想象事物，积极的心理暗示就是自己通过积极的语言、动作等影响自己心理的过程。比如，生气时提醒自己“冷静”；紧张时提醒自己“平静”；在演讲之前，想象自己站在讲台时会很轻松。世界著名影星奥黛丽·赫本从影60年，到了晚年仍然仪态万方，她说她保持美丽的秘诀就是“每天起来，总把自己想象成一篮鲜花。”积极的心理暗示可以有效调节情绪、增加自信和矫正不良习惯。

2. 自我激励法

自我激励是动力的源泉，也是保持心理健康的有效方法。自我激励就是用生活哲理、榜样力量或明智的思想观念来激励自己。例如，遇到困难痛苦时，想想“天将降大任于斯人也，必先苦其心志”；遇到棘手的问题时，相信“车到山前必有路”；用“不到长城非好汉”的精神去实现自己的目标。

3. 情景迁移法

当遇到挫折时，可以离开引起苦闷或愤怒的环境，把注意力从消极情绪转移到积极的方面去，使自己的情绪恢复稳定。比如出去散散步、听听音乐、做做其他有益的事情，这

对消除烦恼和愤怒的情绪非常有效。如果是处在抑郁或焦虑中的人，花点时间去帮助别人比花时间看电视，更能减轻自己的症状。

4. 情绪宣泄法

把自己的烦恼、委屈、痛苦向别人倾诉，或通过哭泣、唱歌、运动等形式宣泄出来，以释放心理压力。劳扎莱斯曾指出："没有任何一种应对策略屡试不爽。"不同的事件需要不同的应对风格。因此，大学生可以多尝试不同的方式来应对你的烦恼和困惑。

六、寻求心理咨询的帮助

当心理压力过大，或心理困扰难以解开，自我调节起不到较好效果时，应主动、及时寻求心理咨询的帮助。心理咨询是通过人际关系，应用心理学方法，帮助来访者自强自立的过程（钱铭怡，1994）。而学校心理咨询是心理咨询人员运用心理学的原理和方法，对在校学生的学习、适应、发展、择业等问题给予直接或间接的指导、帮助，并对有关心理障碍或轻微精神疾患进行诊断、矫治的过程（郑日昌，1991）。当大学生心情烦闷，难以自拔时；当某些事引起强烈的心理冲突，自己难以解决时；当人际关系中常与他人发生冲突时；当恋爱出现难以解决的问题时；当有明显不平常的感觉和行为时，例如，总感觉有人在说自己的坏话，总听到一个声音指挥、控制你……你都可以向心理咨询寻求帮助。但必须要了解心理问题≠精神病，心理学≠窥见内心。心理咨询是借助一种特殊的人际关系，运用心理学理论、知识和方法，通过语言、文字及其他信息传递方式，给咨询对象以帮助、启发和指导的过程。心理咨询≠思想工作，心理咨询≠无所不能，心理咨询师≠救世主。在求助心理咨询时，要坦诚、互相信任、遵守约定和耐心坚持，"冰冻三尺非一日之寒"，心理问题不是一天形成的，心理咨询也往往需要多次咨询来解决问题，这需要求助者的个人努力和耐心，当然也并不是所有的心理问题都需要多次咨询，有些简单的问题一次也就足够了。

心理测试

测试1　简易心理健康测试

人的心理像一个"黑匣子"，看不见也摸不着，无法用标尺直接测量，但是一定会反映在一个人的言行中。所以通过测量个体的具体活动，可以间接知道人的心理特征和心理健康水平。这种测验有很多，目前我国高校心理健康调查的常用量表有大学生健康登记表（UPI）、症状自评量表（SCL-90）等。大学生也可以通过一些简易的心理测试来了解自己的心理健康状况，但结果只能作为参考依据，真正的诊断必须要由专业人员用专业的方法来判断。

请根据你自身的情况对表1-1中各题做出恰当的判断，在你认为"是"的题目后选2，在认为"否"的题目后选0，在认为有时"是"有时"否"的题目后选1。

表1-1　简易心理健康测试

序号	题目	是	有时	否
1	心情总是闷闷不乐，做事效率不高，情绪善变，注意力难集中，健忘……这其中是否有几项？	2	1	0
2	外出时总是担心门未锁好，火炉可能有问题，电源可能没有切断，因此仔细检查，甚至特地从外面赶回来重检一次才放心；又如信投进邮筒后却又怀疑邮票是否漏贴、地址有没有写错等。	2	1	0
3	结核、癌症、“非典”、艾滋病或者其他恶性疾病虽然未曾患过，却一直担心会不会染上。	2	1	0
4	容易脸红，害怕尖锐的东西，害怕广场、高处、暗室、人群，或进入地下通道、隧道、窄桥时会感到不安。	2	1	0
5	由于关心心脏跳动或呼吸是否正常，以致很难入眠，或突然感到心脏欲停、呼吸闭塞等。	2	1	0
6	一天内总是无法不多次洗手，碰到公共电话时，不先擦一下总觉得极端不洁而不敢使用。	2	1	0
7	凡事总是犹豫不决，如总有“这么做不知道可不可以？”“这样做是否顺利？”等的想法，以致无法放手去做。	2	1	0
8	有些奇怪的念头总是浮上脑际，自己虽然知道无聊，却又无法摆脱。	2	1	0
9	离家（宿舍）时如果不从某脚起步则心里不安；用餐时如果碗筷不摆在一定的位置，心里就不舒服；上床时，睡具或附近的东西，如不摆在一定的地方就无法入眠；对于电线杆或楼梯的阶级总是想数数看……这里面是否有几项？	2	1	0
10	尽管四周的人在快乐地玩耍、取闹，自己却觉得索然无味。	2	1	0
11	外界的东西有如影子一般朦胧地浮着，所见的东西无法清晰地浮在脑际；就是走路时也觉得自己不像在步行；无论吃得怎样多，也没有饱腹之感……这里面是否有几项？	2	1	0
12	总觉得父母或亲友最近对自己缺少温情或太冷淡；或不知为何总是会引起反感；或忽然会产生孤独感……	2	1	0
13	“世界好像和过去有所不同，似乎要发生什么（如地震、灾难）的样子”，心里无端地产生这种感觉；或觉得“这个世界正趋入灭亡中，新的世界即将开始”……	2	1	0
14	总觉得有人在追赶着自己，或有人在不断地凝视自己。	2	1	0
15	有不愉快的思想自外而入，念头好像从外界打入脑里，好像是违反自己的意志而不由自主地举起手来，有一种身不由己而被人左右的感觉。	2	1	0
16	常独言自语，或独自发笑……	2	1	0
17	虽然附近并没有人，却听到声音，并且从大脑或腹中传出来；晚上睡着时好像被人打了针或做了什么的样子，总觉得有人进入房间……这其中是否感觉到有一点？	2	1	0

（续上表）

序号	题目	是	有时	否
18	遭遇到失败，或与同学（同事）、上司、老师之间不和谐时，会很敏感地觉得“我被人嘲笑”“在遭人非难”“会被退学（或解雇）”……	2	1	0
19	当自己的权利遭受到侵害时，会拼死力争。	2	1	0
20	东西遗失时，便不由自主地想到“大概是××偷去的”；或当领导（老师）责备时会立刻想到“一定是有人去告密的”……	2	1	0

【计分方法】

分别计算N（1、2、3、4、5、6、7、8、9、10、11题得分之和）、S（8、9、10、11、12、13、14、15、16、17题得分之和）、P（18、19、20题得分之和）。

【测试结果】

当N、S、P小于等于4时，表示心理十分健康，神经也颇为正常。

当N、S在5～7之间时，表示处于一般正常水平。

当N、S在8～10之间时，表示你精神有些疲倦了，最好设法减少学习、工作量，或参加一些娱乐活动来放松你的心情，调剂你的生活。

当N大于11时，则有患神经不安症（包括神经衰弱、精神衰弱）的可能。

当S大于11时，则有预防精神分裂症的必要了，最好早日请专业的心理医生加以医治。

当P大于4时，就稍有妄想症（偏执狂）的症状，最好早日请专家诊治。

测试2　你的幸福是什么样子

表1-2中的问题反映了人们的一些想法，请选择能够描述你真实生活状态的选项。请诚实、准确地作答。

【计分方法】

表1-2　“你的幸福是什么样子”测试

序号	题目	非常像我	大多数时候像我	有些像我	只有一点像我	一点也不像我
1	我的生活有崇高的目标。	5	4	3	2	1
2	生命如此短暂，要懂得享受生活中的愉悦。	5	4	3	2	1
3	我寻找能够挑战自己技术和能力的机会。	5	4	3	2	1
4	生活中我保持出色的成绩。	5	4	3	2	1
5	无论在工作（学习）的时候还是玩的时候，我都很投入。	5	4	3	2	1
6	我经常全神贯注于我所做的事情。	5	4	3	2	1
7	我很少被周围发生的事情分散注意力。	5	4	3	2	1

（续上表）

序号	题目	非常像我	大多数时候像我	有些像我	只有一点像我	一点也不像我
8	为了使世界变得更加美好，我也有一份责任。	5	4	3	2	1
9	我的生活有长久的意义和价值。	5	4	3	2	1
10	无论我在做什么，对我来说，赢都是很重要的。	5	4	3	2	1
11	在选择要做什么的时候，我常常考虑这件事是否令人愉悦。	5	4	3	2	1
12	我所做的事情，对社会有重要的意义。	5	4	3	2	1
13	我希望比别人更有成就。	5	4	3	2	1
14	我同意这样一句话："生命短暂——要先吃餐后的甜点。"（生命短暂，及时行乐方是明智之举。）	5	4	3	2	1
15	我喜欢做充满刺激的事情。	5	4	3	2	1
16	我喜欢竞争。	5	4	3	2	1

【测试结果】

"愉悦"维度的原始分是第2、第11、第14、第15题的得分之和；"投入"维度的原始分是第3、第5、第6、第7题的得分之和；"意义"维度的原始分是第1、第8、第9、第12题的得分之和；"成功"维度的原始分是第4、第10、第13、第16题的得分之和。

这4个维度中，哪一个得分最高？那这个维度就是你通往幸福的主要途径。得分能说明什么呢？如果4个维度得分都高于15分，说明你正拥有一个非常充实的生活，并且对自己的生活感到高度满意。如果4个维度都低于9分，说明你目前的生活比较空虚，而且对这种状态非常不满意。你应该为此做点改变，无论什么样的变化都可以。或者，如果你在某一两个维度上得分较高，说明尽管你可能拥有满意的生活，你也可能正在寻找机会使生活更加幸福。

心理训练营

活动1　我的五样

一、活动目的

通过游戏，引导学生正确认识自己，学会取舍，学会珍惜人生中最宝贵的东西。

二、活动时间

30分钟。

三、活动准备

准备一张白纸，一支黑笔。

四、场地要求

安静的室内或室外。

五、活动步骤

1．活动指导语

首先，在白纸上写下你生命中最重要的五样东西。你尽可以天马行空地想象，只要把内心最珍贵的五样东西写出来就行，不必考虑顺序。

此刻，目不转睛地看着它们，这支集结而起的队伍，就是你生命中的挚爱。它们藏在你心底，是你最大的秘密。也许在今天之前，你并没有认真地思考和珍惜过它们，但从这一刻开始，你知道了什么是你维系生命的理由。

糟糕！你的生活中出了一点意外。你要在这最宝贵的五样东西中舍去一样。请你拿起笔，把五样之中的某一样抹去。注意，你要用黑墨水，将这样东西毫不留情地涂掉，或者用刀子将它剜掉。直到它在洁白的纸上成为一个墨斑或黑洞，再也无法辨识。

你的纸上剩下了四样宝贵的东西。此刻，生活又发生了重大变故，你必须再放弃一样。

好，现在白纸上还有三个选项了。但是，你又遇到了险恶，又要放弃一样。

最后，你的生活滑到了前所未有的低谷，你必须做出你一生中最艰难的选择。你只能留下一样，其余全部放弃。

到此，你的纸上只剩下一样东西，这也就是你最宝贵的东西了。

2．分享与升华

请参与人员分享自己的感受，教师总结并升华。

活动2　感谢信

想一下身边的这些人（父母、朋友、老师、教练、同学等），他们中有许多人曾经对你很好或者有过善举，却从来没有听你说过“谢谢”，尽管你曾经想要这么做或者在心里默默地表示过感谢。给这其中的一个人写封表示感激之情的信件，详细描述一下为什么你会心存感激。如果可能的话，请你当面交给收信人，并等他读完这封信。如果这样做不太可能，可以通过邮件、信息等方式给他，然后打个电话说明一下此事。

◎ 思考与讨论

1. 通过本章的评估，你已经对自己的心理健康状况有了大概的了解，你打算如何提高自己的心理健康水平？

2. 相比于关注疾病与症状的心理学模式，积极心理学关注的角度有什么不同？

3. 作为青年大学生的你，是投资幸福，还是消费幸福？你应该如何做？

第二章

认识自我　悦纳自我

——大学生的自我意识与培养

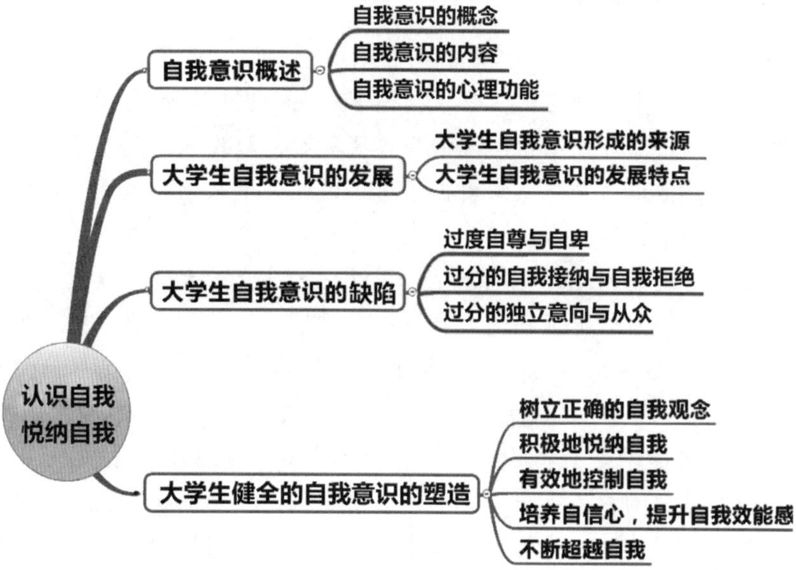

图2-1　第二章基本框架

礼仪不良有两种：第一种是忸怩羞怯；第二种是行为不检点和轻慢。要避免这两种情形，就只有好好地遵守下面这条规则，就是——不要看不起自己，也不要看不起别人。

——约翰·洛克

知人者智，自知者明。胜人者有力，自胜者强。

——老子

拓展阅读

小泽征尔胜于自信

小泽征尔是世界著名的交响乐指挥家。在一次世界优秀指挥家大赛的决赛中，他按照评委会给的乐谱指挥演奏时，敏锐地发现了不和谐的声音。起初，他以为是乐队演奏出了错误，就停下来重新演奏，但还是不对。他觉得乐谱有问题。这时，在场的作曲家和评委会的权威人士坚持说乐谱绝对没有问题，是他错了。面对一大批音乐大师和权威人士，他思考再三，最后斩钉截铁地大声说："不！一定是乐谱错了！"话音刚落，评委席上的评委们立即站起来，报以热烈的掌声，祝贺他大赛夺魁。

原来，这是评委们精心设计的"圈套"，以此来检验指挥家在发现乐谱错误并遭到权威人士"否定"的情况下，能否坚持自己的正确主张。前两位参加决赛的指挥家虽然也发现了错误，但终因随声附和权威们的意见而被淘汰。小泽征尔则因充满自信而摘取了世界指挥家大赛的桂冠。

奥维德的《爱经》里面有这样的话，阿波罗说："快把你的弟子领到我的殿里来吧，他们可以在那儿念到那全世界闻名的铭文：凡人，认识你自己。"早在2000年前，古希腊人就把"认识你自己"作为铭文刻在德尔斐神庙上，他们认为只有认识自己才能富于智慧，得福免祸。老子在《道德经》中有言："知人者智，自知者明。"能够了解他人的人是有智慧的，能够了解自己的人是高明的。

大学阶段是从青春期向成年期转变的重要时期，也是人的自我意识逐步发展并走向完善的重要时期。进入大学的同学，都会遇到关于学业、情感、人际关系、个人前途等方面的各种困惑，问题千差万别，但核心内容总是相似的，如"我是怎样的一个人""我适合做什么""我今后的目标是什么"等，这些都属于心理学中自我意识的范畴。完善自我是大学生人生中最重要的课题之一，健全的自我意识是大学生心理健康的重要标志，对于大学生人格的形成、心理的健康发展起着重要作用。通过本章的学习，大学生能够更为客观地认知自我，掌握发展与完善自我的方法，建立积极的自我，提升自我幸福感。

第一节　自我意识概述

一、自我意识的概念

自我意识（self-consciousness）即对自我的认知，或者说是对自己的认知。它包含自我认知、自我体验和自我调控。自我意识是对自己及自己与周围环境关系的认识，包括对自己存在的认识，以及对个体身体、心理、社会特征等方面的认识。这种认识是个体通过观察、分析外部活动及情境，社会比较等途径获得的，是一个多维度、多层次的心理系统。

在西方心理学中，自我概念（self-concept）是一个非常笼统的术语，又称自我意识（self-consciousness）、自我观念（self-image）、自我知觉（self-perception）、自我认同（self-identity）等，一般是指个体在社会化过程中逐步形成和发展起来的，关于自我及其与周围环境关系的多方面、多层次的认知与评价，是个体对自己多方面觉知的总和。自我概念是由一系列态度和信念及价值标准所组成的有组织的认知结构，这个认知结构把个人的各种特殊习惯、能力、观念、情感、思想组织起来，贯穿于其经验与行为的各个方面。

自我是心理学的重要内容。美国心理学家詹姆斯提出：凡属于我或与我有关的事物都是自我的内容，如身体、品质、能力、愿望、家庭等，自我从物质自我、精神自我和社会自我三个层次起作用。

拓展阅读

自我意识二十问——WAI技法

WAI技法（WAI technique）是指“我是谁？”（Who am I，缩写为WAI）的自问自答，因其形式上是自由书写20种回答，故也被称为“二十句测验”（Twenty Statements Test）。WAI技法始于20世纪50年代（Kuhn & McPartland, 1954），以“我”字开头设置20空行，并印有1～20的编号。要求被试者针对“我是谁”这样的问题，给出20种相异的回答，说明头脑中浮现的关于自己的想法。

二、自我意识的内容

自我意识是意识的核心部分，指自己所认识到的关于自己的一切。自我意识有不同的分类方式，按照自我意识的结构要素可以将其分为自我认知、自我体验与自我控制；按照其活动的内容可以将其分为生理自我、心理自我和社会自我；按照自我意识的差别可以将其分为理想自我、现实自我与他人自我。

（一）按结构要素划分

按自我意识的结构要素，可从知、情、意的角度把自我意识分为自我认知、自我体验、自我控制。

1. 自我认知

自我认知是主观自我对客观自我的评价，包括自我感觉、自我观察、自我观念、自我分析、自我评价等。自我认知解决“我是一个什么样的人”的问题。进行客观、正确的自我评价是一个复杂、长期的过程，人的自我发展持续一生，对自我的认识将是人类永恒的话题。“认识自己”也将是一个终生课题。

2. 自我体验

自我体验是主观自我对客观自我产生的情绪体验，是在自我认知基础之上产生的。自我认知决定自我体验，而自我体验又强化着自我认知，主要集中在“能否悦纳自己”“对自我是否满意”等方面。自我体验的内容十分丰富，包括自尊、自爱、自信、义务感、责任感、优越感、荣誉感、羞耻感等。

3. 自我控制

自我控制是对自己行为、思想和言语的控制，以达到自我期望的目标。自我控制包括自我激励、自我暗示、自强自律，核心内容是“我将如何规划自己的人生”。自我控制是自我发展的最高阶段，其核心是“我应该成为什么样的人？”“我如何管理好自我？”。人们经常讲的“自制力”就是自我控制的能力。大学生具备一定的主观能动性，可通过选择认知角度，转变认知观念，调整自我认知评价体系，感受积极自我，并实现对自我的有效控制。

自我控制是自我意识的关键，许多学生常常“知”与“行”不一，“心动而不行动”。事实上心动是一件容易的事，而真正历练意志则需要更多的自我控制。成功的人都有较高的自我控制力，但并非所有的自我控制都是积极的。自我要求与控制过高，而在实际中却因为主观或客观原因不能达到，容易使自己对自我产生怀疑与否定，产生自我意识的偏差。

（二）按活动内容划分

从自我意识的活动内容来看，自我意识又可分为生理自我、心理自我与社会自我。

1. 生理自我

生理自我是个体对自己身体、生理状态（如外貌、身高、体重）的认识和体验，它是个人在与他人交往中通过学习而逐渐形成的，它使一个人把自我和非我区别开来，意识到自己的生存是依托于自己的躯体的。生理自我是与生俱来的，我们不能改变它而只能接受它，随着自我意识的成长，我们逐渐对生理自我有一个明晰的看法与正确的认识。大学生正处于对生理自我高度关注的时期，女生关注自己是不是漂亮、有没有吸引力、胖瘦高矮甚至脸上的雀斑；男生关注自己的体形与身体高度，甚至生理器官、声音的吸引力等。

2. 心理自我

心理自我是个体对自己的心理活动、个性特点、心理品质的认识、体验和愿望，包括对自己的感知、记忆、思维、智力、能力、性格、气质、爱好、兴趣等的认识和体验。

3. 社会自我

社会自我是个体对自身与外界客观事物关系的认识、体验和愿望，包括个人对自己在客观环境及各种社会关系中的角色、地位、权利、义务、责任、力量等的意识。

生理自我、心理自我与社会自我密切联系、相互影响，它们都包含着不同的自我认知、自我体验与自我控制，但由于比例和搭配的不同，构成了个体与个体自我意识之间的差异，也造成每个人都有自己的对人、对己、对社会的独特的看法和体验。

（三）按差别划分

按自我意识的差别可将自我意识划分为理想自我、现实自我和他人自我。

理想自我是指希望自己成为怎样的人，具有怎样的特征和品质，对将来或者想象的自我的认识。其中涉及的根本问题是“我想成为一个怎样的人”“我应该成为一个怎样的人”。

现实自我是指实际上我认为自己现在所具有的特征和品质。

他人自我是指自己在与别人接触、交往的过程中，别人认为我是怎样的一个人，对我有怎样的评价。

三、自我意识的心理功能

（一）决定个体行为的持续性与目标性

人是社会性动物，人的行为既由诸多社会因素决定，又与自我意识关系密切。每个人的现实行为，并不仅仅由其所在的情境决定，更重要的是与对自我的认知、自我意识有着密切的联系。自我意识较积极的学生，其成就动机和学习投入以及学习成绩也明显优于那些自我意识消极的学生；当学生认为自己声名不佳时，他们会放松对自己行为的约束。个人怎样理解自己，是决定个体如何行为及以何种方式行为的重要前提。

（二）决定个体对经验的解释

解释经验的方式决定于一个人的自我意识。一个自认为能力一般，只能获得平均成绩的学生，对于比较好的成绩会认为其取得了极大的成功，感到十分满足；而对于同样的成绩，一个自认为能力优秀的学生，会解释为遭到了很大的失败，并体会到极大的挫折。事实证明，当个人的自我意识消极，每一种经验都会与消极的自我评价联系在一起；而如果自我意识是积极的，每一种经验都可能被赋予积极的含义。

（三）影响个体的期望水平

自我意识影响到个体对未来事情发生的期待，这是因为个体对自己的期望是在自我意识的基础上发展起来的，并与自我意识相一致，其后继的行为也决定于自我意识的性质。研究发现，差生的成绩落后并不是孤立存在的，而是他的整个行为动力系统都出现了角色偏离的结果。成绩长期落后对于普通学生是不正常的，但对于差生，这是与其自我意识相一致的。由于他们的整个行为动力系统出现了偏离，并在偏离的状况下形成了新的自相一致的系统，即落后的学习成绩正是差生自己“期待”的结果。

拓展阅读

埃里克森的自我发展说

心理学家埃里克森提出：人的自我意识发展持续一生，但要经历不同的发展阶段，每个阶段都有一个核心课题。每个阶段都不可逾越，但时间早晚因人而异。如果每个阶段的心理、社会发展课题能够顺利完成，危机能够顺利解决，就会产生积极的品质，反之，就会产生消极的品质。青少年时期的主要发展课题是“自我同一性”，即自我的建立和统合是青年期心理发展的主要任务。埃里克森自我发展说的8个时期如下：

①婴儿期（0~1岁）：信任感—怀疑感。

对人信赖，有安全感/与人交往，焦虑不安。

②婴儿后期（2~3岁）：自主感—羞怯感。

能自我控制，行动有信心/自我怀疑，行动畏首畏尾。

③幼儿期（4~5岁）：自信—退缩内疚。

有目的和方向，能独立进取/畏惧退缩，无自我价值感。

④儿童期（6~11岁）：勤奋—自贬自卑。

具有求学、做事、待人的基本能力/缺乏生活的基本能力，充满失败感。

⑤青年期（12~18岁）：自我统合—角色混乱。

自我观念明确，追求方向肯定/生活缺乏目标，时感彷徨迷失。

⑥成人前期（19~25岁）：友爱亲密—孤独疏离。

成功的感情生活，奠定事业基础/孤独寂寞，无法与人亲密相处。

⑦成人中期（26～60岁）：精力充沛—颓废迟滞。
热爱家庭，栽培后进/自我恣纵，不顾未来。
⑧成人后期（61及岁以上）：完美无憾—悲观绝望。
随心所欲，安享天年/悔恨旧事。

第二节　大学生自我意识的发展

一、大学生自我意识形成的来源

自我意识不是与生俱来的，而是后天获得的，是个体在一定的社会环境中、与他人的互动中逐渐形成的。一般而言，大学生自我意识的形成有以下4个途径：

（一）通过对自我行为的评价

个体在内部线索模糊的情况下，常常依据外在行为来推断自己的特征，如性格、态度、品质、爱好等（D. Bem）。个体的行为具有外显性，但更具有内倾性，因而依据自己行为的判断为自我的确立提供了可靠的依据。例如，参加公益事业会让大学生对自己的评价变得积极，而不断地受挫有可能让一个人对自己的评价趋于消极。

（二）他人的反馈

他人对我们的性格、品质、能力给予清晰的反馈，会增强我们对自己的了解。当被老师告诫要更加大胆、更加主动、更加勤奋一些时，个体会从反馈中得知：自己有些害羞，不够主动，学习不够勤奋。特别是当许多人的看法一致时，个体就会相信这些看法是正确的，从而确定自己的个性。激励对成长中的大学生非常重要，“优秀的学生是夸出来的”。当否定性评价过多时，学生会产生“习得性无助”。马丁・塞利格曼的研究提出，习得性无助是指对环境失去控制的一种信念，当一个人拥有这种信念时，他感到不能从环境中逃脱出来，便会放弃脱离环境的努力。有的大学生会说：“无论我如何努力，我也不会成为受大家欢迎的人。”事实上，“习得性无助”是一种严重的自我意识障碍，它抑制了人改造与影响环境的能力，强化了顺从甚至屈从，并转化为一种内在信念。“习得性无助”是后天形成的，容易受到环境的影响，尤其是当大学生来到一个陌生环境开始新的学习生活时。很多在中学时代有着骄人成绩的学生由于种种原因而认同了自己的平凡并不尝试改变时，就极易产生“习得性无助”。

（三）反射性评价

所谓反射性评价就是“镜中我”，即生活中那些与个体生活无关紧要的人有时并不会给予清晰明确的反馈，但大家可以从他们的态度与反应中来了解自己。符号互动学者库利认为，个体感知自己就像别人感知自己一样，镜子中的我或别人眼中的我就是我们感知的对象，个体常常依据别人如何对待自己来了解自身，这一过程称为反射性评价。

如一个大学生在与心理咨询老师的交谈中提到：“我感觉在宿舍中很孤独，我问舍友们原因，但是大家都没有说什么，但是我感觉到他们是不太喜欢我的。有一次，我在宿舍外面听到里面在热烈地谈论一个话题，而当我进入宿舍时，谈话就中断了，大家的表情也显示出冷淡与不在乎。我不知道自己做错了什么，得不到大家的认同，这使我非常痛苦。”反射性评价对自我的形成也起着重要作用，对大学生自我评价的形成具有重要的意义。

（四）社会比较

著名的社会比较理论认为：人们非常想准确地认识自我、评估自我，因此，在缺乏明确标准时，人们常常和自己相似的人做比较。

拓展阅读

乔韩窗口理论

乔韩窗口理论是指美国心理学家Joseph Luft和Harrington Ingham提出的关于人自我认识的窗口理论。他们认为人对自己的认识是一个不断探索的过程。他们从“自己对自己的认知”与“他人对自己的认知”两个角度，把人的自我划分为四个区域。

公开的区域是我和他人都知道的，完全透明的，是比较真实可信的我。

盲目的区域是别人看得见而我却不曾发现的，如果这样的区域很大，就可能因为不能发现缺点而自大自负，狂妄骄傲而失败；不能发现优点而自卑消沉，难以发挥潜能而失败。

秘密的区域是只有我们自己知道并能意识到的部分，这里藏着我们每个人的小秘密，我们都细心地守着自己。

潜在的区域是大家都不知道的，属于潜意识区域，虽然看不见摸不着，但还是对我们的行为起着作用，有的时候甚至起着非常重要的作用。比如有的人明知某件事不能做却还是控制不住自己去做，可能就是他的潜意识在控制他自己。

	他人知	他人不知
己知	公开的区域	秘密的区域
己不知	盲目的区域	潜在的区域

大学生时期是人生发展的关键时期，大学生的人生目标、职业理想、生活态度等都在形成之中，社会比较为大学生提供了认识自我、了解自我和发展自我的重要标尺。社会比较也是每个个体认识自我不可或缺的方面，没有社会比较，就没有自我的进一步优化。当然，社会比较并不总是向着积极的方向，社会比较又分为向上比较、向下比较与相似比较。当个体的动机不同时，也会采用不同的比较策略。例如自我保护与自我美化的动机促使学生与那些

不如自己走运、成功和幸福的人相比；而自我的成功动机会使人与那些侥幸取得成功的人相比，以期望自己不需要付出努力而取得成功。如何学习自我认识，学会与他人理性地比较，有助于大学生更科学地认识自我，发展自我。

二、大学生自我意识的发展特点

自我意识从童年期就开始产生并逐步发展，青少年时期是自我意识发展最快的时期。大学生是青少年中的一个特殊群体，他们社会要求高、家长期望高、个人成才欲望强烈，但心理发展处于尚未成熟阶段，缺乏社会经验。进入大学后，大学校园在管理模式上与中学有很大差别，大学创设了一种宽松自由的氛围，强调独立、注重自我确立，鼓励大学生在较大的程度上按照自己的方式安排生活。同时，大学生处于独特的社会层次并具有较高的文化素质，其思想与观点和社会上一般人有许多差异，但大学生的实际生活阅历有限，与现实社会有一定的距离，社会实践能力不强，加上以往为了在激烈的高考竞争中取胜，几乎全身心投入学习，缺乏独立能力与情绪调节训练，心理比较脆弱、适应能力差、情绪不稳定，心理失衡常常发生。所有这些因素使得大学生自我意识的发展存在着其自身的特点与规律。

（一）大学生自我认识的发展特点

1. 自我认识的全面性

大学生生活在宽松、自由的大学校园里，随着年龄的增长，身体各方面的发展趋于成熟，使得他们对自身生理、心理和社会各方面认识更加全面。郑涌、黄希庭（1998）通过调查发现，大学生对自己的认识涉及面相当广泛，包括交际、友善、信义、容貌、学业、志向、家庭、成熟等各种维度。韩进之（1987）对大学生自我评价的研究发现，1200名大学生对自己的认识包括了容貌体形、性别差异、大学生活、自己的优点与缺点、性格气质、道德水平、才华能力、同学关系、理想与社会地位、世界观等方面，内容全面。

2. 自我认识的独立性

独立性是自我评价的一个重要指标。事实上“自我”的产生就意味着主体对客观环境与他人的分离和独立。个体自我评价的发展大致经历两个阶段。第一阶段，自我评价开始摆脱对成人、权威的依赖，表现出反叛与对抗倾向；在评价标准上由儿童期的成人评价标准取向变为同龄团体评价标准取向，成为一种相对独立的自我评价与认识。第二阶段，自我评价既摆脱了对成人的依赖，又逐渐克服了同龄团体的强烈影响，形成个体独特而鲜明的自我评价。大学生的自我认识随着年龄与环境的变化，由以往依赖于成人和同龄群体，逐渐发展为根据自己的价值标准取向进行自我评价及调整，表现出真正独立的倾向。

3. 自我认识的矛盾性

青年期自我意识的确立，是在自我明显分化的基础上完成的。在这一阶段，出现了两个“我”，一个是作为被观察者的“我”（me），另一个则是作为观察者的“我”（I），“主体我”与“客体我”的这种分化意味着青年期自我矛盾冲突的加剧，对自我的肯定和否定导致了“客体我”与“主体我”的矛盾斗争。这种矛盾一旦激化，将使青年难以确立自我形象，也就无法形成自我意识，引起情感急剧波动，导致青年一时难以自我接纳。青年期许多心理上的不适应由此而来。对于青年期的大学生而言，如果在“主体我”与“客体我”分化的基础上，能够形成新的认知水平上协调统一的自我，那么就能建立良好的自我意识，反之则可能出现自我意识的混乱。大学生自我意识的混乱通常表现为两种类型：一种是过高的自我评价，另一种则是过低的自我评价。过高或过低的自我评价往往导致个体自我意识确立过程中的过分自负或过分自卑。

（二）大学生自我体验的发展特点

1. 自我体验的丰富性

随着大学生知识经验的增长，人际交往范围的扩大，生理心理的进一步成熟，以及对自我内心活动的关注，个体出现了许多以往少有的自我体验，如自爱、自怜、自责、自怨、自得、自负、自卑等。左衍涛、王登峰（1996）的研究表明：中国青年大学生的自我体验包含两个单极的主导维度——正情绪和负情绪，二者相互独立。正情绪包括接受、精力充沛、喜爱与满意等；负情绪包括精神低落、自我否定、对不良刺激的情绪反应及自我扩张等。

2. 自我体验的深刻性

大学生的自我体验不仅丰富，深度也在不断发展。从自我体验的内容上来说，青年期的个体将注意力放到了能力、品行等内在的个性品质上。随着自我评价的社会性程度提高，青年时期的自我体验更多地与自己的道德品质、社会价值、事业成就、地位等联系在一起；从自我体验的程度上来说，大学生由于生活学习环境的特殊性，对于自己往往抱有更大的期望，这些问题所引起的自我体验尤其强烈、深刻。

3. 自我体验的波动性

自我体验的波动性是大学生自我意识发展的必然规律，青年期是个体一生发展最重要、也是最波动的时期，生理的成熟、知识经验的丰富与人生体验的缺乏对青年的心理形成了巨大冲击。外界的种种复杂变化带来的刺激让人目不暇接，所有这些都造成了青年情绪上的不稳定性，表现为自我体验的波动性，具体表现为：既容易产生积极肯定的情感体验，又容易在遭受打击时就走向另一个极端。现代大学生面对着社会经济发展的不平衡、家庭背景的巨大差异、校园人才的激烈竞争、就业问题的日益严重等复杂多样的问题，对大学生的内心世界产生强烈冲击，导致心理失衡，如果大学生不能妥善地自我调节，容易走向自我体验的极端化，影响身心健康水平甚至产生不良的社会后果。

（三）大学生自我调控的发展特点

1. 自我调控的主动性

中小学学生已经具备了一定的自我控制能力，但这种自我控制主要来自权威人物，依赖的是外部暗示甚至命令，具有明显的被动性。进入青年期后，个体主动自我调控能力明显增强。对于进入大学校园的大学生来说，由于父母不在身边，生活自由度大大提高，同时自我约束、自我计划、自我规范能力被迫增强。独立面对社会竞争、独立生活能力的形成都是大学生主动进行自我调控的结果。

2. 自我教育能力的发展

自我教育是自我调控的最高阶段。自我教育强调的是“主体我”对“客体我”不断进行教育，促使个体充分发挥主观能动性和自觉自主精神，最大限度实现自我目标，发挥自己的潜能。随着大学生活的展开，以往父母与老师的教导远离耳边，能够跟随自己、长伴身边的只有自己。大学生逐渐懂得了自我评价和监督，越来越意识到自己作为独立个体在社会生存和竞争方面面临的压力，危机感也不断加强。在这种情况下，自我教育能力可以帮助个体坚定意志，勇于面对困难，最终实现自我的不断成长。从这个角度来说，自我教育能力是个体良好个性品质的重要指标。随着现代社会变化发展周期的缩短，大学生自我教育能力的高低在一定程度上意味着个体进入社会后可持续发展水平的高低。

（四）自我认同是人生发展的重要任务，也是大学生要完成的任务

按照埃里克森的人生阶段划分，在进入大学之前，个体应该就已经完成了自我统合的过程，但从中国大学生的实际情况来看，在初、高中阶段，学习和考大学是最重要的生活方式和生活目标，是由社会、学校、家长为学生早已确定的、不容置疑的道路。作为青春期的个体并没有真正的选择权利和自主思考的意识，因而推迟了个体自我统合的年龄阶段。因此，个体是在进入大学之后才开始发展自我认同的。

自我认同的内容主要包括以下六个方面：我现在想要什么？我有什么样的身体特征？父母如何期望我？以往成败经验如何？现在有什么问题？希望将来如何？这六个方面的问题可以总结为“我是谁？”与“我将走向何方？”两大问题。如果这些问题处理得好，大学生就能够适应与化解危机，达到自我同一性，否则容易导致自我同一性危机、个人方向迷失、与自己的角色不相适应等问题，最后出现退缩、自卑等不良人格特征。具体来说可能出现的情况有以下几种：

1. 对时间不成熟的认同

有的大学生没有认识到时间的重要性，为了避开成长的压力，不愿主动去面对自己的问题，不愿做出决定和付出努力，而是希望随着时间流逝，面临的困境也随之而去；有的希望时间停滞不前，长久沉浸在少年时代中，不去主动承担责任，拒绝成长，造成不成熟的自我认同。

2. 自我肯定与自我怀疑

一个自我认同的人能够有效地统合自我与他人的信息，达到自我同一性，同时又能够努力去理解和尊重他人的独特性和自我认同方式。大学生的自我评价和认识逐渐表现出多元化，如对自己的天赋、智力、身体、心理、人际交往、社会活动等方面，都会逐渐进入自我认知范围，并且各方面的重要性也因人而异。有的大学生过分看重别人对自己外表的看法，有的则对一切持漠不关心的态度。

3. 预期职业成就与无所事事

大学生的职业生涯规划与职业预期是非常实际的问题，大学生可通过职业生涯确立与肯定自己的能力。对他们来说，重要的是坚持学习并充分发挥自己的潜能，而不是确定自己的

能力有多大。许多有才能的大学生由于缺乏意志力和坚定的目标而无所建树。

4. 性别角色认同与两性混淆

大学生应当对社会规范的性别角色及其责任有所认同，接受自己的性别并有适当的性别角色表现，与同性或异性相处时都能够感到自在。

5. 服从与领导的认同

大学生既要发展自己作为团体领导者的能力，又要学会适应作为团体成员的团队与合作精神。当作为领导时，能够适当地运用权力；而作为成员时，不盲目服从而又能归属于团队。

6. 价值观的形成

大学生到大学时期才真正开始选择人生、思考人生，逐步形成自己的人生观与价值观及生活理念。大学生价值观的确立是自我同一性的最高境界，也是达到自我同一性最为重要的任务。

第三节 大学生自我意识的缺陷

一、过度自尊与自卑

（一）自尊

自尊是指一个人尊重自己、对自己持肯定态度的情绪体验。它是一种要求尊重自己的言行和人格，维护一定的荣誉和社会地位的自我意识倾向。自尊是一种积极的心理品质，积极的自尊有助于调动和激发人的内在潜能，是促使人奋发向上的直接动力。

心理学研究表明，自尊是激励大学生力争上游、勇攀高峰、追求崇高理想的巨大动力，但过分自尊会导致自负。自负的人往往不接受别人的批评，唯我独尊，盛气凌人。这种人缺乏自知之明，总认为自己对而别人错，把自己的意志强加在别人身上，不能与人和睦相处，容易受伤害。其实，大学生过强的自尊心来自对自己的认识偏差，并不以内心深处对自我的真实认识为基础，为了维护在别人眼中的形象，对自我进行虚假的评价，个体无法真诚地与人交往，对别人的意见过分敏感，为了自我保护而表现出盛气凌人、攻击的行为，或者一味回避与他人的交往。

其实，自尊心强的大学生也会出现自我评价低的现象，其原因有以下几点：

1. 自尊心过强

大学生自尊心比较强会诱发成才的心理动力，但自尊心过强也会导致消极的心理品质，如虚荣心的要求得不到满足，不能接纳自我，感到自己处处不如别人，自信心丧失，逐渐产生自卑感。自卑心理过于严重会导致自我拒绝心理，悲观自责，自暴自弃。

2. 自我期望水平偏高

自我期望水平偏高即“理想自我”与“现实自我”距离较大，引起对现实的不满。

“理想自我”的目标水平高一些，具有积极意义，但是由于一些大学生的“理想自我”过于脱离实际，或在实现过程中缺乏应有的耐心和方法，往往在经过努力后仍无法接近目标，就容易急躁，失去信心，产生否定自我的心理。

3. 适应能力差

适应能力差容易积累一定的挫折感，容易导致消极的负性情绪体验。刚步入大学的新生，又称为“大龄中学生”，心理调节能力差，适应能力弱，往往因为小小的失败，就积累成为一定的挫折感。例如，面临复杂的人际关系而不适应；心理闭锁而交友困难；学习方式、方法发生变化而不适应；生活环境改变而不适应；生活上不能自理；性意识的觉醒，渴求异性朋友但未能得到满足而不适应等。种种的不适应容易产生一系列挫折感，尤其一些挫折耐受能力差而自尊心强的学生会感到痛苦、孤寂，对自己不满，认为自己无能，进而转化为自卑感。

4. 认识障碍造成的偏差

由于人生观、生活观的不健全，大学生在认识和理解问题的方式上，往往理论多于实际。对社会、人生的认识，尤其是对自我认识缺乏合理客观的态度，对自我的认识常常从消极方面出发，产生自我否定的心理。

拓展阅读

建立积极自尊的方法

（1）运用积极的想象力。

建立起对自己价值肯定的、积极的想法，然后每天都强化这种想法。明确自尊对你意味着什么，然后再把它转化成对自己的肯定。例如“我喜欢自己，尊重自己”“我是一个有价值的人”，在需要激励自己的任何场合，强化自己的自我认可。

（2）让自己在成功的事情上多逗留一段时间。

不要花太多时间在自己的错误和失败上“哭泣”。一旦出了事，你总会有自己的决定，或者在错误中沉湎、沮丧，从而降低自尊程度。与其在自责悔恨中深陷，不如从错误中吸取教训，静心反思，寻找解决的办法。

（3）拒绝贬低别人。

跟自己打个赌，看看能坚持多久不贬低别人，在强化对别人的积极正面的认识过程中，你在建立自己自尊的同时也提升了别人的自尊。你对别人的赞美越来越多，贬低攻击就越来越少，那么你不仅会改变自己周围的环境，还会发现你越来越喜欢自己。

（二）自卑

自卑是一种因为感到自己有某些不足或缺陷而对自己不满意，觉得自己不如别人的情绪体验。自卑是与自尊相反的一种对自我的消极评价。个体心理学认为，人类普遍存在自卑感，只是自卑的程度和内容不同。心理学家阿德勒认为每个人都有“自卑”情结，每个人都有先天的生理或心理缺陷，担心自己做得不够好，担心别人是不是能接纳自己等。

既然每个人都有自卑感，那么自卑就一定有其存在的价值。自卑并非一文不值，总是给个体带来消极的结果。适当的“自卑”可以促使个体不断努力、不断进步、不断向上，但过度自卑，则会阻碍个体的生活、学习和工作，导致个体不敢迈步，停滞不前。适当的自卑不仅于身心无害，还可以成为个体超越自我、追求卓越的动力，但过分的自卑会使人丧失信心，降低人生的追求，忽视自己的优势，怀疑自己的能力，限制潜能的发挥，甚至还会封闭自己。

大学生自卑心理的形成是多方面的，主要有以下原因：

1. 对自己生理素质不满意而产生的自卑

在大学生中，有一部分生理素质欠佳的同学，他们或者没有高大的身材，或者没有美丽的外表，或者没有潇洒的体态，在中学时，因一心投入到学习中，对自己生理素质方面的不完美还不太重视，但进入大学后，随着自我意识的增强，对自己的生理素质就特别注重，容易感到不满而自卑。

2. 对自己社会条件不满意而产生的自卑

社会条件包括家庭出身、生活环境、专业等。有自卑心理的学生，主要来自农村、山区、偏远地区。在自卑心理的支配下，他们在学习、生活和与人交往中，很难表现出大度、潇洒和自信，相反会因为经常担心别人瞧不起自己，自觉或不自觉地减少与教师、同学之间的交往。由于正常的交往受到压抑，越发强化了不健康心理，以致陷入“恶性循环”而不能自拔。

除此之外，专业的不理想也是产生自卑的原因之一。在科学技术越来越发达的今天，很多学科不断兴起，这些领域需要大量人才，被这些专业录取的同学，学起来就有干劲、有信心。但与此相反，有些专业的人员在大城市、好单位已达到饱和状态，学生毕业之后只有到偏远的乡村，或者有些专业的性质就决定了将来工作的艰巨性，必须要深入到生产第一线，或是要到偏远的野外去工作，相关专业的学生因此而产生自卑心理。特别是近几年来大学生就业压力的增大，使得一些学生产生的危机感、紧迫感不能得到有效地释放，加剧了自卑心理的产生和发展。

3. 对自己能力不满意而产生的自卑

大学生的能力主要指学习能力和社会交往能力。在学习能力方面，学习能力差的学生努力和结果不成正比，进而产生自卑心理。还有一部分学生未能很快适应大学生活，一旦有一门功课要补考，自尊和自信就受到打击，从而全盘否定自己，产生自卑心理。

4. 由社会环境的不当评价而产生的自卑心理

心理学研究证实，人对自己的认识或判定与外部社会环境对他的态度或判定紧密相关。著名数学家华罗庚小时候念书时，有好几年数学成绩不好，在老师和同学的消极评价下，他加深了自己数学低能的印象，直到有一天，他出乎意料地发现自己会做一道难倒老师的题目，才改变了对自己的认识。可以想象，如果没有这次“意外”的发现，华罗庚就会长时间地陷于数学低能的消极心理状态之中。如果一个大学生经常受到领导、老师的消极评价或周围同学的疏远冷淡，自尊心得不到应有的满足，他就容易产生“别人都瞧不起自己”的自卑感。

5. 自卑的形成与气质、性格有关

研究表明，自卑的形成与气质、性格有关，抑郁型气质和内向型性格的人对事物的感受性较强，对事物带来的后果有扩散趋向，而且不容易及时宣泄和排解消极体验。当遭受挫折后，倾向于把失败原因归结为自身的缺陷，思维分析指向内心。所以这类人容易产生自卑心理。

6. 自卑的形成有其历史渊源

外界环境对人产生深刻影响的关键时期是在人的童年时期，不少心理问题都可在童年时期的生活中找到症结。自卑作为一个情结也主要是在童年时期产生。有些大学生在童年时由于某一事件而遭父母打骂或同伴嘲笑、讥讽，久而久之便产生了很深的自卑感并植入人格中，以至于成人后依然在各种场合中表现出来。

童年时期之所以这么重要，主要在于人早期的不成熟性，儿童处于依附地位，对挫折或来自父母、老师及众人的评价只能一味接受并认同。发生在童年时期的自卑是一个影响较深、较持久的情结，需要持之以恒地加以调节才能克服。

二、过分的自我接纳与自我拒绝

过分的自我接纳是指大学生过高估计自己，不切实际地高估自己的能力和长处，难以看到自己的缺点和不足，却把别人看得一无是处。与人交往时，盲目乐观、自以为是、听不进别人的意见和批评。生活中，不少大学生经常把自己看作非常有价值、令人喜欢、优越、能干的人。例如，他们认为自己的外貌是漂亮的、品德是高尚的、人际关系是融洽的、聪明才智是超常的等等。相反，他们经常拿显微镜看他人的短处，把别人看得一无是处，正所谓“看自己，一朵花；看别人，豆腐渣”。这种“我好，他不好”的人际交往模式必然会造成人际关系的紧张。另外，过分自我接纳的人还容易产生盲目乐观、骄傲自满的情绪，认识问题往往带有一定的偏激和固执，且行动目标往往力不能及，在实际行动中遭遇失败和冲突，从而引起情感损伤，严重时还会导致自我扩张的变态心理。

相对地，过度自我拒绝就是不喜欢自己，不能容忍自己的缺点和不足，否定、指责、抱怨、苛求自己。恰当的自我拒绝可以使人反省自己，完善自己，但过度的自我拒绝往往会使人忽略自己的优势，看不到自身的价值，过分关注、夸大自己的不足，甚至自暴自弃，丧失生活兴趣和信心。过度自我拒绝的大学生常常感到事事不如人，处处低人一等，对自己缺乏信心，会自我否定、自我厌恶、自我绝望，甚至自杀。他们人际交往的模式是“我不好，你好”或“我不好，你也不好”。这类大学生会怀疑自己的各种能力，限制自己对未来事业及美好生活的憧憬，引起严重的情感挫伤和内心冲突。

三、过分的独立意向与从众

独立意向是大学生自我意识发展的重要标志之一，是指个体希望摆脱监督和管制的一种自我意识倾向，表现在他们渴望以独立的个体面对生活、学习与工作中遇到的问题，不喜欢别人过多地干扰自己的言行。但大学生由于缺乏经验，往往不容易把握独立意向的尺度，会表现出过分的独立意向，如喜欢独来独往，不愿听从他人的意见，还会表现为过度以自我为中心，凡事喜欢从自身出发，很少站在别人的角度思考问题，不能为他人着想，习惯于让别人服从自己，造成人际关系的紧张。

过分独立意向最突出的表现就是自我意识发展中出现的逆反心理。逆反心理是大学生自我意识发展中的一种非理性的产物，其具有以下特征：①盲目性。一些大学生凡事不管正确与否，都盲目抵制，反其道而行之；凡事无论是否可行，只要我想做就做，随心所欲，不考虑后果，表现出很大的盲目性。②抵触性。大学生的逆反心理与社会的某些行为规范、道德要求存在着一定程度的不相容性，会使其产生应付、抵制、消极对抗的态度。③放纵性。具有逆反心理的大学生往往听不进别人的忠告、劝阻、批评，我行我素。④极端性。逆反心理在很大程度上是一种极端性的表露，一些大学生对待别人要求自己做的事情，常常是你让我做，我偏不做。

所谓从众，是指个体由于受到群体或舆论上的压力，在观点和行为上不由自主地趋向于与多数人一致的现象，即通常所说的“随大流”。从众，是日常生活和工作中常见的社会心理现象。大学生从众现象比较普遍，既有积极的从众行为，也有消极从众行为。积极从众是指在良好社会风气和正确舆论导向的引导下，形成的正面而进取的从众，如学习从众。据调查，大学新生入校时随意安排的班级之间、宿舍之间，只需一年左右的时间，便在各个方面显示出不同的成绩差异，出现明显的“不同步”现象。有的宿舍优等生、英语过级者比较集中，有的宿舍成员集体出动参加各种业务培训。对这种从众行为，有学生直言，宿舍里的同伴都在拼命学，我不上进，岂不丢人？这是一种积极的从众行为。消极从众是指在不正之风的影响下，形成的不求进取、阻碍发展的从众，如消费从众。高校校园中，有些大学生无视自己的经济基础，盲目跟风，下馆子、过生日、会朋友时花钱大手大脚。

从众行为的过分普遍，反映了部分大学生自我意识弱化，独立性较差，缺乏个体倾向性的世界观、人生观、价值观，这是从众行为中消极现象产生的主要原因。如果一个人没有正确的价值观，即使其从众行为一时出现积极效应，一旦离开积极从众的氛围，又很容易不知所措，找不到自己努力的方向。

第四节 大学生健全的自我意识的塑造

自我意识对人的心理健康起着很重要的作用，它制约着人格的形成和发展，在人格的优化中发挥着强大的动力功能。健全的自我意识是心理健康的重要标准，是人类自身内在的一种成功机制，在人才发展中发挥着重要作用。

自我意识对大学生的成长和发展有重要作用。从某种意义上说，一个大学生有什么样的自我意识，他的人格就会向什么方向发展。那么，怎样培养大学生健康、积极、正确的自我意识呢？

拓展阅读

健全的自我意识的标准

（1）自我意识健全的人，应该是一个有自知之明的人，既知道自己的优势，也知道自己的劣势，能正确评价自我和自我发展。

（2）自我意识健全的人，应该是自我认识、自我体验和自我调控相协调的人。

（3）自我意识健全的人，应该是积极自我肯定的、独立的并与外界保持一致的人。

（4）自我意识健全的人，应该是理想自我与现实自我统一的人，有积极的目标意识和内省意识，积极进取、永无止境。

一、树立正确的自我观念

（一）建立多元自我概念

大学生在自我认知与自我评价中容易走极端，如一旦在某方面稍有成绩，便沾沾自喜；一旦在某方面受挫，又会全盘否定自己的价值。树立正确的自我观念，首先要建立多元的自我评价系统，例如在大学生的生活中，应该从学习、人际交往、自我成长等多个方面对自己进行合理的评价，不要将自我局限在狭小的范围内，要全面认识自己。某一方面失败不一定另一方面也不行，某阶段失败并不意味着整个人生失败。

（二）建立合理的比较体系

比较是大学生认识自我、了解自我和发展自我的重要方法。建立合理的比较体系，通常有以下两种方法：

1. 通过与他人进行客观比较来正确认识自己

“以人为镜，可以知得失”，他人是反映自我的镜子。大学生每时每刻都处在人际交往中，尤其是与教师、同学、朋友交往甚密，对此要自觉地寻找比较对象，在比较中取长补短，发展自己。

2. 通过别人的评价来正确认识自己

大学生自我认识上的偏差，就是“不识庐山真面目，只缘身在此山中”的局面。因此，大学生要注重父母、长辈、教师和同学的评价，不要因为忠言逆耳便充耳不闻、我行我素，要接受别人评价中的合理部分，避免自我评价的偏差。

另外，大学生在比较时，要多角度进行，如果总是拿自己的不足和别人的优势相比，那么肯定很难对自己有自信。为了找到自己正确的位置，可以进行纵向比较——将现实自我与过去自我、理想自我进行比较；也可进行横向比较——将自己与各种人做比较，既包括比自己优秀的，也包括比自己稍差的。

（三）经常反省自我

孔子曰："吾日三省吾身。"没有自我反省，就无从实现自我完善。在反省过程中，分析自己成败的原因，严于解剖自我，敢于批评自己，提高自我认识，调整自我评价，从而定位自我。

内省调适法是指运用自我观察、自我分析、自我报告的方法进行自我评价，它是纠正自我评价偏差的根本。自我观察就是大学生在人际交往和活动中对自己的言行举止等过程的心理体验进行耐心地观察，在自我观察中加强自我分析，在合理的自我分析中形成自我报告。自我报告是指向自己报告活动的过程和结果、个人的言论和行为以及表现出来的个性品质，不但要求报告行动前的内心体验以及过程，更重要的是对结果的分析及评价。通过对报告的内省，进而使自我变得更为自由和客观，更加对立和稳定，避免自我评价的过低和过高。

（四）从活动分析中认识自我

大学生可以通过参加各种活动时的动机、态度、表现、取得的成果来分析认识自己。理想的活动成果、良好的活动效果可以使个体增强进一步认识自我的能力，发现自我的价值，从而激发自信，开发潜能。例如，一个原本有些害羞的大学生在同学的鼓励下参加了一次辩论比赛，并获得了奖励，他在活动的分析中就会发现自己具有这方面的能力，只要努力去做，就可以取得成功，得到别人的肯定。这对他克服害羞情绪、增强自信、发现自我潜能起到了积极作用。

二、积极地悦纳自我

悦纳自我就是对自己的本来面目持肯定、认可的态度，是发展健康的自我体验的关键和核心。大学生怎样才能形成悦纳自我的积极态度呢？具体地说，积极悦纳自我包括以下几方面：

（一）全面看待自己的优缺点

要悦纳自己的优点，也要接受自己的缺点。所谓"尺有所短，寸有所长"，每个人都既有长处又有短处，要肯定自己的价值，善于学习别人的长处，克服自己的缺点，扬长避短，充分地发挥自身潜力。

（二）保持乐观、性情开朗

进入大学后，大家经常面临各种生活、学习的压力，经常遇到挫折和冲突。有的同学碰到挫折时，会把挫折当笑话讲给其他人听，使自己总是保持一种愉快、充实的心境。其实，生活中谁没有烦恼呢？只要能换一个角度，乐观地去看待，那么个体一定会更快乐。

三、有效地控制自我

有效地控制自我是健全自我意识的根本途径，有效进行自我调控是为了保证自我的健康发展。

（一）培养顽强的意志力

大学生要发展意志力和自制力，增强挫折耐受力，使自己能自觉主动地认清目标，为实现目标而努力排除干扰、克服困难。很多大学生为自己树立了远大的目标和理想，但在努力的过程中，没有足够的意志力和自制力，经受不住挫折和打击，导致最终无法实现自我理想。

（二）建立合乎自身实际的目标

要使自我控制积极有效，大学生应该建立合乎自身实际的目标，首先要合理定位理想自我。理想自我是大学生将来要实现的目标，在确立其内容时，要立足社会需要，符合社会的要求和规范。同时，目标设定要从自身的实际出发，既不好高骛远，也不过于简单，把远大的目标分解成一个个远近高低不同的具体目标，目标的难度应适中，即“跳起来摘苹果”。同时，目标要符合自己的实际能力，不苛求自己，不被他人的要求所左右。只有明确这一点，才可能真正地认清自己，规划自己的发展方向，最终建立独立的自我。

（三）积极参加社会实践

自我评价、自我锻炼和自我教育是一个实践过程。大学生努力参加社会实践，用学到的知识和智慧为社会服务，可以认清自己的责任和义务，确立科学的人生观、价值观。在实践中，学会用乐观的情绪和积极的心态去对待问题，客观公正地看待事物，增加自我意识中的理性成分，消除偏激和肤浅，使自己得到和谐发展。

（四）塑造健全人格

人格不仅是人的心理面貌的集中反映，而且是人的心理行为的基础，它在很大程度上决定了人对外界的刺激做出的反应，直接影响人的身心健康、活动效果和社会适应情况，进而影响到一个人的生理、心理和包括社会文化素质在内的综合素质的发展。健全的自我意识的形成，除了要有对自我的正确认识外，还要有健全的人格支持。

拓展阅读

自我改变的小步子原理

自我改变最难的地方在于我们信心满满，却很难做出行为上真正的改变，情感会引诱我们停留在以往的心理舒适区。小步子原理就是在改变的路上迈出小小的一步，获得一个小小的成功。通过不断获得小的成功来积累经验，从而为下一步行动提供心理动力。例如想要提高自己的英语水平，就从准备一个便携的小本子开始，每天在上课前背三五个单词，从坚持逐步养成习惯；想要减肥就从晚餐后把零食改为一盒牛奶开始，坚持一段时间后再把牛奶取消；整日待在宿舍无所事事，没有良好的学习习惯，就从走出宿舍，在学校食堂就餐开始，积极去改变生活上的每一个细节，最终成就优秀的自我。

四、培养自信心，提升自我效能感

拓展阅读

自我效能感

J.K.罗琳的关于一个少年魔法师的小说《哈利波特与魔法石》在被伦敦一家小型出版社接纳之前，曾经遭到12家出版社的拒绝。迪卡唱片曾经拒绝与披头士乐队（the Beatles）签约，原因是“我们不喜欢他们的声音”。华特·迪士尼曾经被一家报纸的编辑以“缺乏想象力”为由解雇。“飞人”迈克尔·乔丹上高中时曾被校篮球队拒之门外。

是什么让有些人能够走出失败并最终获得成功，而有些人却在挫折面前认了输？心理学家称之为“自我效能”（Self-efficacy），这是一些人具备的一种坚定不移的信念、相信自己具备取得成功的要素。“自我效能”由斯坦福大学心理学家阿尔伯特·班杜拉在20世纪70年代首次提出，已经成为教育界的一个关键理念，正在被广泛应用于医疗保健、管理、运动以及诸如发展中国家的艾滋病（AIDS）等看起来极为棘手的社会问题等领域。

不论现在还是将来，不论身处逆境还是顺境，也不论周围的人与事如何变迁，只有自己才是永远的依靠。你应该自始至终相信自己、珍惜自己、帮助自己、激励自己，坚定地捍卫自己的自信。

有自信的人并不是天生就自信，其自信来源于自觉地维护和积极地增进自信。缺乏自信的人也并不是天生就不自信，其不自信往往是长期缺乏自我肯定、自我激励以及被动接受外界消极评价的结果。真正自信的人首先有自爱，他知道自己有哪些长处，确信不疑而且十分珍爱，引以为荣。不自信的人缺乏自爱，他并不特别了解自己的长处，相反总是盯住自己的缺点或者有意挑剔自己的不足，并且耿耿于怀；即使有好的地方，也十分轻视它们的价值，甚至会怀疑其真实性。

美国心理学家班杜拉认为，自我效能感是指个体对自己是否有能力完成某一行为所进行的推测与判断。自我效能感影响或决定人们对行为的选择，以及对该行为的坚持性和努力程度，影响人们的思维模式和情感反应模式，进而影响新行为的习得和习得行为的表现。自我效能感高的人对于成功有较高的期待，遇事理智处理，乐于迎接应急情况的挑战，能够控制自暴自弃的想法——需要时能发挥智慧和技能；自我效能低的人畏缩不前、害怕失败，情绪化地处理问题，在压力面前束手无策，易产生恐慌的情绪——当需要时，其知识和技能无法发挥。大学生的成功与成长无疑与自我效能感有着密切的关系，提升自我效能感对于提升心理素质、获得幸福感有重要的作用。

拓展阅读

提升自我效能感的策略

（1）设立合理的行为目标。

不断给自己设立比较容易完成的目标和任务，在成功中不断提升自身的自我效能感。

行为目标的难度需符合“跳起来摘苹果”，即不能太容易，也不能太难，否则反复的失败会降低自我效能感。对于难度较大的任务，可以分为多个可以实现的小目标，就像跑马拉松一样，将全程分为不同的路段，逐个攻破。自我效能感不是空洞的，而是在现实中通过不断的成功体验积累的。

（2）学会与他人进行合理的比较。

找到合适的比较对象，在比较中发现自己的长处，提高自我效能感。有些人把自己和比自己优秀很多的人比较，这种比较既没有作用，也会降低自我效能感。找到合适的比较对象，取长补短，才是自我发展之道。

（3）深入分析自己以往成败的原因。

心理学家发现，对于自身成败的归因会影响个体对自我的认识。在分析成功的时候将其归结为自身的努力，在分析失败的时候归因于自己不够努力，在生活中寻找一个学习的榜样，有助于提高自身的效能感。

（4）发现自己的优势与特长，不断肯定自我。

五、不断超越自我

健全自我的过程也是一个塑造自我、超越自我的过程。对于大学生而言，超越自我更是终生努力的目标。在行动上，无论对人对事，均全力以赴，使自己的能力品行得到最大限度的发挥。

完善自我、超越自我并不是一帆风顺的过程，需要付出艰辛的努力和沉重的代价，也是一个“新我”形成的过程，是从“小我”走向“大我”，从“昨天之我”向“今日之我”“明日之我”迈进的过程。珍惜已有的自我，追求更好、更高的自我，做一个“自如、独特、最好的自我”。既注重自我，又不固守自我，而是根据社会要求不断改造自我；既注重自我价值的实现，又不仅仅局限于追求个人自我价值的实现，而是把自我价值实现的过程与为祖国现代化建设做贡献的过程统一起来，在为他人和社会的服务中实现真正的自我价值。

心理测试

测测你的自尊水平

自尊心，反映了你对自己是否聪明、是否有吸引力等方面的信心，但是这种信心要求是准确的。因此，高自尊可能是一个人对自身价值、成功和成就精确合理的信念，也可能是高傲的、夸大的、毫无根据的优越感。同样，低自尊可能准确反映了一个人的缺点或偏见，甚至是病态的不安全感和自卑感。为了检测你的自尊水平，请完成下面的小测验。

通过表2-1所示陈述，检测你对自己的总体感觉。1代表“完全反对”，2代表“反对”，3代表“同意”，4代表“完全同意”，请依据自己的情况，在相应的数字上打“√”。

表2-1　自尊水平测试表

题目	完全反对	反对	同意	完全同意
1. 我对自己总体满意	1	2	3	4
*2. 有时我觉得自己一点都不好	1	2	3	4
3. 我觉得自己有很多优秀的品质	1	2	3	4
4. 我能够和大多数人一样把事情做好	1	2	3	4
*5. 我觉得自己没有什么值得骄傲的资本	1	2	3	4
*6. 我有时感到自己没用	1	2	3	4
7. 我觉得自己是一个有价值的人，至少不比别人差	1	2	3	4
8. 我希望我能更尊重自己	1	2	3	4
*9. 我觉得自己是失败者	1	2	3	4
10. 我对自己的态度积极向上	1	2	3	4

评分：

【计分方法】

将1、3、4、7、8、10项的得分相加；将带“*”的题目2、5、6、9项反向计分（即：如果选“1-完全反对”，得4分；选“4-完全同意”，得1分；选“2-反对”，得3分；以此类推），然后将上面两大项的总分相加，得出自尊水平总分。

【测试结果】

你的得分应该在10～40分。如果你的得分在35～40分，你的自尊很高；如果得分在30～34分，自尊较高；得分在20～29分，自尊较低；得分在10～19分，自尊很低。

心理训练营

活动1　我是谁？我不是谁？

一、活动目的

通过对记忆中重大生活事件的回顾，找到个人乐观或悲观的原因，并改变不合理信念，达到提升自我评价的目的。

活动材料：彩虹卡片（印刷），每人一张；三支不同颜色的彩色笔，分别代表幸福、痛苦、没感觉（无法形容）三种情绪体验。

二、操作程序

1．假如生命可以这样表示

卡片上有一个代表生命历程的坐标图（见图2-2）。从左到右的横线（横坐标）表示“时间”，也可以为“年龄”；从下到上的竖线（纵坐标）表示你的情绪或感受。横坐标与纵坐标相交之处标记为“0”，意思是“生命开始之处”。

2．记忆中的那些事儿

请回忆自己生命中那些发生过的、让你无法忘怀的重大事情，数量不限。但一定要是在你目前的生命历程中对于你而言很重要的事情。

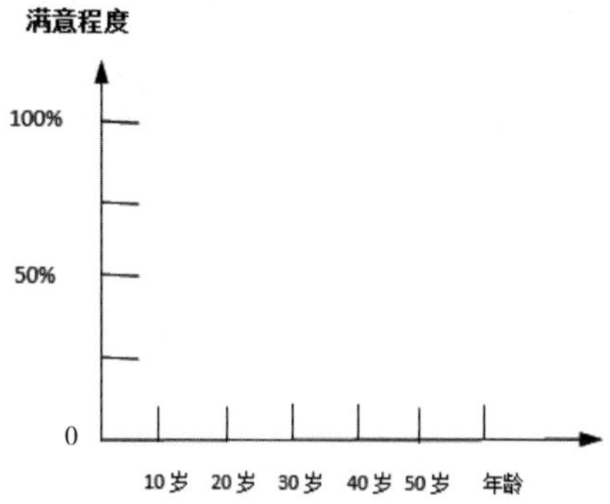

图2-2　生命历程坐标图

3．当时的心情

以该件事情发生的时间和你当时的感受，在坐标图上相应的位置标点。每个点的含义就是表示在某个时候发生了一件让你感觉到痛苦或幸福的事。

4．彩色烙印

回忆事件发生时你的感受，用分别代表幸福、痛苦、没感觉（不好形容）三种情绪体验的彩色笔，将每个点与后面的点连接起来。例如，A事件发生时，你觉得很幸福，就用表示幸福的颜色将图表中对应的点与其后一个点连接起来，以此类推。最后你会完成一条生命的彩虹。

5．故事会

在小组中坦诚交流，向别人介绍你的经历，也感受别人各种各样的人生。

6．互助与成长

（1）引导思考：观察自己的图表时有无新发现？从分享他人的经历中得到哪些启发？

（2）每一件事情都让我们知道一些东西，那些生命节点上发生的主要的事情，让我们明白的东西也许更多或者更重要。简单概括，并写在图表下。

（3）如何评价自己？个体对自己的评价有两个来源：一个是日常生活琐事带来的评价积累；另一个是重大生活事件带来的评价。两者皆不可忽视。重大生活事件带来的挫折感或幸福感更能使个体印象深刻，针对此类事件进行讨论与设计，对于我们认识自己与应对压力具有重要的意义。

7．活动小结

你对客观事物的看法，决定了你的行动策略，行动策略是否恰当直接关系到自信水平和从逆境反弹的情况。

◎ 思考与讨论

1. 请回顾自己的经历，说说有哪些让你自豪的事情，自己是怎样成长的？

2. 我们对自己的“喜欢”和“不喜欢”来自哪里？有哪些是可以改变的？有哪些是不能改变的？

3. 你理想中的我是怎样的？你打算做些什么去实现理想的我？

第三章

优化人格　展现魅力

——大学生人格发展与心理健康

03

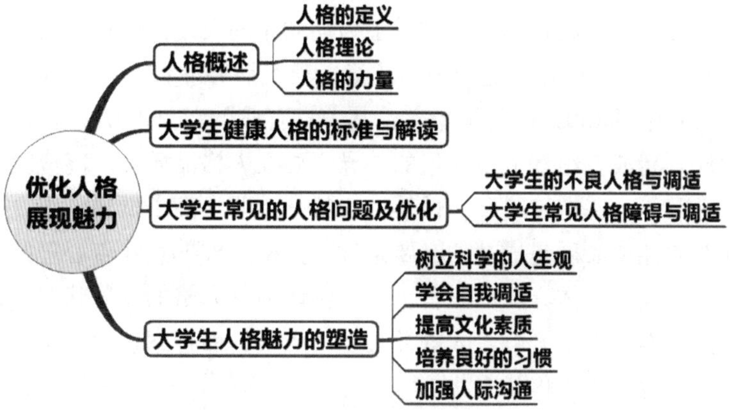

图3-1　第三章基本框架

读书在于造就完全的人格。

——培根

人格的完善是本，财富的确立是末。

——佚名

人格像每一种有生命的物体一样，随着成长而发生变化。

——阿尔伯特

人格是一种丰富而复杂的心理成分，体现着一个人整体的精神风貌，是伴随着人一生不断成长的心理品质。美国心理学家特尔曼等人从1921年开始对1528名智力超常的儿童进行了为期50年的大规模的追踪研究，结果发现这些智商在140分以上的天才儿童，长大后并非都是成功人士。特尔曼等人对其中的800人进行了考察，其中卓有成就者仅占1/8。他们进一步分析发现，高成就组和低成就组的差异主要在人格品质上。高成就组在谨慎性、进取心、坚持性、坚韧性等性格特征上明显高于低成就组。这充分说明良好的性格品质是成功的必要条件。人格的成熟意味着心理的成熟，人格魅力展现着个体心灵的完善。心理学认为，人格的发展状况、人格所呈现的面貌不仅直接影响着人的社会生活质量，而且间接地关系着整个人类社会是否能健康、和谐地发展。

第一节　人格概述

一、人格的定义

“人格”一词，最早起源于拉丁文“persona”，意指戏剧演员在舞台上扮演角色所戴的面具，用来表现角色的剧中形象。随着角色的变化，面具会不断变化，以使观众更准确地了解剧中人物的特点和身份。例如，中国的京剧脸谱中，红脸代表忠义，白脸代表奸诈，黑脸代表刚强（见图3-2）。随着社会的发展，人格的含义几经扩充和引申，在不同的学科、不同作者的笔下，人格具有不同的含义。比如，日常生活中常常从伦理道德的观点出发，使用“人格”一词来对人的行为进行评价，说某人的人格高尚或卑鄙，即一个人的人品如何，与品格同义；从法律含义上使用“人格”，说某人的言行损害了他人的人格，指的是权利义务主体的资格。

图3-2　戏剧中的面具

在心理学上，人格指个体在遗传素质的基础上，通过与后天环境的相互作用而形成的、区别于他人的、相对稳定的、独特的心理行为模式。人格的结构是多层次、多侧面的，包括活动倾向性特征，如需要、动机、兴趣、信念等，也包括个性心理特征，如气质、性格、能力等。其中，气质和性格是人格结构的主要方面。人格结构的各个因素相互渗透、相互影响、相互制约，结合成一个有机整体，对人的行为进行调节和控制。

二、人格理论

心理学家为了详细说明人与人之间的差异，以对他们的人生经历做出预测，不断地寻求简单有力的人格分类方法，主要有类型论、特质论、心理动力学理论和人本主义理论。

（一）类型论

类型论采用全和无的模式，而不是程度的多少。许多人喜欢在日常生活中使用类型分类，因为这能帮助他们将理解他人的复杂过程简单化。类型分类中比较有趣的理论有体液说、血型说和出生顺序说等。

1. 体液说——气质类型

气质指的是一个人天生的、典型而稳定的心理活动动力特征之总和，包括心理活动的速度和强度、灵活性和稳定性以及指向性等，如思维的速度和灵活性、情绪的稳定性和指向性等。气质在不同情景、不同活动中都会表现出来，而气质特点的不同组合就构成了气质类型。气质类型的分类方法有多种，其中最为常见的是古希腊著名医生希波克拉底提出的体液说。希波克拉底在《论人的本性》中提出，人体内有四种基本的体液，每种体液与一个特定的气质类型相对应。个体人格是由体内何种体液占优势决定的。希波克拉底将与人格气质对应的体液依据按以下方案进行配置（见表3–1）。

表3–1 优势体液与气质类型对应表

优势体液	气质类型	人格特征	代表人物
黄胆汁	胆汁质	直率、热情、精力充沛，遇事反应强烈，情绪发生快而强，思维和言语急速而难以自制，工作有顽强性，易躁、易怒，整个心理活动都笼罩着突发色彩，严重外倾	孙悟空
血液	多血质	活泼、热情、好动、敏感，情绪发生快而多变，兴趣广泛而容易转移，善于交际，但做事马虎，坚持性差，具有外倾性	猪八戒
黏液	黏液质	安静、沉稳，情绪发生慢而弱，思维和动作迟缓，工作认真踏实，注意力较稳定，善于克制和忍耐，执拗、淡漠，适应环境慢，具有内倾性	唐僧
黑胆汁	抑郁质	敏感、孤僻、悲伤、易哀愁，情绪发生慢而深刻、持久，善于观察细节，具有内倾性	沙僧

［参考：张彦军．从唐僧师徒气质特点看中国古人对气质的认识．吉林省教育学院学报，2013.5.（29）：137–138.］

虽然不同气质类型的人，其情绪和行为模式不同，但气质没有优劣之分，它与人的道德品质、智力发展和成就高低均无直接的联系。但是，气质类型会影响工作的效率、对环境的适应力等。气质类型主要是由遗传决定的，每种气质类型都有其积极的一面和不足的一面。个体应认识并悦纳自己的气质类型，充分发挥其积极的一面，管理好不足的一面，以有利于形成自己良好的人格。

2. 血型说

日本研究人员把幼儿园孩子按不同血型分成小组，来考察他们在面对同一个突发状况时的反应。我国安徽省合肥市蜀山区龙凤嘉园幼儿园也做了类似的实验。虽然目前还没有确切的科学依据证明性格与血型有关，但通过实验得出了比较一致的结论。

（1）A型血的小朋友忠实，比较单纯。

（2）B型血的小朋友比较感性，受环境影响较大。

（3）O型血的小朋友公私分明，稳重且有正义感。

（4）AB型血的小朋友性格差异较大，各有主见。

人的性格受到先天因素及后天环境的共同影响，血型基因只是人类数万个基因中的一个而已，血型与性格在一定程度上存在关联，但关联的程度应该不会太大。实验中不同血型的小朋友所表现的差异性，可能是由于具有某种相同特质的人聚在一起，其行为倾向会表现得更加明显，但推测有待进一步的研究来证明。

3. 出生顺序说

1996年，美国麻省理工学院的弗兰克·沙洛威提出了基于出生顺序的现代类型理论。根据沙洛威的观点，得出以下结论：

（1）头生儿或独生子女的位置是现成的，头生子或者独生子女的幼年时期不需要任何努力，便可独享父母的爱和关注。随着成长，他们需要通过认同和遵从父母来寻求和保持最初的依恋。

（2）后生儿的位置不同，为了争夺父母的爱和关注，他们要在先前出生的孩子还没占到主导地位的领域里占有优势。后出生的孩子通常被培养成对经验持有开放性态度，以在生活中获得更新颖、更成功的位置。

为了验证后生儿喜爱创新而头生儿安于现状这一假设，沙洛威对获得23项科学创新的1218名科学家的出生顺序进行了研究。结果显示，在每种家庭规模下，后生儿均比头生儿更倾向于接纳新理论（见图3–3）。

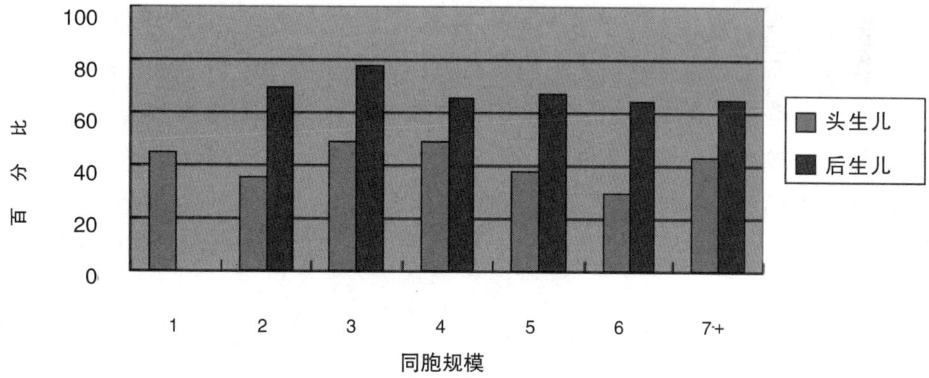

图3–3　出生顺序与科学创新关系

拓展阅读

人格究竟会不会遗传？

美貌、攻击性、紧张、沮丧、智力等特质都是遗传得来的，但如果你找不到隐藏在人格特质后的那些基因的话，你又怎么知道它是遗传的还是习得的？其实这个看似头疼的问题却有一个简单得不能再简单的解决方法：研究双生子和被领养的孩子。

同卵双生子在基因上通常是几乎完全相同的，异卵双生子有一半的基因是相同的。异卵双生子基因的相似程度就和亲生的兄弟姐妹差不多。当同卵双生子在某些人格特质上比异卵双生子更相似时，我们说这种特质就是遗传来的。

对眼睛的颜色来说的确如此，但对于较复杂的特质，如唱歌、舞蹈、文学能力又是怎样呢？这些能力可能来自遗传，还有可能来自后天的教养。我们都知道同卵双生子的教养方式会更相似：父母给他们穿同样的衣服，让他们睡同一间房，上同样的课等。但在不同家庭环境中分开教养的，有着同样基因的同卵双生子，如果他们的人格特质相似的话，那肯定就是遗传，而不是环境的原因了。对于在不同家庭长大的同卵双生子进行的研究，可能是最能回答我们这个问题的方法了。

托尼和罗杰还在襁褓中时就被领养了。托尼生长在费城一个温暖的意大利工人家庭。罗杰在佛罗里达州长大，父母都是受过高等教育的犹太人。托尼是个推销员，在各地跑推销。有一天，当他在新泽西州的一家餐厅吃饭时，有一个女士跑过来用非常肯定的语气对他说："罗杰，你好吗？你很久没给我打电话了。"当他最终说服这位女士他不是罗杰，也从没听过这个名字时，他的好奇心被引发了。他大费周折地找到了罗杰。当他们核对了生日后，才知道他们是双胞胎兄弟。

这种相似性令人吃惊。当然他们外表看起来很像，声音听起来也像，智商差不多。他们用同一种牙膏，都从小学起就是无神论者，学业成绩也一样。他们都抽同一品牌的香烟，都用同一品牌的须后水。他们加入同一个政党，有着相似的工作，喜欢相同类型的女人。在接下来的一次生日宴会中他们互送了礼物，结果是一模一样的毛衣和领带。

对于科学家来说，遗传率程度和遗传的人格特质范围比趣闻轶事更令人印象深刻。下列就是那些与分开抚养的同卵双生子非常相关，而与异卵双生子不那么相关的特质：智商、心智速度、感受速度及准确性、幸福感、自我接纳、饮酒及滥用药物、专制、工作满意度、择业就业、笃信宗教、传统主义、冒险精神、犯罪行为、神经过敏症、看电视次数及程度、愉快（积极情感作用）、沮丧（消极情感作用）、自我控制、支配欲、外倾性。

过去的研究表明人格是能够遗传的，人格特质的可遗传程度大致为0.50（除了智商是0.75外）。

（摘自马丁·塞利格曼《认识自己，接纳自己》，任俊译，2010）

（二）特质论

与类型论相比，特质论在区分人的特质方面更灵活、更有弹性。特质是持久的品质或特征，这些品质或特征使个体在各种情况下的行为具有一致性。比如生活中你可能通过拾金不昧来证明你的诚实，也可以通过考试不作弊证明这一点。特质论推崇连续的维度，如智力和友情等，它不是非此即彼，而是强调程度的多少。一些特质理论家认为特质是引起行为的先决条件，但更加保守的理论家仅仅将特质作为描述性的维度。

1. 阿尔波特的特质理论

阿尔波特认为，特质是人格的框架和个性的根源，作为一个中介变量，使一系列的刺激和反应发生联系（见图3-4）。

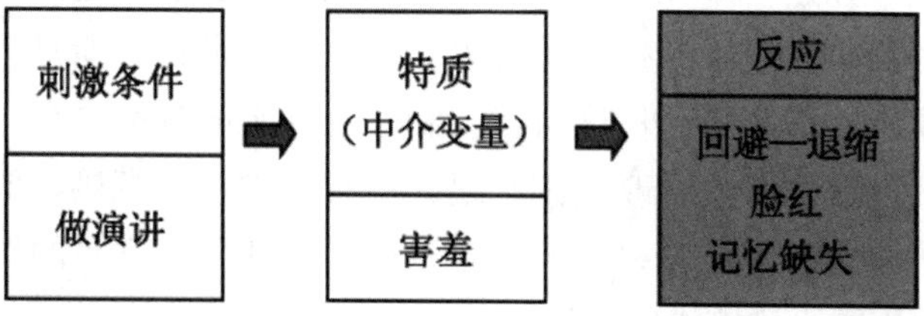

图3-4　阿尔波特的特质理论

阿尔波特确定了以下三种特质：

（1）首要特质：影响一个人如何组织生活。通常指一个人的信念，如共产主义信念。

（2）核心特质：代表一个人主要特征的特质。通常指一个人的性情，如诚实。

（3）次要特质：有助于预测个人特定的、专属的特征。通常指一个人的喜好，如衣着和食物。

阿尔波特感兴趣的是探索使一个人成为独立个体的三种特质的独特组合。他的理论提示大家如何去认识一个人，判断一个人可能与你交往的深度。

2. 艾森克人格理论（也称“大三人格”）

艾森克根据人格测验（EPQ）的数据推出三个范围很广的维度：外向性（E）、神经质（N）、精神质（P）。谭华玉（2007）研究结果表明，神经质、外向性与精神质对心理健康有显著的预测作用，解释量分别为55.1%、4%和1%，三个变量联合预测心理健康水平达60.1%，其中神经质，即情绪的稳定性对心理健康影响最大。

（三）心理动力学理论

弗洛伊德（1859—1939）是精神分析学派的创始人。他认为人格的结构由三个部分组成，即“本我”“自我”和“超我”。

“本我”是人类心理最原始的部分，一出生就具有“本我”。它是一切心理的能量之源，包含生存所需的基本欲望、冲动和生命力。“本我”的目标是求得个体的舒适、生存及繁殖，表现为无意识、非理性和易冲动。“本我”像一个被宠坏的孩子：自私、冲动，追求享乐，不理会社会道德和外在的行为规范，唯一的要求是获得快乐，避免痛苦。弗洛伊德认为幼儿的精神人格完全属于“本我”，没有是非观念，其生活受欲望支配。如当婴儿看到一个非常吸引人的玩具时，就伸手去拿，拿不到就会大哭大闹，要求即时满足。有时候婴儿的需要明显不合理，因为“本我”按“快乐原则”行事，遵循初级加工思维，这种思维既不遵循意识思想中的逻辑原则，也没有现实基础。梦和想象就是初级加工思维的经典例子。父母的教养方式及后天环境会影响本能驱力形成的结构，从而进一步影响后期的人格发展。

“自我”，其德文原意即是指“自己”，指现实“我”。在出生后的第一个月，新生儿就能清楚地感受到，自己和别的事物或人不一样。这种感觉首先从对自己身体的局限性和自信的感知产生。“自我”是个体为了调和周围世界与内部驱力，追随客观环境的现实原则而发展出来的意识状态。它的机能是寻求“本我”冲动得以满足，而同时保护整个机体不受伤害。“自我”知道“本我”冲动与社会现实和物理现实之间的冲突。如一个儿童不能偷货架上的棒棒糖；无论妹妹把哥哥惹得多么生气，哥哥不能打妹妹。虽然偷东西和打妹妹可能减轻儿童内心的紧张，但这与社会和父母既定的规则冲突，“自我”清楚此类行为会产生问题，因此必须避免、改变和延迟“本我”冲动的直接释放。“自我”遵循的是“现实原则”，采取次级加工思维方式，是解决问题和获得满足的发展性策略。绝大部分的人，在成年期后凸显的都是“自我”。

“超我”，指理想“我”，是人格结构中代表理想和良心、体现道德准则的部分。“超我”在儿童大约5岁左右开始发展，通过父母、学校和宗教组织等媒介内化社会价值、道德和观念形成。其机能主要是监督、批判及管束自己的行为。“超我”主要通过内疚感来判别正义与邪恶。“超我”的特点是追求理想、尽善尽美，因此，如同“本我”一样是非现实的。“超我”大部分也是无意识的，“超我”要求“自我”按社会可接受的方式去满足“本我”，它所遵循的是“道德原则”。如果儿童形成了低的道德标准，其结果是，他们伤害别人时并不感到内疚。然而，若“超我”发展出过于强有力的内在标准，儿童就会为几乎不可能达到的超高道德所累，导致接二连三的失败，可能长期经受羞愧和自责的折磨。

“本我”“自我”和“超我”之间不是静止的，而是始终处于冲突与协调的矛盾运动之中（见图3-5）。

一般情况下，强大的“自我”能协调现实环境、“本我”和“超我”的关系，使人心理平衡，远离焦虑。但当“自我”受到现实环境、“本我”的冲动以及“超我”严格控制的威胁时，个体就会体验到焦虑。焦虑可能以身体症状来表现，如心跳加速、手心出汗、呼吸不规律等。关于这三者的关系，弗洛伊德有这样一个比喻：“本我”是马，“自我”是马车夫。马是驱动力，马车夫给马指明方向。马车夫要驾驭马车，但马可能不听话，二者就会僵持不下，直到一方屈服。弗洛伊德认为，只有三个“我”和睦相处，保持平衡，人才会健康发展；而三者吵架的时候，人有时会怀疑“这一个我是不是我”，或者内心有不同的声音在对话：“能做？不能做？”或者内心因为欲望和道德的冲突而痛苦不堪，又抑或为自己某个突如其来的丑恶念头而惶恐等。这种状况如果持续久了，冲突得比较严重，就会导致神经症的产生。

（四）人本主义理论

马斯洛（1908—1970）是人本主义心理学的创始人。他在1943年发表的《人类动机的理论》一书中提出了著名的需要层次理论（见图3-6）。他认为，人的一切行为都是由需要引起的。他把人多种多样的需要归纳为五大类，即生理的需要、安全的需要、归属和爱的需要、尊重的需要、自我实现的需要。

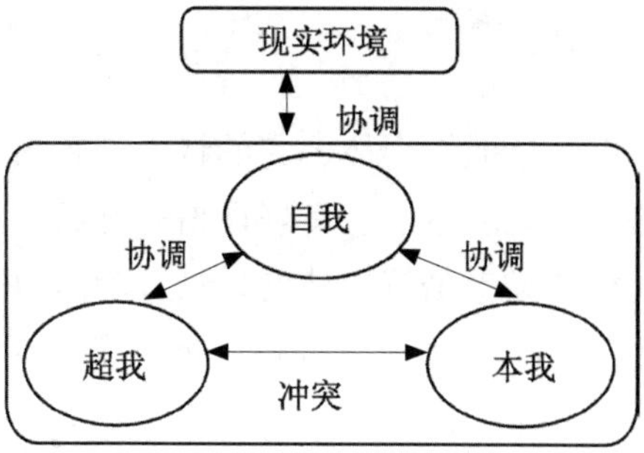

图3-5 本我、自我、超我关系图

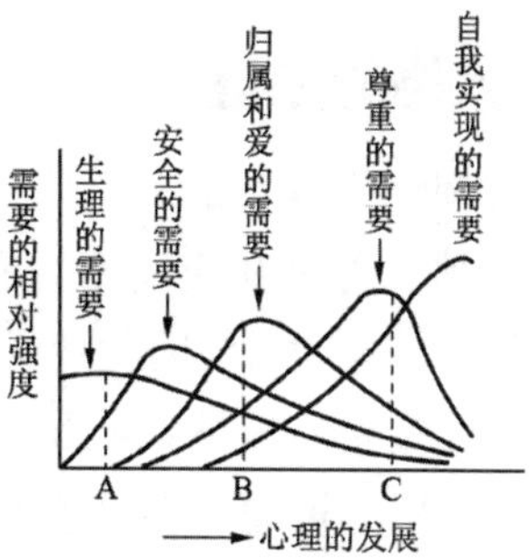

图3-6 马斯洛的需要层次结构

1. 生理的需要

人类最原始的也是最基本的需要，包括饥、渴、性和其他生理机能的需要，它是推动人类行为最强大的动力。

2. 安全的需要

当一个人生理需要基本得到满足后，安全的需要就会产生，即个人寻求生命、财产等生活方面免于威胁、孤独、侵犯并得到保障的心理需要。

3. 归属和爱的需要

归属和爱的需要是一种社会的需要，也叫交往需要，包括社会交际，获得友谊与忠诚，爱与被爱，被团体与社会所接纳并成为其中的一员，得到相互支持与关照等。

4. 尊重的需要

尊重的需要包括受人尊重与自我尊重两方面，前者是希求别人的重视，获得名誉、地位；后者希求个人有价值，希望个人的能力、成就得到社会的承认。

5. 自我实现的需要

自我实现的需要是指实现个人理想、抱负，最大限度地发挥个人能力的需要，即获得精神层面的臻于真、善、美——至高人生境界的需要。马斯洛认为，为满足自我实现的需要所采取的途径因人而异。有人希望成为一位理想的母亲，有人表现在体育运动上，还有人表现在绘画或发明创造上……简而言之，自我实现的需要是指最大限度地发挥一个人潜能的需要。

马斯洛按照三条原则来解释人类的需要层次。首先，人类基本的需要必先得到满足，然后才会进一步追求较高层次需要的满足。其次，人类需要与个体生长发展密切相关。人出生时，最主要是满足生理需要，然后逐渐考虑到安全、归属、自尊的需要，最后才追求自我实现的需要。因此，个人的需要结构发展过程是波浪式的演进，各种需要的优势由一级演进至另一级。最后，人类需要的高低与个体生存有关。马斯洛认为，一个理想的社会，除了应该满足人们基本的生理需要外，还要使人们满足较高层次的需要，并鼓励个人去追求自我实现。一个人只有把个人的需要和国家的需要以及社会发展的需要联系起来，才能有永不衰竭的动力，才能充分发挥个人的潜能，达到最大限度的自我实现。

三、人格的力量

积极心理学将良好的人格定义为一系列积极素质的综合体，它的特点是有洞察力、有团结合作精神、善良和充满希望等。为了能够更好地表达这些良好性格的特点，积极心理学把它们称为性格力量因子。性格的力量在某种意义上是特质性的，具有个体的差异，稳定性和普遍性较差。根据VIA分类标准识别出包括六大类的24种性格力量（注：由于翻译的原因，有些性格力量的文字表述不太一致）。

1. 智慧和知识的力量

（1）创造性：能够思考出新奇和有效的方式去做事情；多体现在艺术成就上，但不仅限于此。

（2）好奇心：对所有正在发生的事情感兴趣；认为所有的科目和话题都是富有吸引力的，乐于去探索和发现。

（3）热爱学习：掌握新的技术、主题和知识；热爱学习与好奇心这一性格力量显然是相关的，但其更能描述增加某人所知的系统性。

（4）思想开放：能够全面透彻地思考问题，并从各个方面检查；不急于得出结论；能够根据事实调整自己的思想；全面公平地衡量各种证据。

（5）洞察力：能够为别人提供明智的参考意见；能够以多种方式看世界，认识自己和他人。

2. 意志的力量

（1）真实性：以更加诚恳的方式讲述事实；不加以掩饰和伪装；对自己的感觉和行为负责。

（2）勇敢：在威胁、挑战、困难或痛苦面前不畏缩；即使有反对意见的存在，也能直言不讳地说出自己的意见；即使不受欢迎，也能表现出坚定不移的信念；体现在生理上的勇敢，但不仅限于此。

（3）坚持：善始善终；即使存在艰难险阻，也要坚持完成自己的行动；享受任务完成时的愉悦感。

（4）热情：充满激情和力量地去追求生活；做事情不半途而废或心不在焉；把生活当作历险；充满生机和活力。

3. 人道主义的力量

（1）善良：助人为乐、与人为善；关心照顾别人。

（2）爱：重视与他人之间的亲密关系，尤其是彼此之间能够分享和关照；能够亲近他人。

（3）社会智慧：能够感知别人的意图和感受；知道在不同的社会场合应该怎样做；知道什么会使他人不悦。

4. 公正的力量

（1）正直：公正公平地对待每一个人；不让个人的情感影响到别人所做出的决定；给

每一个人公平的机会。

（2）领导力：鼓励团体中的每一个人把工作做好，同时促进良好的集体关系；组织集体活动并且观察活动的效果。

（3）团体合作精神：作为团队或小组中的一员，做好自己的工作；忠实于团队，与团队的其他成员分享。

5. 节制的力量

（1）原谅/怜悯：原谅那些曾经做错事的人，重新给他们一次机会；不要打击报复。

（2）谦卑/虚心：让成绩说话；不要过分表现自己，不要认为自己比别人都强。

（3）审慎：慎重地做出选择；不做不适当的冒险，不说以后可能后悔的话，不做以后可能后悔的事。

（4）自我调节：调节自己的感受和行为；遵守纪律；控制自己的欲望和情绪。

6. 卓越的力量

（1）对美和优点的欣赏：能够在生活的所有领域，发现和欣赏美丽、卓越和富有技巧的表现，从自然界到艺术领域，再到数学、科学领域，以及日常生活的每一天。

（2）感激：敏锐地观察和感激生活中发生的每一件好的事情；花时间去表达你的感恩之情。

（3）希望：期待未来最美好事情的发生，并努力去达成这一愿望；相信未来的美好能够实现。

（4）幽默：畅快地大笑，给别人带来欢乐；心中充满阳光，积极地看待事情；制造一些笑话（并不一定非得是讲出来的笑话）。

（5）虔诚/灵性：对高级的目标和宇宙的意义有内在的信念；拥有对人生价值的信念，并以此来规划自己的行为，感受生命意义的愉悦。

克里斯托弗·彼得森（2010）和他的同事们发现，24种性格力量的相对认可度在全世界都高度一致。在54个国家和地区里，从阿塞拜疆到津巴布韦，最为认可的力量有和善、公正、真实性、感恩和思想开放（见图3-7）。国家与国家之间的等级相关性非常强，往往都在0.8以上，不存在文化、种族、宗教和经济上的差异。这些性格力量，又被称为“心灵上的”力量，如热情、感激、希望和爱等，有助于实现充实的人生，而且比起那些“头脑上的”力量，如热爱学习等，与生活满意度之间存在更为强烈和稳定的关系。纵向研究结果还表明，这些“心灵上的”力量能够预示今后的生活满意度。可见，性格力量源于自身，作用于他人时最能使个体感受到幸福快乐。

研究还表明，人们所看重的东西是与自己性格力量相一致的工作、人际关系和兴趣爱好。比如，具有善良性格力量的人，往往会喜欢对别人进行工作的指导；那些有着好奇心性格力量的人，更喜欢“富有冒险精神的”浪漫伴侣；那些性格力量中有热爱学习成分的人，则很喜欢在闲暇的时候做一些园艺工作。

美国民众在线完成的VIA-IS问卷得分，在“9.11”之后的两个月与“9.11”之前所做的结果相比，那些诸如信任（虔诚）、希望和爱的性格力量得分明显增长，而在欧洲的被试

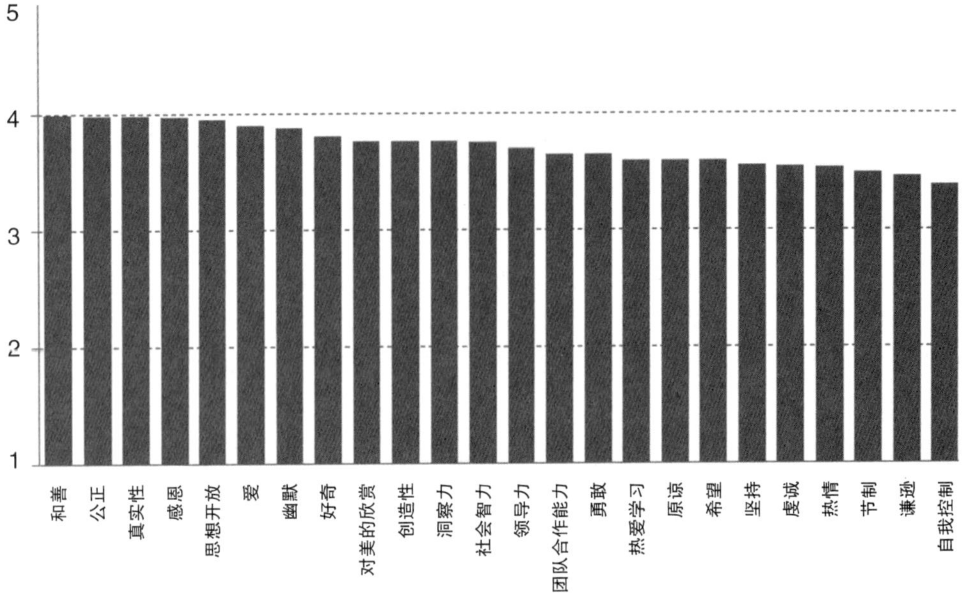

N=83567，平均分从1（代表一点也不像我）到5（代表非常像我）

图3-7　美国被试者的VIA-IS平均分

者中没有这样的变化。克里斯托弗·彼得森用恐怖控制理论去解释这种变化，即人们试图通过增加对文化中倡导的主流价值的认可，来“控制”对自身危险的恐惧。在危机事件中（至少当危机被克服的时候）会出现很多有趣的证据留给人们新的思考，什么才是生命中最重要的东西，或许他们会立即因为新的体验而投入实际行动。

克里斯托弗·彼得森的研究表明，那些经历过危机事件（躯体疾病、心理困扰或创伤事件）的被试者相比那些没有类似经历的人，在某些性格力量的得分上要偏高。比如有过严重躯体疾病的被试者（如果被试者从中恢复过来的话）所表现出来的性格力量往往跟勇敢、善良和幽默相关。这些力量最终又与生活满意度相关。研究结果提示，进行有针对性的干预训练，提高人们相关方面的性格力量，不仅可以帮助他们渡过危机，还能使他们在危机过后拥有更幸福的生活。

第二节　大学生健康人格的标准与解读

作为当代大学生，每个人都希望自己能拥有美好的生活和成功的人生，而健康人格就是成功的前提和基础。大学生作为社会的一个特殊团体，根据其独有的社会地位和身份，他们的健康人格有其自己的特点。具体而言，可以总结出以下特征：

1. 正确的人生态度

大学生正处在人生发展最关键的时期。时代要求大学生在学习生活中面对和思考如何正确处理个体与社会的关系。大学生要学会生存、学会学习、学会创造、学会奉献，这些都是将来面向社会和生活所必须具有的最基本、最重要的品质。其中，核心内容就是学会如何做人，学会做一个符合国家繁荣富强与社会不断进步发展所需要的人格健全的人；学会做一个能正确处理人与人、人与社会、人与自然的关系并使之能协调发展的人；做一个有理想、有道德、有高尚情操的人。

2. 正确的自我意识

具有健康人格的大学生对自己应有恰如其分的评价，要充满自信，扬长避短，在日常生活中有效地调节自己的行为，与环境保持和谐与平衡。

3. 具有良好的情绪调控能力

具有健康人格的大学生情绪反应适度，具有调节和控制情绪的能力，经常保持愉快、开朗的心境，并富有幽默感。当消极情绪出现时，能合情合理地宣泄、排解、转移、升华。

4. 良好的社会适应能力

社会适应能力反映了人与社会的协调程度。一个拥有健康人格的大学生要以一种开放的态度，主动关心社会，了解社会，观察所接触到的各种事物和现象，看到社会发展的积极面和主流，并具有社会责任感。在认识社会的同时，使自己的思想、行为跟上时代的发展，与社会的要求相符合，表现出良好的适应能力。

5. 和谐的人际关系

人际关系最能体现一个人人格健康的程度。人格健康的大学生乐于与人交往，能与别人建立良好的人际关系，与人相处时，常常以谦虚、诚恳、公平、宽容的态度对待他人，对不同的人际交往对象表现出恰当的态度，同时也受到他人的尊重和接纳。

6. 健康的审美情趣

健康的审美情趣对于大学生树立审美观、人生观、科学的世界观、塑造健康的人格结构具有重要作用。具有高尚、健康的审美情趣，能提高自身的修养，自觉抵制各种不健康思想的侵蚀，追求更高的人生价值，实现人的自我完善。

7. 积极向上的生活态度

具有积极向上生活态度的大学生会热爱生活、热爱身边的人和事，乐于去体验生活，敢于创新，不怨天尤人，积极的情绪和情感体验在学习、生活中占主导。

对健康人格的标准，大家应该有一个理性的认识。首先，健康人格的标准可分为理想标准和相对标准。理想标准就是人格的生理、心理、社会、道德和审美各要素完美地统一、平衡、协调，人的才能得以充分发挥。但在特定的历史阶段，由于各方面条件的制约，健康人格具有相对的意义，即不同时代、不同的社会条件有与之相对应的健康人格标准。人只有在自己所处的特定历史条件下不断进取，不懈努力，充实自我，才能使自己的人格健康水平不断提高。其次，大学生健康人格的各个标准都是相关的。“具有丰富体验并能控制情绪表现的人，通常是有能力满足自身基本需要的人，是能紧紧地把握现实的人，是获得健康的自我结构的人，是拥有稳定而可靠的人际关系的人。”总之，人格健康的人，其人格的各个方面都能统一、平衡。最后，大学生健康人格的标准不仅是衡量人格健康的尺度，同时也是优化人格的具体努力方向。

第三节 大学生常见的人格问题及优化

一、大学生的不良人格与调适

不良人格是介于正常人格与人格障碍之间的一种状态。大学生中常见的不良人格有懒散、拖拉、怯懦、孤僻、冷漠、悲观、依赖、敏感、多疑、敌对、暴躁冲动、破坏等。不良人格在青年群体中较为常见，它不仅影响活动效率，妨碍正常人际关系，而且会给人生蒙上一层消极的阴影，如不及时矫正与治疗，会发展为各种人格障碍。因此，大学生应了解并掌握一些常见不良人格的特征及调适的方法。

（一）拖延

有研究显示，在美国超过70%的大学生都有拖延心理。拖延是当前不少大学生的通病。本来可以完成的事情，今天推明天，明天推后天，不到最后一刻不做，做又马马虎虎。正是“春天不是读书天，夏日初长正好眠，秋又凄凉冬又冷，收书又待过新年”。心理学研究表明，拖延与不快乐、生理免疫系统脆弱、压力过大等都呈正相关。造成拖延的原因有逃避困难、目标不明确、惰性等。拖延不仅耽误学习和工作，而且会导致心理压力增大，焦虑。

关于如何克服拖延，降低生活和学习工作中因拖延而带来的压力，积极心理学家泰勒·本·沙哈尔为我们提供了6种方法：

1. 5分钟起飞法

沙哈尔老师说，战胜拖延的最佳法宝就是“5分钟起飞法”，它不需要通过精神力量，只需要行动即可。很多时候，个体不太想开始工作，可以在开始的5分钟内，强迫自己工作。通常5分钟之后，就会步入正轨了。很多状态不佳的人会觉得，必须受到鼓舞、激发之后，才能采取行动。事实并非如此，行动上的改变，会影响个体的态度。如果总是等待自己情绪上准备好了再开始行动，就可能总是处于懒懒散散的状态中。但是如果你已经开始行动了，哪怕是强迫自己行动的，也可以通过行动来改变你的情绪。

2. 放手去做，并奖励自己

人要懂得奖励自己，包括精神上和物质上的奖励，比如，周一到周五认真学习了，周末就可以好好休息。通过奖励可以强化个体的行为。

3. 把想法公开，破釜沉舟

一旦把想法公开，在某种意义上，就没有了退路，不得不去做，这样可以有效地克服拖延。

4. 加强团队合作，让别人来督促自己

能与别人一起去做的事情，就尽量同别人进行合作，如结伴学习。因为在进行合作的同时，他人也可以对个体进行有效的监督，并且也可以分散自身的压力。

5. 写下目标，分解成功的步骤

将目标记录下来，就等于给自己立下军令状，这样也可以有效克服拖拉。

6. 允许娱乐消遣，准许自己偶尔偷懒

允许自己在某个时候偷点懒，去娱乐消遣一下。人不是机器，不能一直工作学习，娱乐放松是人类的天性。如果不尊重天性，就会付出代价，比如削弱创造力、生产力和幸福感。

（二）懒散

懒散是不少大学生感到苦恼并很难克服的一种不良人格。处于懒散状态的大学生也常常感到内疚、自责、后悔，但又无力改变，主要原因是此类大学生想得多、做得少，缺乏毅力。

要克服懒散，首先要充分认识到其危害性；真正要做的是认真做好计划，坚定地行动起来。从日常小事做起，自己对自己负责，努力做到不为自己找借口，不原谅自己偷懒，按计划今日事今日毕，多参加有益身心的活动。

（三）狭隘

受功利主义的影响，大学生中“狭隘”的现象越来越多。斤斤计较、耿耿于怀、嫉妒、挑剔、容不得人等，都是狭隘的表现。狭隘影响人际关系，伤害他人感情，也给自己带来烦闷、苦恼，影响自己的情绪和形象。狭隘人格多见于内向性格的人。

克服狭隘，一要胸怀坦荡，一切向前看，有“比天空更广阔的心灵”；二要开阔视野，丰富自己，“站得高，看得远”；三要学会宽容，“宰相肚里能撑船”。

二、大学生常见人格障碍与调适

人格障碍，是指个体的人格特征及其行为明显偏离社会常态的一种异常状况。在人格的形成和发展过程中，由于遗传、社会化过程、社会境遇等多因素的作用，导致人格发展受阻和社会化不足，从而引起人格障碍。人格障碍至少有认知、情感、冲动控制、人际关系中的一项异常偏离。根据世界卫生组织发布的国际疾病分类第十版（ICD-10），人格障碍的诊断要点包括不是由广泛性大脑损伤或病变以及其他精神科障碍所直接引起的状况，符合下述标准：

（1）明显不协调的态度和行为，通常涉及几方面的技能，如情感、唤起、冲动、控制，知觉和思维方式及与他人交往的方式；

（2）这一异常行为模式是持久的、固定的，并不局限于精神疾患的发作期；

（3）异常行为模式是泛化的，与个人及社会的多种场合不相适应；

（4）上述表现均在童年或青春期出现，延续至成年；

（5）这一障碍会给个人带来相当大的苦恼，但仅在病程后期才明显；

（6）这一障碍通常会伴有严重的职业及社交问题，但并非绝对如此。

人格障碍的类型有很多，根据中国精神障碍分类和诊断标准（CCMD-3）及美国《心理障碍的诊断与统计手册》（DSM-IV），可以将人格障碍分为三大类：第一类以行为怪癖、奇异为特点，包括偏执型、分裂型人格障碍；第二类以情感强烈、不稳定为特点，包括冲动型、表演型、反社会型、攻击型人格障碍；第三类以紧张、退缩为特点，包括依赖型、回避型和强迫型人格障碍。

人格障碍患者很少有主动求医的动机，即使有药物治疗和心理辅导，效果也十分有限。因此，对人格障碍重点在于预防。当代大学生常见的人格障碍主要有偏执型人格障碍、强迫型人格障碍、依赖型人格障碍等。

（一）偏执型人格障碍

【案例1】小刘，男，总认为自己是直肠子，一根筋，认为别人对自己不真心，背着自己做不可告人的事。因为猜忌，小刘与家人和朋友、同学经常产生不愉快，身边的人逐渐离他越来越远。与女朋友也经常有矛盾，怀疑女朋友背叛他，还说如果女朋友胆敢背叛，一定不会让她好过。小刘觉得很多事情都不是自己的错，都是因为他人不好；自己可能也有问题，脾气上来什么都不顾，但不知道问题出在哪里。

世界卫生组织发布的国际疾病分类第十版（ICD-10）指出，偏执型人格障碍的特征为：

（1）对挫折与拒绝过分敏感；

（2）容易长久地记仇，即不肯原谅侮辱、伤害或轻视；

（3）猜疑，以及将体验歪曲的一种普遍倾向，即把他人无意的或友好的行为误解为敌意或轻蔑；

（4）与现实环境不相称的好斗及顽固地维护个人的权利；

（5）极易猜疑，毫无根据地怀疑配偶或性伴侣的忠诚；

（6）将自己看得过分重要的倾向，表现为持续的自我援引态度；

（7）将患者直接有关的事件以及世间的形形色色都解释为“阴谋”的无根据的先占观念。

这种性格的人很难与人和睦相处，别人只能对他敬而远之。据调查资料表明，偏执型人格障碍患病率为0.4%～1.6%，多见于男性。

对偏执型人格的调适，首先要进行交友训练，积极主动地与人交往，在交往中学会相信别人，没有证据不要轻易认为别人是有意伤害你；要学会原谅别人，也不要轻易就肯定别人要攻击你，逐渐消除多疑和不安。其次，辅之以敌意纠正训练法：（1）经常提醒自己不要陷于“敌对心理”的漩涡中；（2）记住只有尊重别人，才能得到别人的尊重，学会诚恳待人；（3）学会欣赏他人，经常对别人微笑；（4）要有耐心，学会忍让。

（二）强迫型人格障碍

【案例2】小沈，女，做事情非常认真，追求完美，对生活有很多硬性标准。比如，睡前一定要把鞋子整齐地摆放在床底下，把眼镜擦干净放在枕边，衣服要叠得整整齐齐放在桌上，就连袜子也要叠好，一旦哪一件没做好，就睡不着觉，要起来做好才能入睡。对舍友的凌乱也无法忍受，经常帮舍友整理书架和床铺。

国际疾病分类第十版（ICD-10）指出，强迫型人格障碍有以下特征，强迫型人格障碍除符合人格障碍的诊断标准外，还需要满足以下至少3条临床描述特点：

（1）过分疑虑及谨慎；

（2）对细节、规则、条目、秩序、组织或表格过分关注；

（3）完美主义，以至影响了工作的完成；

（4）道德感过强，谨小慎微，过分看重工作成效而不顾乐趣和人际关系；

（5）过分迂腐，拘泥于社会习俗；

（6）刻板和固执；

（7）不合情理地坚持他人必须严格按自己的方式行事，或即使允许他人行事也极不情愿；

（8）有强加的、令人讨厌的思想或冲动闯入。

研究显示，在普通人群中，强迫型人格障碍的患病率为10%～15%，男性患者多于女性的2倍，约72%的强迫症病人有强迫型人格障碍。

要克服强迫型人格，首先要学会顺其自然。一旦确定这件事情已经做了，就不要反复想。其次，多交知心朋友，友谊和温情会让你生动灵活起来。

（三）依赖型人格障碍

【案例3】小梁，女，大学前一直都在父母身边，没有住过学校。大一时，都是妈妈每周把所需的物品准备好，送来学校。大二开始，小梁习惯了学校生活，也有了好朋友，妈妈改为每月送一次物品。但是每天的穿衣搭配都一定要征求好朋友的意见才敢穿，甚至每天吃什么，有时都做不了主。小梁非常珍惜好朋友，什么事都可以迁就她，哪怕是自己不想做的事情也无所谓。但好朋友似乎在疏远自己，小梁很困惑也很害怕。

国际疾病分类第十版（ICD-10）指出，依赖型人格障碍除符合人格障碍的诊断标准，另外需要满足以下至少3条临床描述特点：

（1）请求或同意让人为自己生活中大多数重要事情做决定；

（2）将自己的需求附属于所依赖的人，过分顺从他人的意愿；

（3）不愿意对所依赖的人提出即使是合理的要求；

（4）由于过分害怕不能照顾自己，在独处时感到不舒服或无聊；

（5）沉陷于被关系密切的人所抛弃的恐惧中，害怕只剩下他一人来照顾自己。

依赖型人格的纠正关键在个人，应自觉向周围同学学习，逐渐独立处理一些事情，建立自信，保持尝试生活的勇气，遇到挫折不要畏缩，要大胆出击，成败顺其自然。

（四）自恋型人格障碍

【案例4】小罗，女，大专毕业生，长相一般，声称自己的智商上下300年无人能及，懂诗画，会弹琴，精通古汉语，9岁起博览群书，20岁达到顶峰，扬言“鲁迅的文章可读性和丰富性都比我差一些，三百年之后，我的文章还会被人传阅，而鲁迅的不会。”她曾在地铁站发过成千上万份征婚传单，也曾在电视台情感类节目上公布极为苛刻的征婚条件，誓嫁身高1.76米～1.83米的清华或北大硕士生，并且长得要阳光、帅气。

对自恋型人格障碍的诊断，目前尚无完全一致的标准。一般认为其有以下特征，只要出现其中的5项，即可诊断为自恋型人格。

（1）对批评的反应是愤怒、羞愧或感到耻辱（尽管不一定当即表露出来）；

（2）喜欢指使他人，要他人为自己服务；

（3）过分自高自大，对自己的才能夸大其词，希望受人特别关注；

（4）坚信他关注的问题是世上独有的，不能被某些特殊的人物了解；

（5）对无限的成功、权力、荣誉、美丽或理想爱情有非分的幻想；

（6）认为自己应享有他人没有的特权；

（7）渴望持久的关注与赞美；

（8）缺乏同情心；

（9）有很强的嫉妒心；

（10）亲密关系困难（婚姻关系，亲子关系等）。

根据DSM-4的定义，在社区样本中（美国），自恋型人格障碍的患病率为0～6.2%，在被诊断为自恋型人格障碍的个体中，50%～75%是男性。自恋型人格障碍的治疗，一般可从以下方法入手：

1. 解除自我中心观

自我中心是自恋型人格的最主要特征，而人生中最以自我为中心的阶段是婴儿时期。由此可见，自恋型人格障碍患者的行为实际上退化到了婴儿期。因此，治疗自恋型人格障碍，必须了解那些婴儿化的行为。首先，通过罗列自己认为不讨人喜欢的人格特征和别人对你的批评，看看有多少婴儿期的成分。例如，渴望持久的关注与赞美，一旦不被注意便采用偏激的行为；喜欢指使别人；对别人的好东西垂涎欲滴；对别人的成功无比嫉妒等。然后，通过回忆自己的童年，你会发现以上人格特点在童年期便有其原型。例如，总是渴望得到父母的关注与赞美，每当父母忽视这一点时，便要无赖、捣蛋或做一些异想天开的动作以吸引父母的注意；童年时衣来伸手，饭来张口；总想占有一切，别的小朋友有的，自己也想有。当你明白了自己的行为是童年幼稚行为的翻版后，从以下方面努力可能对你有益。

（1）努力工作，以取得成绩来吸引别人的关注与赞美；

（2）不再做儿童，自己动手去做自己的事情；

（3）每个人都有属于自己的好东西，争取自己应得到的，但不嫉妒别人应得的。

同时，还可以请一位亲近的人作为监督者，一旦再次出现自我中心的行为，便给予警告和提示，以督促及时改正。通过这些努力，自我中心观会慢慢消除。

2. 学会爱别人

对于自恋型人格障碍的人来说，光抛弃自我中心观念还不够，还必须学会去爱别人。弗洛姆在《爱的艺术》中阐述了这样的观点：幼儿的爱遵循“我爱因为我被爱”的原则；成人的爱遵循“我被爱因为我爱”的原则；不成熟的爱认为“我爱你因为我需要你”；成熟的爱认为“我需要你因为我爱你”。自恋型的爱就像是幼儿的爱，是不成熟的爱。因此，要努力加以改正。

生活中最简单的爱的行为便是关心别人，尤其是当别人需要帮助的时候。当朋友生病后及时送上一份问候，朋友会真诚地感激你；当别人在经济上有困难时，你力所能及地解囊相助，自然会得到别人的尊敬。只要你在生活中多一份对他人的爱心，自恋症便会自然减轻。

除了以上讲到的4种人格障碍，比较常见的还有以下几种：

（1）反社会型人格障碍，主要特征是：对他人情感淡漠，对挫折容忍度很低，抗压能力较差，冲动强烈，易激动，将世界分成好的和坏的两个极端；情绪爆发猛烈，很容易变得有暴力倾向，出现暴力行为；喜欢怪罪他人，认为自己总是对的；易冲动、易怒、不负责任、社会态度冷漠。

（2）边缘型人格障碍，主要特征是：生活以不稳定为特征，其人际关系不稳定，行为模式不稳定，情绪也不稳定，甚至自我意象也不稳定；人际关系通常很紧张，比较情绪化，甚至有暴力倾向，十分害怕被遗弃；对自我的认识也时常变换，情绪强烈，经常自我伤害。

（3）表演型人格障碍，主要特征是：过度寻求关注和情绪化（突出特点），往往举止轻浮，情绪过于戏剧化，喜欢成为被关注的焦点，装腔作势，常常夸张地表达自己的观点，具有自我暗示性，缺乏自我克制。

（4）焦虑型（回避型）人格障碍，主要特征是：常常充满紧张和焦虑的感觉；没有安全感和价值感；对他人批评和拒绝极度恐惧，甚至因此而限制自己的社交活动；自尊水平通常很低。

第四节　大学生人格魅力的塑造

人格是相对稳定的，也是可塑的。大学生既可以积极自觉地培养良好的人格品质，也可以改变不良的人格品质。遗传和成长经历会对个体的人格产生较大的影响，但是马丁·塞利格曼指出“我们并不是自己过去历史的奴隶”。大学生塑造健康人格可以从以下几方面努力：

一、树立科学的人生观

人生观是个体对人生的目的、意义和道路的根本看法和态度，包括幸福观、生死观、荣辱观、恋爱观等。在人的一生中，人生观始终是行动的最高指挥者和调节者。有什么样的人生观，就给予人什么样的言行。个体一旦形成了正确的人生观，就会有明确的方向、顽强的斗志，能动地认识和改造世界，其主观世界也会得到改造。当学生明白了做人的道理，就能客观地对人、对事、对己，心理反应适度，人格因素也会健康发展。

二、学会自我调适

要塑造健康人格，必须掌握一些自我调适的方法，主要有以下三种：自我分析、自我评价、自我教育。

（1）自我分析：分析自己的人格结构的优势和不足，分析要做到客观，恰到好处，保持一种比较合乎实际的水平。

（2）自我评价：客观地评价自己的人格和行为表现，做到有自知之明。

（3）自我教育：经常反思自己的思想、行为，总结优点，发现缺点，要经常自我提醒，自我警戒，自我约束，有意识地进行自我磨炼，锻炼意志品质。

三、提高文化素质

培根说：“读史使人明智，读诗使人灵秀，数学使人周密，科学使人深刻，伦理使人庄重，逻辑修辞学使人善辩，凡有所学，皆成性格。”荣格也有句名言：“文化的最后成果是人格。”学习知识、增长智慧的过程也是塑造和优化人格的过程。事实上，不少人格缺陷源于知识的贫乏。丰富的知识使人自信、坚强、谦恭和理智。科学文化的全面发展是人格健全发展的智力基础。可是，当今许多理工科大学生缺乏人文知识，文科学生缺乏科学技术基本素养，这不利于健全人格的培养，所以大学生需要有意识地弥补和修复这种偏差。

四、培养良好的习惯

世界著名心理学家威廉·詹姆斯有一句这样的名言：“播下一个行动，收获一种习惯；播下一种习惯，收获一种性格；播下一种性格，收获一种命运。”习惯的养成最终会成为个人人格的一部分。习惯的保持并不需要付出很多自制力，但习惯的养成却需要付出许多努力，因为人们极容易退回到原来的习惯中去。那么要如何养成新习惯呢？积极心理学家泰勒·本·沙哈尔认为：最好的做法是一旦确定了新习惯的内容之后，就不要再犹豫，马上开始行动。刚开始可能并不容易，但是在坚持21～30天时，一种新的习惯就可以固定下来，就好像早上刷牙那样自然。他还给我们列出了两种养成新习惯的方法：

（1）找准目标，集中精神去做。最主要的是坚定自己的信念，并不断预见积极的成果。这样才能让自己增加勇气，找到自信，并下定决心、充满动力地坚持到习惯固定下来。

（2）制订周密的计划，并坚决完成这些计划。这样做，便可以将自己的思想提高到一个新的水平。

五、加强人际沟通

通过人际沟通，个体可以获得一个深入认知自我的机会。交流应尽可能地扩大范围、层次、领域，为和谐的人格形成构建一个平台。因为拥有健康人格的人能面对现实，适应环境，能保持和谐的人际关系。在人与人的交往中，积极的态度多于消极的态度。在需要的满足中激发进取的力量和信心，发展自我价值感。这样，个体就会在交往中发展富有朝气、团结奋进的乐观品格。

健全人格的培养和塑造既是大学生成长发展的要求，也是时代的呼唤。但健全人格的培养不是一朝一夕的事情，需要坚持不懈的努力。同时，马丁·塞利格曼指出："有些改变可以受你控制，而有些不能。所以你最好先做好充分的准备，尽可能多地去了解哪些是你能够改变的，以及你该如何去实施这种改变……改变并不是一件容易的事，往往比我们预期的难得多。这里没有捷径可走，也没有绝妙的方法……有勇气改变你能改变的，平静地接受你改变不了的，智者能分辨出这两者的区别。生活是一个长期改变的过程。"著名的"皮格马利翁效应"故事里少女的雕像最终在皮格马利翁的全部热情和希望中活起来了，如果个体对自己有美好的期许，加上坚持不懈的努力，就一定可以使自己的人格更加完善，从而展现迷人的魅力。

拓展阅读

性格就是命运

古希腊哲人赫拉克利特说："一个人的性格就是他的命运。"这句话包含以下两层意思：

（1）对于每一个人来说，性格是与生俱来、伴随终身的，永远不可摆脱，如同不可摆脱命运一样；

（2）性格决定了一个人在此生此世的命运。

那么，能否由此得出结论说，一个人命运的好坏是由天赋性格的好坏决定的呢？我认为不能，因为天性无所谓好坏，因此由之决定的命运也无所谓好坏。明确了这一点，可知赫拉克利特名言的真正含义是：一个人应该认清自己的天性，过最适合于他天性的生活，对他而言这就是最好的生活。

一个灵魂在天外游荡，有一天他投进了一个凡胎。他从懵懂无知开始，似乎完全忘记了自己的本来面目。但是，随着年岁和经历的增加，那天赋的性质渐渐显露，使他不自觉地对生活有了一种基本的态度。在一定意义上，“认识你自己”就是要认识附着在凡胎上的这个灵魂，一旦认识了，过去的一切都有了解释，未来的一切都有了方向。

赫拉克利特的名言常被翻译成：“一个人的性格就是他的守护神。”的确，一个人一旦认清了自己的天性，知道自己究竟是什么人，他也就知道自己究竟要什么了，如同有神守护一样，不会在喧闹的人世间迷失方向。

心理测试

九型人格测试

九型人格不仅仅是一种精妙的性格分析工具，更主要的是为个人修养与自我提升、历练提供深入的洞察力。与其他性格分类法不同，九型人格揭示了人们内在最深层的价值观和注意力焦点，它不受表面的外在行为变化的影响。它是近年来备受美国斯坦福等国际著名大学MBA学员推崇并成为现今最热门的课程之一，近十几年来已风行欧美学术界及工商界。全球500强企业的管理阶层均研习九型人格，并以此培训员工，建立团队，提高执行力。

九型人格把人分为完美型、助人型、成就型、自我型、理智型、疑惑型、活跃型、领导型、和平型九个类型，其主要特征如表3-2所示。

表3-2　九型人格特征

代码	性格类型	性格特征
1	完美型	原则性强，对自己和别人要求甚高，追求尽善尽美，感情世界薄弱；希望把每件事都做得完美，希望自己或是这个世界都更进步。时时刻刻反省自我，也会纠正别人的错误。理想工作如法官、纪律检查、质量检查、安全检查、医生等
2	助人型	渴望别人的爱或良好关系，甘愿迁就他人，以人为本，要别人觉得需要自己，常忽略自己；很在意别人的感情和需要，十分热心，愿意付出爱给别人，看到别人满足地接受他们的爱，会觉得自己活得有价值。理想工作如社工、辅导员、护士等
3	成就型	好胜心强，喜欢把握局势，常与别人比较，以成就衡量自己的价值高低，着重形象，工作狂，惧怕表达内心感受，希望能够得到大家的肯定。野心家，不断地追求成功，希望与众不同，受到别人的注目、羡慕，成为众人的焦点。理想工作如推销、保险、演讲等

（续上表）

代码	性格类型	性格特征
4	自我型	情绪化，追求浪漫，惧怕被人拒绝，觉得别人不明白自己，占有欲强，我行我素的生活风格；爱讲不开心的事，易忧郁、妒忌，生活追寻感觉好；很珍惜自己的爱和情感，所以想好好地滋养它们，并用最美、最特殊的方式来表达。想创造出独一无二、与众不同的形象和作品，所以不停地自我察觉、自我反省，以及自我探索。理想工作如美术、音乐、时装、广告、产品设计等
5	理智型	抽离情感，理智分析，但缺乏行动，对物质生活要求不高，追求精神生活，不善于表达自我；但喜欢通过知识来了解环境、面对周遭的事物。想找出事情的脉络与原理，作为行动准则。有了知识，才敢行动，也才会有安全感。理想工作如专家、科学家、咨询顾问、决策分析、研究等
6	疑惑型	做事小心谨慎，不轻易相信别人，多疑虑，喜欢群体生活，为别人做事尽心尽力，不喜欢受人注视，安于现状，不喜欢转换新环境；相信权威、跟随权威的引导行事，然而另一方面又容易反权威，性格充满矛盾。团体意识很强，需要亲密感，需要被喜爱、被接纳，并得到安全的保障。理想工作如策划、规划、情报人员、保卫人员等
7	活跃型	乐观，追求新鲜感，喜欢追赶潮流，不喜欢承受压力，怕负面情绪；想过愉快的生活，想创新、自娱娱人，渴望过比较享受的生活，把人间的不美好化为乌有。喜欢投入快乐及情绪高昂的世界，所以总是不断地寻找快乐、体验快乐。理想工作如公关、社交、计算机、需要创意的工作等
8	领袖型	追求权力，讲求实力，不靠他人，有正义感；寻求话语权，喜欢做大事；是绝对的行动派，一碰到问题便马上采取行动去解决。想要独立自主，一切靠自己，依照自己的能力做事；要建设前不惜先破坏，想带领大家走向公平、正义。理想工作如领导、企业创业者等
9	和平型	犹豫不决，不善于拒绝他人；性情温和，怕事，低调，个性淡薄，不喜欢与人起冲突，不自夸、不爱出风头，想要和人和谐相处，避开所有的冲突与紧张，希望事物能维持美好的现状。忽视会让自己不愉快的事物，并尽可能让自己保持平稳、平静。理想工作如教师、护士、咨询师、治疗师、服务人员岗位等

表3-3中有108个描述，每个描述后面所指向的数字就是“九型”中的一种。如果你认为某项描述符合你，便在该项后面的性格类型数字后打钩。最后统计相加，看你符合描述指向的数字哪种最多。最多的数字很有可能就是你的类型号。

表3-3　九型人格测试

题号	题目内容	性格类型
1	我很容易迷惑	9
2	我不想成为一个喜欢批评的人，但很难做到	1
3	我喜欢研究宇宙的道理、哲理	5
4	我很注意自己是否年轻，因为那是找乐子的本钱	7
5	我喜欢独立自主，一切都靠自己	8
6	当我有困难时，我会试着不让人知道	2
7	被人误解对我而言是一件十分痛苦的事	4
8	施比受会给我更大的满足感	2
9	我常常设想最糟的结果而使自己陷入苦恼中	6
10	我常常试探或考验朋友、伴侣的忠诚	6
11	我看不起那些不像我一样坚强的人，有时我会用种种方式羞辱他们	8
12	身体上的舒适对我非常重要	9
13	我能触碰生活中的悲伤和不幸	4
14	别人不能完成他的分内事，会令我失望和愤怒	1
15	我时常拖延问题，不去解决	9
16	我喜欢戏剧性、多彩多姿的生活	7
17	我认为自己非常不完美	4
18	我对感官的需求特别强烈，喜欢美食、服装、身体的触觉刺激，并纵情享乐	7
19	当别人请教我一些问题，我会巨细无遗地分析得很清楚	5
20	我习惯推销自己，从不觉得难为情	3
21	有时我会放纵和做出越轨的事	7
22	帮助不到别人会让我觉得痛苦	2
23	我不喜欢人家问我广泛、笼统的问题	5
24	在某方面我有放纵的倾向（例如食物、药物等）	8
25	我宁愿适应别人，包括我的伴侣，而不会反抗他们	9
26	我最不喜欢的一件事就是虚伪	6
27	我知错能改，但由于执着好强，周围的人还是感觉到压力	8
28	我常觉得很多事情都很好玩、很有趣，人生真是快乐	7
29	我有时很欣赏自己充满权威，有时又优柔寡断，依赖别人	6
30	我习惯付出多于接受	2
31	面对威胁时，我有时变得焦虑，有时能对抗迎面而来的危险	6
32	我通常是等别人来接近我，而不是我去接近他们	5
33	我喜欢当主角，希望得到大家的注意	3
34	别人批评我，我也不会回应和辩解，因为我不想发生任何争执与冲突	9
35	我有时期待别人的指导，有时却忽略别人的忠告，径直去做我想做的事	6
36	我经常忘记自己的需要	9
37	在重大危机中，我通常能克服我对自己的质疑与内心的焦虑	6

（续上表）

题号	题目内容	性格类型
38	我是一个天生的推销员，说服别人对我来说是一件轻易的事	3
39	我不相信一个我一直都无法了解的人	9
40	我爱依惯例行事，不大喜欢改变	8
41	我很在乎家人，在家中表现得忠诚和包容	9
42	我被动而优柔寡断	5
43	我很有包容力，彬彬有礼，但跟人的感情互动不深	5
44	我沉默寡言，好像不会关心别人似的	8
45	当我沉浸在工作或擅长的领域时，别人会觉得我冷酷无情	6
46	我常常保持警觉	6
47	我不喜欢要对人尽义务的感觉	5
48	如果不能完美地表态，我宁愿不说	5
49	我的计划比我实际完成的还要多	7
50	我野心勃勃，喜欢挑战和登上高峰的经验	8
51	我倾向于独断专行并自己解决问题	5
52	我很多时候感到被遗弃	4
53	我常常表现得十分忧郁的样子，充满痛苦而且内向	4
54	初见陌生人时，我会表现得很冷漠、高傲	4
55	我的面部表情严肃而生硬	
56	我很飘忽，常常不知道自己下一刻想要什么	4
57	我常对自己挑剔，期望不断改善自己的缺点，以成为一个完美的人	1
58	我感受特别深刻，并怀疑那些总是很快乐的人	4
59	我做事有效率，也会找捷径，模仿力特强	3
60	我讲理，重实用	1
61	我有很强的创造天分和想象力，喜欢将事情重新整合	4
62	我不要求得到太多的注意力	9
63	我喜欢每件事都井然有序，但别人会认为我过分执着	1
64	我渴望拥有完美的心灵伴侣	4
65	我常夸耀自己，对自己的能力十分有信心	3
66	如果周遭的人行为太过分时，我准会让他难堪	8
67	我外向，精力充沛，喜欢不断追求成就，这使我的自我感觉十分良好	3
68	我是一位忠实的朋友和伙伴	6
69	我知道如何让别人喜欢我	2
70	我很少看到别人的功劳和好处	3
71	我很容易知道别人的功劳和好处	2
72	我嫉妒心强，喜欢跟别人比较	3
73	我对别人做的事总是不放心，批评一番后，自己会动手再做	1
74	别人会说我常常戴着面具做人	3

（续上表）

题号	题目内容	性格类型
75	有时我会激怒对方，引来莫名其妙的吵架，其实我是想试探对方爱不爱我	6
76	我会极力保护我所爱的人	8
77	我常常可以保持兴奋的情绪	3
78	我只喜欢与有趣的人交友，对一些沉闷的人却懒得交往，即使他们看来很有深度	7
79	我常往外跑，四处帮助别人	2
80	有时我会讲求效率而牺牲完美和原则	3
81	我似乎不太懂得幽默，没有弹性	1
82	我待人热情而有耐性	2
83	在人群中我时常感到害羞和不安	5
84	我做事喜欢效率，讨厌拖泥带水	8
85	帮助别人达致快乐和成功是我重要的成就	2
86	付出时，别人若不欣然接纳，我便会有挫折感	2
87	我的肢体硬邦邦的，不习惯别人热情的付出	1
88	我对大部分的社交集会不太有兴趣，除非那是我熟识的和喜爱的人	5
89	很多时候我会有强烈的寂寞感	2
90	人们很乐意向我表白他们所遭遇的问题	2
91	我不但不会说甜言蜜语，而且别人会觉得我唠叨不停	1
92	我常担心自由被剥夺，因此不爱做承诺	7
93	我喜欢告诉别人我所做的事和所知道的一切	3
94	我很容易认同别人为我所做的事和所知道的一切	9
95	我要求光明正大，为此不惜与人发生冲突	8
96	我很有正义感，有时会支持不利的一方	8
97	我注重小节而效率不高	1
98	我容易感到沮丧和麻木更多于愤怒	9
99	我不喜欢那些侵略性或过度情绪化的人	5
100	我非常情绪化，一天的喜怒哀乐多变	4
101	我不想别人知道我的感受与想法，除非我告诉他们	5
102	我喜欢刺激和紧张的关系，而不是稳定和依赖的关系	1
103	我很少用心去体会别人的心情，只喜欢说说俏皮话和笑话	7
104	我是循规蹈矩的人，秩序对我十分有意义	1
105	我很难找到一种我真正感到被爱的关系	4
106	假如我想要结束一段关系，我不是直接告诉对方就是激怒他来让他离开我	1
107	我温和平静，不自夸，不爱与人竞争	9
108	我有时善良可爱，有时又粗野暴躁，很难捉摸	9

经过测试，你可能属于某种典型性格，也有可能是几个类型的结合体，但其中有一个类型

会占主导地位，占主导地位的这个类型通常就是你的基本人格形态。一个人的基本人格类型是相对稳定的，即使因为现实生活的种种原因，基本人格形态中有某部分可能被隐藏或调整，却不会真正改变。同时某一类型的典型描述也不一定全然符合某一个人。每一个人的成长环境都是独一无二的，所以同类型的人之间可能有许多共同点，但也会拥有一些属于自己最特殊的品质。事实上，每一类型都各有其优缺点，没有哪个比较好、哪个比较差的绝对价值观。而且需要说明的是，这只是一个供参考的结论，更精确的判断还需要在深入了解后获得。

心理训练营

活动1 我也很棒

一、活动目的

帮助学生了解消极自我标签的危害，帮助学生改变、撕开自身的消极自我标签；使学生学会在日常生活中给自己贴积极自我标签的方法，能够树立积极的自我意识，学会积极的自我评价方式。

二、活动要求

（1）约5人一小组；

（2）每人两张A4纸，一支铅笔或水性笔及一个空纸盒。

三、活动程序

步骤1：心理实验导入

心理学家曾做过这样一个实验：用一块透明挡板把一个大水箱隔开，两边分别放入一条饥饿的鳄鱼和一群鲜活的小鱼。

鳄鱼立即向小鱼猛冲过去，结果未能如愿。它不甘心，重新发动攻击，但仍然撞在挡板上，反复攻击后，鳄鱼撞得头破血流，彻底绝望，于是不再白费力气，躺在水中一动不动。

这时，心理学家将挡板撤掉，小鱼在鳄鱼眼前游来游去，可鳄鱼麻木迟钝到极点，对此无动于衷，最后被活活饿死。这个试验验证了20世纪心理学家最重要的发现之一——自我意象。

人们通过不断地心理暗示和潜意识作用，在自我认识过程中给自己贴上了类似“成功”或“失败”的标签。心理学家普遍认为，这些“标签”会直接影响一个人的成败。“心里一旦给自己贴上某种‘标签’，就会按照‘标签’所标定的意象去塑造自己，使自己某方面的情绪和行为不断得到强化。”

步骤2：我的自我标签

请同学们想想自己身上贴得最牢固的标签是什么？为自己写下一个标签，来描述你是一个什么样的人。比如，我是一个自卑的人、我是一个很勤奋的人、我是一个爱发火的人等。将同学们的卡片收集上来。

步骤3：认识消极自我标签

随机选取同学们的自我标签与全班同学分享（不公布学生姓名），并对标签进行如下分类：

（1）积极的自我标签："我自信""我勇敢""我积极进取"等。

（2）消极的自我标签："我自卑""我胆小""我害羞""我不行"等。

接下来给同学们分享两个小故事。

故事一：爱画画的中学生

中学生小A很爱画画，但有一天老师说他画得不好，没有画画的天赋，于是他对自己没有了信心，放弃了画画。别人问他为什么，他说："我画得不好。"后来，再有人问他，他就说："我向来就画不好。"

故事二：标签效应

第二次世界大战期间，美国心理学家在招募的一批行为不良、纪律散漫、不听指挥的新士兵中做了如下实验：让他们每人每月向家人写一封说自己在前线如何遵守纪律、听从指挥、奋勇杀敌、立功受奖等内容的信。

结果，半年后这些士兵发生了很大的变化，他们真的像信上所说的那样去努力了。这种现象在心理学上被称为"标签效应"。

步骤4：全班交流——标签与我的故事

请个别同学发言讲述自己与标签的故事。教师总结消极标签对人的影响。

步骤5：撕开消极自我标签

示范："我是一个一般的人——其实每个人都是平凡的，平凡的我可以有自己独特的生活，让自己做一个快乐的人！"

以小组为单位开展活动，请同学们撕开消极的自我标签，有需要的话，组员可以帮忙。

步骤6：为你为我贴上积极的自我标签

（1）小组内互相贴上积极标签（要求实事求是）；

（2）给自己贴积极标签；

（3）与同学们分享，大声念出自己的积极标签。

步骤7：教师总结，提供一些贴积极自我标签的方法。

活动2　自我成长分析

回想过去的岁月中，对你影响最大的10件事是什么，试着从积极的角度去分析每件事对你的性格形成有什么影响。

◎ 思考与讨论

1. 你的性格优势是什么，准备如何运用到学习、工作和生活当中？
2. 你如何理解人格的力量与幸福的关系？

第四章

学会学习　受益终生

——大学生学习心理

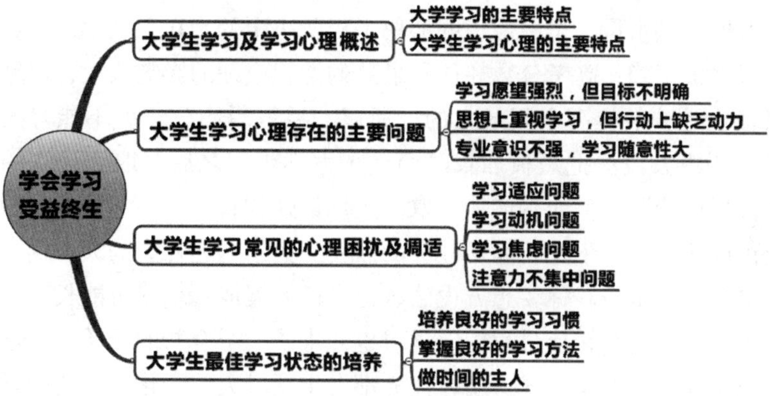

图4-1　第四章基本框架

愉悦是一种存在状态，
它由你学到的东西带来，
学习是进入这种愉悦体验的过程，
没有愉悦就没有学习，
没有学习就没有愉悦。

——《欢乐之歌》

大学生是社会的优秀分子，是推动社会进步的中坚力量。大学生的成长成才，不仅是个人的事情，也不仅是家长的希望，更是事关社会发展的大事。讲到成长成才，会让大家想起一个流行的理论，叫短板理论——一个木桶的盛水量，是由最短的那块木板所决定的。在上大学之前，这个理论似乎很正确：高考分数往往受最差的课程成绩的影响很大，成绩最低的课程也是分数提高空间最大的。所以，要取得高分，就不能有太短的短板，要想方设法把短板加长。而进了大学校门之后，取而代之的应该是“长板理论”：你能否成才，取决于你最强的长项，而不是你的短项；你能否成才，取决于是否满足社会的需要。为了构建社会的大木桶，需要很多很多的长木板。你要想方设法，把自己发展成一块尽可能长、尽可能强的木板。在这个转换过程中，学习也迎来了一个全新的开始——学习科目、教学环境、教学方式、学习任务都发生了巨大的变化，有的同学觉得耳目一新，如鱼得水；有的同学因循守旧，难以适应；有的同学自暴自弃，茫然度日。在开始论述大学生的学习心理之前，先来分享一个关于蒂姆的故事。

蒂姆小时候是个无忧无虑的孩子，他每天的生活都充满了惊奇与兴奋。不过，从6岁上小学开始，他的父母和老师就经常提醒他，上学的目的就是为了取得好成绩，这样才能有好的未来。从来没有人告诉他，上学本身也是一件很快乐的事情。

由于害怕作业做不好、考试考不好，蒂姆极其焦虑。他每天盼望的只是下课和放学，他的精神寄托就是每年的寒暑假，因为只有那时，他才不用为了功课和分数烦恼。

蒂姆逐渐接受大人的价值观——成绩是成功的唯一标准。虽然他不喜欢上学，但是他还是努力学习。当他成绩优秀时，父母和老师会表扬他，同学们会羡慕他。升入高中后，蒂姆更加相信只有牺牲现在的快乐，才能换取未来的幸福；没有痛苦，就没有收获。虽然他对学业和校园活动并无好感，但他还是全力以赴，荣耀的光环推动着他。当压力大到无法忍受时，他会安慰自己："考上大学后，一切都会变好的。"

收到大学录取通知书时，蒂姆激动地落泪了，那一刻，他郑重地告诉自己，终于可以享受幸福了。

然而，好景不长。没过几天，熟悉的焦虑又卷土重来。他担心自己不能在与同学的竞争中取胜。周围都是最优秀的学生，如果无法击败他们，将来怎么找到理想的工作呢？

他继续忙碌奔波。大学期间，他努力地为未来打造了一份漂亮的简历：优秀的成绩、社团主席、志愿者……当然，蒂姆或多或少也有开心的时候，特别是在完成一些艰难的任务之后。但这些快乐完全来自如释重负的感觉，它们并不持久，焦虑很快就会如影随形地降临。

在大四那年的春天，他被一家著名的公司录用了。他再一次兴奋地告诉自己，终于可以享受生活了。但他很快发现这份每周工作80小时的高薪工作让他压力很大。他说服自己：小小的牺牲没关系，只有努力工作，职位才会稳固，才会更快地升职。像读大学时一样，他因为加薪、奖金或升职，偶尔会开心一下，但这些满足同样很快就消退了。

在多年的超负荷、超时长的努力工作之后，公司邀请他成为合伙人。他依稀记得当初曾认为，如果有一天可以成为合伙人的话，一定会非常幸福。但是，当这一天真正来临时，他没有感到丝毫的快乐。

更具讽刺意味的是，蒂姆被身边所有人认定为成功的典型，朋友们把他视为偶像，教育小孩时也会以蒂姆为榜样。但是，蒂姆为可能和他拥有一样命运的孩子们感到悲哀，可除此之外还有什么更好的选择呢？他甚至不知道如何教育自己的孩子——难道告诉他们，在学校不用努力，不用上好的大学，不需要找好的工作？

由于无法在盲目的追求中找到幸福，于是他决定干脆把注意力放在当下。他开始酗酒、吸毒，麻醉自己，尝试只以快乐为目的的滥交。他尽可能延长假期，在阳光下一待就是几小时，享受着毫无目的的人生，再也不去担心明天的事情。起初他发现这样快乐极了，但他很快感到了厌倦与不快。

蒂姆忙碌奔波的时候不快乐，尽情享乐的时候也不开心，因为找不到出路，他决定向命运投降，听天由命。但他的孩子们呢？教育他们为了成功放弃眼前的幸福吗？不行，忙碌奔波太痛苦了；教育他们为了快乐及时行乐吗？也不行，享乐主义只会带来空虚。蒂姆陷入了前所未有的痛苦中……

看完这个故事，回想一下，从蒂姆身上你是否看到了自己的影子？在中小学阶段，为了高分，很多学生都拼命去补自己的短板，就算有所进步，也不敢松懈；终于到了大学阶段，是否要继续这样？很多同学开始气馁，难道这就是苦苦追求的大学生活？值得注意的是，还是有很多人为了学业、工作每天努力奋斗，他们对学习、工作仍抱有极大的热情，并且完全自觉地投入其中，他们过得非常开心。从来就没有人规定，成功一定要以牺牲快乐为代价。那么，个体该如何调整心态，积极主动地投入到新的大学生活，在快乐中发展自己的长板，追求自己有意义的幸福人生呢？

心若改变，你的态度跟着改变；
态度改变，你的习惯跟着改变；
习惯改变，你的性格跟着改变；
性格改变，你的人生跟着改变。

——马斯洛

第一节 大学生学习及学习心理概述

学习是通过主客观的相互作用，在主体头脑内部积累经验、构建心理结构以积极适应环境的过程。因此，人的学习不是从学习文化知识开始的，而是从出生开始，学习如何适应环境、如何与外界建立联系等，由此一直活到老、学到老。学生的学习指的是在教师有目的、有计划的指导下，以语言为中介，学生积极主动地掌握知识、技能和形成高尚品德的过程。对大学生来讲，学习可以充实人生、促进成长、实现理想。

学习心理指在学习的过程中人的心理反应、心理特点及其活动规律，是影响学习效率和学习效果的心理因素。这些因素分为两大类：一是智力因素，包括注意力、观察力、思维力、记忆力和问题解决的能力等；二是非智力因素，包括学习动机、学习兴趣、意志力、情绪管理能力等。如果说智力因素反映一个人能不能干，那么非智力因素就是反映一个人愿不愿意干，尽多大的力去干。“江郎才尽”“笨鸟先飞”都是耳熟能详的故事。心理学研究表明：智力测验所得的智商（IQ）只能解释学生学业成绩的35%～45%，其余部分则要由非智力因素的作用来说明。同时还有研究表明，经过激发的可能达到的活动能力水平是平常表现的活动能力水平的1.6倍。可见，良好的非智力因素对学习起着决定性的作用。

一、大学学习的主要特点

俗话说，知己知彼，百战不殆。从中学到大学，学习方式发生了巨大的变化，很多同学由于不了解大学学习的特点，久久未能很好地适应大学的学习。为了更好地适应大学学习生活，了解大学学习的特点是必要的，如图4–2所示。

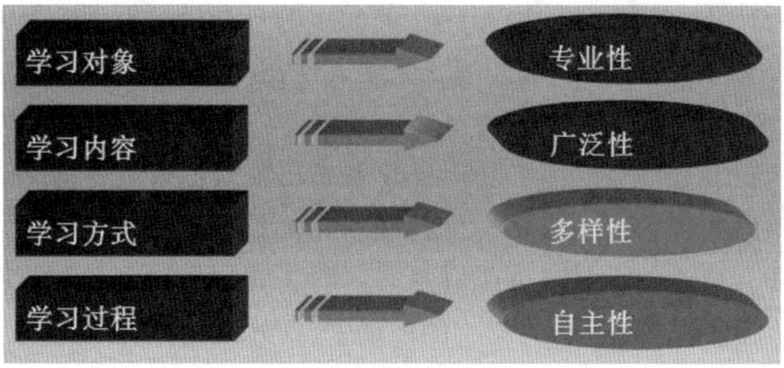

图4-2　大学学习的特点

（一）专业性

大学阶段是一个人成为专业人才的关键阶段，这一阶段学习的一个明显特点是专业性强。中学学习的是基础文化知识，在此基础上，大学阶段的学习有了文科、理科、工科等分类，而且进一步区分了具体的学科和专业。一般来讲，本科的学习，一、二年级为专业学习打基础，三、四年级开始正式学习专业知识；高职高专的学习，一年级通常为专业基础学习，二、三年级为专业技能学习和实训。专业应用能力的掌握程度将直接影响大学生的学业成绩与未来的事业发展。

（二）广泛性

大学的学习同时注重个体的全面发展，合理的知识结构对人的发展非常重要。因此，在大学院校里，会出现必修课、限选课和选修课，以满足学生学习学科知识、人文知识的需要。学生可以根据自己的学科需求、个人兴趣爱好和需求选择一些课程，最好能搭建既有广泛的知识基础又精通一门技术的“金字塔”知识结构。

（三）多样性

大学的学习不限于课堂学习，同时还包括自修、选修、实习、实训、考察、调查、讲座、培训及各种各样的社团活动与校园文化活动。随着新媒体技术的发展，网络学习与交流占有越来越重要的位置。可以说，在大学校园里，只要你想学习，学习无处不在。

（四）自主性

进入大学之后，不管在学习内容的选择上，还是学习时间的支配上都有较大的自主性。大学生可以在完成教学计划规定的课程学习的同时，根据自己的需要和兴趣，自主地选修或自修某些课程或其他学历。但是，这里所讲的自主性，更重要的是，大学生学习需积极主动地完成以下三个转变：由教师指导下的学习向自主学习转变；由接受型为主的学习向接受型与创造型相结合的学习转变；由运用模仿性思维为主的学习向运用创造性思维为主的学习转变。只有在大学期间尽快实现这三个转变，才算真正掌握了大学的学习特点和规律，为以后的成功奠定较好的基础。

二、大学生学习心理的主要特点

如上所述，大学学习的特点发生了很大变化，每个大学生都需要经历由中学学习方式向大学学习方式的转化。与中学阶段相比，大学生的自主学习意识、学习动机、学习智力和能力、学习评估能力等都有了较大发展，主要表现在以下几方面：

1. 自主学习意识日趋成熟

与中学阶段相比，很多大学生会更多地思考自己的人生规划，会为自己的发展去主动学习。同时，大学阶段的学习也需要学生在课后花大量的时间精力去自学消化，除课本的知识之外，还需要补充学习大量的文献资料。同时，知识型社会和学习型组织的发展也促使学生发展自主学习意识。因此，大学生的被动学习慢慢减弱，自主学习意识逐渐增强。

2. 学习动机的发展达到核心层

大学生学习动机的发展规律一般是随着年级的升高，被动学习动机逐渐减弱，以社会责任感为主导的学习动机增强，以职业定向为目标的专业性学习动机逐渐巩固和发展。学习的社会意义和人生意义越来越成为学习的深层动力。

3. 学习智力和能力发展达到最佳期

在智商方面，韦克斯勒（1981）用标准化的智力测验对7～65岁不同人群的研究结果表明，22岁左右是个体智力发展的最高峰。在观察力方面，大学生观察的目的性和计划性明显增强。在记忆力方面，20～25岁是逻辑记忆力发展的最高峰，随后会逐渐下降；大学生的理解记忆能力也迅速发展，并占主导地位。在思维能力方面，思维的广阔性和深刻性有了迅速发展，对探究现象的本质及其原因有着浓厚的兴趣。大学生喜欢独立思考，并能对自己思考的结果进行理性的分析和检验。同时，随着专业学习的推进，大学生的专业性和职业性思维也逐渐形成和发展，创造性思维也得到了较大的发展。

4. 学习评估能力日益增强

大学生不再限于以单一的考试成绩指标来评价自己的学习，而是可以通过多元评价，如考试、实训、学习汇报、成果展示等方式，对自己的学习结果和学习成效进行比较理性和全面的评估，并依据评估结果来调整学习的方式和内容，这些都是大学生学习心理成熟的重要标志。

第二节 大学生学习心理存在的主要问题

目前，高等教育大众化，在严峻的就业形势下，跨专业、跨行业就业的例子不胜枚举，使学生普遍感觉到将来能否从事与专业有关的工作是一个未知数。再加上很多学生由于填报志愿时缺乏对专业的了解，或是按长辈的意见，或是被调配志愿而读了现在的专业，入学后发现对所读专业不感兴趣，或缺乏相应的专业学习基础，对专业产生厌倦或逃避的心理。再加上新媒体技术，尤其是手机媒介的助攻，与学校学习争夺着有限的时间和心理资源。《大学》有言："知止而后有定，定而后能静，静而后能安，安而后能虑，虑而后能得。"大学学习是系统的、专业的，需要"定""静""安""虑"，才能有所得。新媒体时代的泛娱乐化使部分学生变得浮躁、焦虑、空虚、无聊，甚至惶惶不可终日。大学生学风受到了极大的冲击，虽然大部分大学生主观愿望上是积极上进的，但在具体实施时往往是充满矛盾困惑的，主要表现如下：

一、学习愿望强烈，但目标不明确

部分学生学习目标相对明确，但知行难以统一。据王丽调查，60.05%的同学都希望在大学阶段能够全面提高自身素质，为实现人生理想做好准备，31.84%的同学希望在大学可以掌握一技之长，为就业打好基础。然而问及课余时间经常做什么时，21.35%的同学选择自习和科研，17.45%的同学选择参加社团活动，24.48%的同学则选择逛街、上网，7.55%的同学做兼职，29.17%的同学选择其他。

二、思想上重视学习，但行动上缺乏动力

部分学生学习动力来源清晰，但学习动力不足，学习倦怠与无聊现象比较严重。据郭立艳调查表明，高职生轻度学习倦怠的比例为19.6%，中度学习倦怠的比例为45.5%，高度学习倦怠的比例为10.3%，学习倦怠的总比例高达75.4%。据谭华玉对广东省高职生的研究发现，高职生的学习倦怠整体处于中等偏下水平，以情绪低沉的现象最为突出，其次是成就感低和行为不当。无聊状态整体处于中等水平，超过半数的学生有“无意欲”“无气力倾向”。

三、专业意识不强，学习随意性大

部分学生学习态度基本端正，但自制力不强。比如在态度上学习第一，但是上课总忍不住刷手机，甚至逃课看手机、玩游戏。手机依赖和网络成瘾比较严重。在燕山大学电气工程学院2016年度学生降级原因的分析中，因沉迷网络游戏、网络小说而不能自拔导致降级的学生有48人，占到降级总人数的61.54%。

除上述主要原因外，还有以下原因：

（1）部分学生学习兴趣不浓，尤其是专业思想不稳定或缺乏专业兴趣。广东白云学院约有43.6%的本科生、39.3%的专科生对所学专业不感兴趣。

（2）部分学生学习习惯不好，缺乏对时间和精力的管理能力。据张磊调查，21%的学生课前从不预习，29.8%的学生上课不记笔记，39.9%的学生课后不复习，60.1%的学生不能及时完成作业。王丽在调查中发现，高达44.75%的学生选择“在考试前一个月开始看书”。

（3）部分学生学习纪律涣散，学习状态差。中国青年报通过民意中国网和新浪网，对2915人进行的一项调查发现，84.7%的受访者坦言当前大学生逃课现象严重。也有调查显示，有57.87%的同学一节课会有10～30分钟的时间做与本节课无关的事情，其中玩手机最为普遍，其次是睡觉、做其他课程作业等。

（4）部分学生学习能力不强，缺乏学习主动性和计划性。高竞玉调查发现，在没有督促的情况下，66.21%的学生偶尔才学习，6.52%的学生从来不学习。在自主学习的时间投入

方面，李全彩等调查发现，有40.74%的学生表示一天的自习时间在1小时以下，有43.52%的学生在1～2小时，仅有15.74%的学生在2小时以上。

（5）部分学生学习方法不科学，学习效率不高。据陈晓晖等调查，有27.5%的同学认为自己的学习方法不科学，学习效率不高。

第三节 大学生学习常见的心理困扰及调适

有科学家对人类科学知识总量的增长做了分析，发现人类的科学知识正以指数形式增长，从19世纪开始每50年增长一倍，到20世纪中期每10年增长一倍，再到70年代每5年增长一倍，发展到80年代每3年增长一倍。一个科学家即使24小时夜以继日地学习，他一生也只能阅读本专业领域全部出版物的5%。终身学习，是急剧变革的现代社会对人们提出的要求。人只有坚持终身学习，不断提高自身的素质，促进自身的持续发展，才能适应社会迅猛发展的需要。所以，现在社会被称为“学习型社会”，学习被当作“正常的和日常的事情”。

当前大学生迫切需要确立以“自主、合作、探究”为核心理念，树立以自主学习、合作学习、探究学习等为具体形式的学习方式。自主学习，即个体以一个“主人”的身份，充分发挥主观能动性，以适合自己“个性”的方式，自己决定自己的学习，在学习过程中独立分析、独立思考、独立决定，并且对学习效果进行自我评价、自我控制，在自主学习中不断地完善和发展自我。合作是人的基本属性和内在要求。在合作学习中，人们相互传授学习的成果，并把传授的结果付诸行动，不断克服自身的局限，实现可持续发展。探究学习是人类固有的“天性”与“冲动”，只有在不断地探究中，知识经验才能不断积累，理性才能不断提升，人才能获得持续发展。目前大学生的学习状态总体是积极向上的，但在学习过程中也可能出现一些心理困扰，需要学习调适。

一、学习适应问题

学习适应是指主体根据环境及学习的需要，努力调整自我，以达到与学习环境平衡的心理与行为过程。在当前知识经济和信息时代发展的大背景下，学习适应性呈现新的、更加复杂的特点。随着网络信息时代的迅猛发展，过去传统的教学模式逐步被多元的混合式教学模式所取代。在线学习适应性是在线学习者在网络课程的学习过程中与自身学习的需求相结合，全面调整、优化、提升自我，从而实现个体与学习环境之间的具体变化过程（周媛，吴文春，2013）。在线学习适应性较好的大学生能够有愉快的学业体验和较高的学业成就。学习适应问题可能在大学新生中比较突出，但实际上学习适应是随着学习环境变化的，是一个长期的自我调整过程。研究发现，个体对大学适应的好坏不仅影响其大学阶段的学习和生活，还会影响其成人后的工作和生活。

（一）学习适应不良的表现

学习适应不良亦称为学习适应困难，是指学生在学习过程中因不能根据学习条件的变化，主动有效地进行身心调整而导致学习成绩和身心健康达不到应有发展水平的学习干扰现象（田澜，张大均，陈旭，2004）。影响学习适应性的主要因素有周围环境、学习目标、学习方法等。学习适应不良的同学往往会有以下特点：

（1）对学习环境的变化不适应，大学学习与中学学习的物理环境和人文环境都发生了很大变化，比如流动教室、合班教学等。

（2）学习缺乏独立性，习惯于以前的学习方法和学习方式，对教师的依赖较强。

（3）对专业知识、技能和要求缺乏认识，不知道如何建立专业知识结构，培养专业技能。

（4）对大学学习规律和特点不理解，不能有效开展学习，有的甚至出现学习焦虑或厌学情绪。

（5）学习目标不明确，没有学习追求，更失去了学习动力。许多学生在课堂中，经常睡觉、聊天、玩手机、看电影、听音乐，而课下又沉浸在上网、恋爱、打游戏或是聚会等。

（6）身心健康问题。如莫名其妙地发呆，学习、生活活动减少，集体场合不适应，不合群等。有的同学则进一步发生生理功能性的异常表现，比如上课头晕脑胀，入睡困难，感到有腰酸背痛、心悸、乏力、腹泻等症状，但检查身体又查不出任何躯体疾病。

另外，学习已经进入“互联网+”时代，在“互联网+”场域下大学生学习适应性还面临以下挑战（张苗，2017）：

1. 学习的终极目的何处安放的问题

学习的终极目的是成为一个完整的人。“互联网+”场域下的学习不能将传统面对面教学本身内蕴的人格育人、情感育人、德行育人、态度育人等情境化育人的真实场景完全承载，学习活动更多的是知识和信息层面的交互。大数据本身的僵冷性使得学习过程中的隐性知识之维无法附着甚至找不到附着的载体。学习的终极目的面临被弱化的危险。

2. 知识的碎片化何以统合的问题

在“互联网+”场域下，学习时间的碎片化管理是其优点，人们可以随时利用自己的时间自由学习，时间的利用效率更高。网络作为一种技术手段正在改变我们的学习习惯与思维习惯，但信息技术的进步并不必然带来智力与智慧的进化，反而在某种程度上造成了知识获取的碎片化、思想表达的浮夸化、思维方式的浅表化，嫁接在互联网商业繁荣背景之上的头脑的想象空间被挤压、被退衰。互联网即时呈现的具有碎片化特点的知识何以统合并走向深度学习、系统学习、创新学习是一个值得思考的迫切问题。

3. 求知的手段何以俱进的问题

互联网以海量信息为特征，如何快速学习大量新知识，如何寻找、精选自己需要的学习资源，这需要学习者具备信息处理能力和信息加工能力，建构起适应“互联网+”模式下的与时俱进的求知手段。“深圳大学传播学院、传媒与文化发展研究中心的调查数据显示，搜索引擎是大学生信息获取的首选方法，需要学习信息时，68%的学生首选搜索引擎”，基于商业利益驱动以“呈现”与“遮蔽”为特性的搜索引擎，强调检索的便捷和速率，键盘一敲，可以“呈现”很多信息，也“遮蔽”了很多信息，这些大量信息的“呈现”是以碎片化、罗列化的方式堆砌到检索结果中来的。“调查还发现，在信息加工这一关键的认知环节，半数学生仍然停留在复制粘贴的粗加工层面，搜来的信息未能融入已有的认知结构，最终对他们的认知水平并没有很大的帮助。”便捷和速率助长了思维的惰性，牺牲了思想的深度和宽度，将思维的范围局限于眼睛可视的视阙，远离了头脑理性运作的空间。

（二）学习适应不良的调适

1. 准确定位人生目标

要明确自己的历史使命，增强社会责任感；同时对自己所学的专业有实质性的了解，明白自己在大学生涯中能学到什么，毕业后可以从事什么工作，厘清主攻方向，学有选择，学有目标，减少心中的困惑和迷茫。一个好的目标，必须要有明确而实际的方向，它指导着个体前进。方向明确，目标清晰，才能提供巨大的能量，含含糊糊只是一种敷衍，个体不知道该从哪里下手，也不知道走到哪一步才算是终点。

曾经有心理学家做过这样的一个实验：

将一个班的学生随机分成3组，让他们分别前往10千米之外的村庄。

第一组学生既不知道村庄的名字，也不知道路程有多远，只告诉他们跟着向导走就行了。刚走出两三千米，就开始有人叫苦；走到一半的时候，有人几乎愤怒了，他们不停地抱怨为什么要走这么远，到底什么时候才能走到尽头，有人甚至坐在路边不愿走了；越往后，他们的情绪就越低落。

第二组学生知道村庄的名字和路程有多远，但路边没有里程碑，只能凭经验来估算时间和距离。走到一半的时候，大多数人想知道已经走了多远，比较有经验的人说：“大概走了一半的路程。”于是，大家又继续往前走。当走到四分之三的时候，大家情绪开始低落，觉得疲惫不堪，而路程似乎还有很长。当有人说：“快到了！快到了！”学生们才振作精神，加快了速度。

第三组学生不仅知道村庄的名字、路程，而且公路旁每一千米都有一块里程碑，人们边走边看里程碑，每缩短一千米大家便有一小阵的快乐。行进中，他们用歌声和笑声来消除疲劳，情绪一直很高涨，所以很快就到达了目的地。

所以心理学家得出这样的结论：当人们的行为有了明确的目标，并能把行动与目标不断加以对照，进而清楚地知道自己的行进速度与目标之间的距离，人们行动的动机就会得到维持和加强，就会自觉地克服一切困难，努力到达目标。同时，人生目标需要根据实际情况不断调整，不是一个一磕到底的过程。

2. 了解大学学习的规律和特点

大学学习与中学学习存在很大的不同，而且每所学校都有其特点，学生要认真听取老师的意见，并主动向师兄师姐、周围的同学了解本校教学的规章制度、管理方式、教师上课的特点、可利用的学习环境、学习资源等，做到“知己知彼”。

大学的学习规律与特点主要包含以下几个方面的内容：从学习方式看，大学课堂讲授时间减少，自学时间大量增加。除了一、二年级上基础课的课时多一点外，上课的时间总的来说将随年级的升高而减少。从学习的容量来看，大学所设课程分基础课、专业基础课和专业课、选修课等层次，每一个层次又由不同课程综合而成。而且，有的学校还允许在学好本专业的前提下，打破专业界限，选修其他专业的课程，合理地组织自己的知识结构。从学习意向来看，大学的学习是带有专业定向的学习，必须围绕某个专门知识学习相关的基础理论、基本知识和基本技能，建立一个较为合理的知识结构。从学习方法来看，大学的学习方法有很多特色，要学会如何利用图书馆、如何记好笔记、如何课后自学等。

3. 培养学习的独立性和自主性

从中学走进大学的那一刻起，大学生便开始了独立的生活和学习。这个过程可能很慢，但非常重要。进入大学后，以教师为主导的教学模式变成了以学生为主导的自学模式。家长不在身边，教师更多扮演指导角色，学生要以一个“主人”的身份，学会计划、监督、管理自己的学习。在学习过程中独立分析、独立思考、独立决定，并且对学习效果进行自我评价、自我控制，在自主学习中不断地完善和发展自我。必要时，可以找一个志同道合的同学互相帮助、互相监督。

4. 培养合作学习的能力

萧伯纳曾说过：“倘若你有一个苹果，我也有一个苹果，而我们彼此交换这些苹果，那么你和我仍然各有一个苹果。但是，倘若你有一种思想，我也有一种思想，而我们彼此交流这些思想，那么我们每个人将各有两种思想。”合作学习有助于发挥学习主动性，在互助互学中，集思广益，取长补短，扩大知识面和调动学习兴趣。在大学里，很多课程都要求以小组为单位进行合作学习，学生要学会如何清晰地表达自己的见解，如何与人沟通和合作，不断克服自身的局限，实现可持续发展。

5. 掌握正确的学习方法

大学阶段，由于学习课程门类多，学习内容覆盖面大、跨度大，许多在中学时期被视为“管用”的学习方法在大学里不灵验了。从旧的学习方法向新的学习方法过渡，是每个大学新生都必须经历的过程，充分了解大学的学习规律和特点，结合自身的情况，积极探索符合自身的学习方法，使自己的学习逐渐走向正轨。

二、学习动机问题

学习动机是激发学习者开展和维持学习活动，并使学习行为朝向一定目标的一种内驱力。学习动机可以分为内因性动机和外因性动机，即内在动机和外在动机。内因性动机如好奇心、兴趣、自我实现、自尊心、好胜心、上进心、责任心、理想等。外因性动机如奖学金、荣誉、父母的奖励、考研、出国留学等。不同的学生有不同的学习动机，动机的重要性体现在学习者制订学习目标、选择学习方法和维持学习行为等方面，并最终表现在学习效果上。研究表明，内因性与外因性动机对大学生的学习都有重要意义，两者结合会起到更积极有效的作用。

一般来说，动机强度处于中等水平时，学习效率最高。动机太强，容易导致紧张、焦虑；动机太弱，学习积极性不够。根据耶克斯-多德森定律（见图4-3），学习效率会受动机水平与学习任务难度的影响。学习困难或复杂任务时，最佳状态处于较低的动机水平；学习中等难度任务时，最佳状态处于中等动机水平；学习容易或简单任务时，最佳状态处于较高动机水平。也就是说，学习的内容越困难，动机水平越低，容易保持头脑冷静清晰。研究表明，学习动机是影响学习效果的最强因素之一。

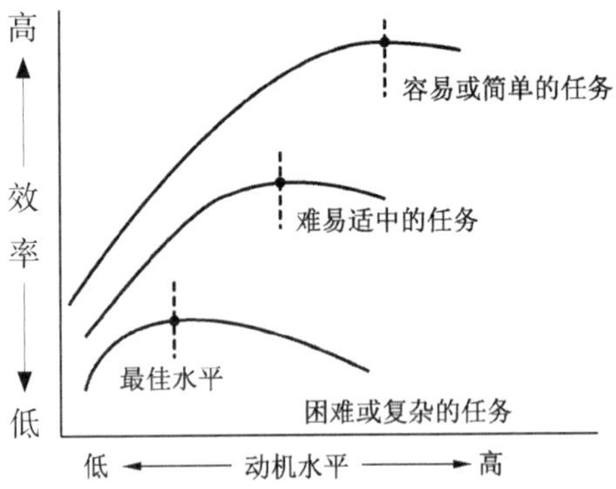

图4-3　耶克斯—多德森定律

（一）学习动机不当的表现

学习动机缺乏和学习动机过强都是动机水平不当的表现。

1. 学习动机缺乏

【案例1】小李，男生，父母经商，家庭经济状况良好，从来没觉得自己缺少什么，也没有强烈地想要什么，生活平平淡淡，但就是觉得没劲，上课没精神，生活没意思，经常逃课玩电脑游戏，他说："我不是因为喜欢玩游戏而荒废学业，而是因为太无聊而玩游戏。"

这位学生的问题是典型的学习动机缺乏。在当代的大学生中，学习动机缺乏问题比较普遍和突出。学习动机缺乏的学生几乎都是学习没有内在的驱动力量，没有明确的学习方向，无求知欲望，厌倦学习。主要表现在：尽量逃避学习，不愿上课，即使上课也无精打采；课后少学为好，不学更妙；长期把精力放在刷屏、玩电子游戏、谈恋爱等活动上，无成就感，无抱负和期望，无求知上进的愿望。

2. 学习动机过强

【案例2】小方，男生，来自贫困家庭，一直寄望于读书改变命运。父母都是老实的庄稼人，妹妹辍学打工供自己上大学，小方默默下定决心以后要让他们过上好的生活。但面对严峻的就业市场，重点大学的研究生都去卖猪肉、卖大饼，自己凭什么呢？他只能默默地努力计划——好好学习，当学生干部；必须要拿一等奖学金；必须要入党。可是，一等奖学金竞争很大，不管怎么努力，总有人的票数更高，总有人考得更好。他觉得压力很大，担心目标实现不了。

这位同学走了另一个极端——学习动机太强。动机过强的同学过于专注于自己的抱负和外部的奖惩，实际上阻碍了自己的学习。主要表现在：过于勤奋，对自己的要求严格而苛刻；不敢接受学习失败的现实，易产生挫败感。这类学生常常伴有学习焦虑和考试焦虑，反而影响了学习和考试的效果。

（二）学习动机不当的调适

1. 学习动机缺乏的调适

1）明确具体的学习目标，做好学习计划

学习目标是学习的出发点和归宿处，明确的学习目标，会使心理集中指向一处，就有了内在驱动力，可以促使人变得积极向上。明确学习目标，并有一份可行的学习计划，再与目标和计划结成铁的联盟。

2）培养学习兴趣

学习兴趣是一种强大的精神力量。爱因斯坦说过，只有兴趣和爱好才是最好的老师。大教育家孔子则一言明之："知之者不如好之者，好之者不如乐之者"。学习兴趣和专业兴趣一旦形成，就成为积极探究知识奥秘或从事科学研究的意识倾向，从而产生学习的主动性、积极性和创造性，并乐不知疲、精力旺盛。兴趣可以分为直接兴趣和间接兴趣。直接兴趣是对学习过程和知识内容本身感兴趣。如"语文实在太有趣了，那些诗词那么优美，读着是那样的赏心悦目，简直要沉醉其中"。间接兴趣是对学习活动的社会意义和结果感兴趣。如"如果我每门课都能拿到90分以上，我就能拿到学习积极分子了。"这两种兴趣并不孤立，常常融合在一起。很多时候，学生开始只对学习有间接兴趣，但在学习的过程中逐渐转化为直接兴趣。李开复说，如果你对一件事情没有反感，就可以慢慢培养兴趣。你可以看看你的专业有没有你特别喜欢的领域，多做一些尝试，试试与本专业相关的跨学科领域，慢慢你会找到你自己的兴趣。

学习兴趣培养的途径有：①认识到学习的社会意义，如"为中华之崛起而读书"，为促进社会的进步、行业的发展而读书；②明确自己的志向和学习的需要，如将来想成就一番什么样的事业，我需要通过学习来做好准备；③了解所学课程对实现自己理想的重要性，如学习数理统计对将来心理学工作和研究有非常重要的作用；④在学习中不断体验到积极情绪，如学习带来的充实感、满足感、成功感、愉快感；⑤运用丰富多彩的学习方式、方法，如角色扮演、情景想象、感觉置换、暗示法、小组讨论法等。

3）体验学习的成功感

成功感，又称为"成功体验"，是指一个人成功地完成某种活动任务时所产生的一种自我满足、积极愉快的情感。学习成功感可以激发学习的积极性、强化学习行为，使人认识到自己的力量潜能，从而增强自己的信心。消极的情绪体验则会降低学习的效率和效果，如抑郁会降低人的活动力、对学习没有兴趣、注意力不能集中；过度紧张会引起思维混乱等。大学生可以在学习过程中创设成功的机会，在自身的进步中体验成功的喜悦，并从自身的变化中认识自己的能力。把总目标分成n个子目标，分小步走，可以增加成功的体验，激励个体继续实现自己的理想。

4）掌握良好的学习方法

学习方法不当会使学习事倍功半，长期如此会让人产生挫折感，削弱学习动机，减少学习行为。一套有效的、适合自己的学习方法就像一副灵丹妙药，会逐步增强个体的学习兴趣。比如记忆的方法，培根说过“一切知识，只不过是记忆”。有的人比较擅长理解记忆法，有的人比较擅长联想记忆法，每个人情况不一样，多尝试，多体验，找到适合自己的记忆方法，学习效率就可以大大地提高。

5）锻炼自己的意志力

意志力是学习成功的决定性因素。“大学生差别最小的是智力，差别最大的是毅力”。有研究指出，自制力比智商和学术能力更能预测大学成绩；在30多个人格特质之间，自制力是唯一比运气更能预测大学生平均成绩的因素。在现实生活中，很多同学都曾经有过强烈的学习动机，也曾经付诸行动，但不能维持长久。究其原因，与大学生缺乏意志力密切相关，尤其是在看不到、摸不着学习效果的情况下，能否在电脑游戏、足球赛等众多诱惑前保持清醒的头脑，继续坚持，必须要依靠坚强的意志力。

心理学家做了一系列意志力实验。

一个实验是招募想让身体更健康但是没有定期运动的人，其中一些人立即免费加入一个健身房，并在实验人员的帮助下制订了定期运动的计划。这些人写日志，记录每次运动。

另外一个实验招募的是想改进学习习惯的学生。立即得到帮助的那组人，在实验人员的帮助下确定了长期目标和总任务，并把长期目标分解成分期目标，把总任务分解成小任务。他们的学习计划还要配合他们生活的其他方面（像兼职）。在执行计划的过程中，他们写日志和日记监控进展。

还有一个实验是招募想改进理财习惯的人。在实验人员的帮助下，他们制订了预算并计划用什么方法存下更多的钱。除了记账，他们还写日志记录他们的感受和他们想花钱又不能花钱的挣扎——如何强迫自己待在家里以回避商店橱窗的诱惑，或者如何强迫自己牺牲度假来省钱，或者推迟原来定期进行的购物。

在所有试验中，被试者不时来实验室做一个看起来与自我改进项目没有关系的练习。在这个练习中，被试者必须看着电视屏幕，屏幕上有6个黑色方块，其中3个方块会闪耀很短一段时间，然后所有方块会在屏幕上滑动，随机改变位置。5秒钟后，被试者必须用鼠标指出哪些方块是最初闪耀过的方块。这样，要想取得好的成绩，你必须用心记下应该盯紧哪些方块。让这个练习变得更难的是，期间附近有台电视在播放艾迪·墨菲的单人滑稽喜剧表演（不时传出观众的笑声）。如果你去看他或者太过专注地听他的笑话，你就盯不住方块。为了获得高分，你必须忽略笑话和笑声，把注意力集中在枯燥的方块上。这个练习绝对需要自制力。每次来实验室，被试者都做两次这样的练习。第一次在一到实验室还很精神的时候做，第二次在稍后消耗了意志力之后做。所有这些实验的结果基本上呈现出一样的模式。

时间一周周地过去，那些定期在健身、学习、理财中训练自制力的人，越来越擅长忽略艾迪·墨菲的喜剧表演而跟踪移动的方块。特别是，最主要的改进体现在抵制消耗上（也就是，每次来实验室做的第二次自制力测验，成绩越来越好）。因此，练习增强了被试者意志力的耐力，让他们在损耗了心智资源后仍然能坚持抵制诱惑。不足为奇的是，他们接近了各自的目标。定期运动的人，身体更健康了；改进学习习惯的人，做完了更多的家庭作业；改进理财习惯的人，存下了更多的钱。而且，还有一个真正的惊喜——他们在其他方面也有改进。学习项目中的人报告说，身体健康了，乱花钱的现象少了；健身项目中的人和理财项目中的人报告说，学习更勤奋了。

实验的解释是，他们的意志力渐渐增强了，他们可以将注意力集中在一点上。集中精力改变一个方面的自制力，其他很多方面也会受益。可见，获得意志力，不会像励志书说的那么简单，但也不会很难，只要你坚持做某种练习，你的意志力就会逐渐增强，例如跑步。

学习上，意志力的培养可以从以下几方面着手：

（1）要确立理想和目标，同时要规划好自己将来的职业生涯和目前的学习计划。目标和计划不能太低，但也不能太高，千万不能好高骛远，更不要急功近利，最好是跳一跳能“摘到”，通过自己的不断努力能够实现，而不是遥不可及。否则尽管自己非常努力，但目标无法实现，这反而变成了一个挫折，严重的会失去前进的动力。

（2）要培养良好的学习习惯，培养一心向学、专心致志、定时定量、积极思考的习惯。重点克服好逸恶劳、躺着看书、边听歌边学习等不良习惯。

（3）要摸清自己意志品质方面的薄弱因素，有针对性地采取措施，学会“跟自己作对”，发现不足，努力改正，争取做到更好。

（4）要从小事做起，磨炼自己的意志。千里之行，始于足下。培养坚强的意志品质，随着自己的成长和进步，从小到大，从易到难，从低到高地磨炼自己。

2. 学习动机过强的调适

1）提高自我认识

学习动机过强，往往是对自己估计太高、期望太高造成的。首先要正确认识自己，对自己的能力和局限有一个客观的评价，既不好高骛远，也不盲目攀比、操之过急。

2）科学制定目标

制定目标要切合自身的具体条件和实际情况，目标要清晰、具体，可操作性强。不能只有远大目标而没有近期目标，目标最好分阶段、分步骤、循序渐进，踏踏实实、一步一个脚印去实现。

3）关注学习本身

学习动机过强就会过分注重长辈、老师及同学的看法，过分注重学习的结果，患得患失，增加心理压力。这类同学要学会去关注学习的过程和学习本身带来的乐趣，还有自身知识的增长和能力的提高，淡化名利得失。

三、学习焦虑问题

（一）学习焦虑的表现

有些学生在学习上注意力涣散、记忆力减退、思维混乱、烦躁、易怒，严重的还伴有头晕、头痛等；有些学生在多次努力学习不理想的情况下，往往采取回避和退缩的方式消极对待学习，以致成绩不断下降，自责、焦虑不断增加，形成恶性循环，导致身心疾病。

学习焦虑的突出表现是考试焦虑，即在临考前或临考时产生紧张与恐惧的情绪状态。严重的考试焦虑者在考前会出现明显的生理心理反应，如过分担忧、恐惧、失眠健忘、食欲减退、腹泻等症状；在临考时心慌气短、呼吸急促、手足出汗、发抖、尿频尿急、判断力下降、甚至大脑一片空白；个别学生还会出现视障，如看不清题目、看错题目、漏题丢题、动作僵硬等。

其实，学习焦虑是比较常见的问题，尤其是个性敏感、性情急躁的大学生更容易陷入焦虑状态。心理学研究表明，适度的焦虑水平对学习较为有利。焦虑不足会使人不思进取、灰心丧气；焦虑过度会使人感到痛苦失望、沮丧不安。

（二）学习焦虑的调适

1. 认识焦虑

从个体层面讲，焦虑无所不在，焦虑最直接的作用在于保护个体不被威胁。在原始社会，人的焦虑在于保护自己不受野兽的侵扰；在现代社会，人的焦虑可能来自害怕自己在竞争中失败。焦虑是个体面对自己存在的反应，除非个体麻痹自己不去想存在的价值，否则，人都无法回避生命中这些正常的焦虑。焦虑并非总是一种非常不好的状态，有时具有一种保护意义。对学习而言，不同程度的焦虑对学习有不同的影响。

（1）中度水平的焦虑对学习有促进作用；焦虑程度过低，唤醒状态较低，集中注意力程度低；焦虑程度过高，感知范围缩小，感知的精确性降低，抑制学习。

（2）在容易的任务上，高焦虑者成绩比低焦虑者好。在困难任务上，刚好相反。

（3）对于一般学生，中等强度的焦虑最好；对少数学习能力强的学生，焦虑程度和学习效率成正比。

（4）对于年幼学生，焦虑抑制其学习；随着年龄的增长，焦虑的消极作用逐步降低，积极作用逐步增大。

焦虑本身并不是问题，问题在于应对焦虑的态度和方式。比如在学习上采取逃学、缺考或者严重的强迫学习行为等负面处理焦虑的方式，只能暂时舒缓和躲避焦虑，却不能真正解决焦虑情境下的冲突。就管理焦虑而言，最合理的方法就是——花些时间来理解和体验焦虑。通俗地讲，就是个体能坦然面对产生焦虑的情境，承认自己有所不安、承认自己有所恐惧，在焦虑的情况下继续前行。当自己被说服直接面对困境比逃避更有价值时，也会在内心准备好面对不可避免的焦虑；当你真正置身焦虑，焦虑带给你的可能是一种面对困境的勇气。你可能发现，生活中越有开拓精神的人，越容易将自己置于焦虑的情境。焦虑与人的创造力和创新有着极为密切的关系。

2. 看清焦虑

诗人布莱克的一首诗歌曾这样写道：“我藏住愤怒，愤怒却兀自增长；我说出愤怒，愤怒却停止了。”焦虑也是这样，当你觉察自己的焦虑，焦虑可能就不再是焦虑了。已故的哥伦比亚大学哥伦比亚学院院长郝基斯，曾帮助220万名学生解决他们的焦虑问题，他说："混乱是产生焦虑的主要原因。我现在生活里完全没有忧虑。我发现，如果一个人能够把他所有的时间都花在一种以很超然、很客观的态度去寻找事实的话，他的焦虑会在知识的光芒下消失得无影无踪。"个体必须承认自己面临的事实，认清自己正处于焦虑的状态中。

当个体处于较客观的立场上，无形之中就会减少一份焦虑。但如果焦虑程度比较严重，情绪十分激动，那么不妨采取下面两种做法：（1）搜集自己学习焦虑的各种事实，假设不是在为自己做这件事，而是为了朋友做这件事，可以使自己冷静下来；（2）假设自己是一位律师，尽可能搜集有利与不利两方面的事实，你可能发现在两个极端中间的真理。

3. 分析焦虑

在看清了自己的焦虑和焦虑的表现之后，应该分析一下你的焦虑是怎样产生的，常使你焦虑的原因可能包括以下几点：

（1）不能接受或不愿意接受一些不能改变的情况，如在大学里你不再是学习的佼佼者；

（2）你正在追求一个目标，可又害怕这个目标不能实现，如你想争取学习积极分子，但是竞争很激烈，对你威胁很大；

（3）盼望着一件快乐事情的到来，但又害怕会发生另一件事来破坏这种快乐，如参加奖学金的竞争，估计各项条件都差不多达到了，但又担心这门课考不好而失去机会；

（4）曾经多次失败的事情，又马上让你去做，如自己的弱科、弱项马上要考试了；

（5）主观偏见夸大了一些小事，或者根本不可能发生的事情，如要是考试的时候我突然失忆了怎么办？

4. 采取行动

在看清焦虑、分析焦虑之后，就应该采取行动。

1）让自己忙碌起来

萧伯纳曾说过："悲哀的秘诀，在于有余暇来烦恼你的快乐。"把你的学习生活安排得尽量充实严谨，目标一经确定，便一头扎进去，享受紧张、体验充实、欣喜于收获，唯独不给焦虑留出时间。相反，当你在昨天的焦虑中回味、咀嚼着今天的焦虑、躺在床上担心明天的时候，不仅不会有一丝进步、一点收获，还会因此增加焦虑。所以，从床上跳下来、从冥想中走出来、从静止中动起来，让自己行动起来。

2）让自己休息一下

也有一些时候，焦虑是疲劳过度引起的。那么，适当休息一下是消除焦虑的妙方。

3）学会放松

体育锻炼、欣赏音乐都可以令紧张的情绪得到缓和。在心理治疗中，有很多行之有效的放松训练，需要的时候也可以适当使用，如渐进式肌肉放松法，在本书第8章"心理训练营"可以找到其指导语，或者在网络上也能搜索到，遵循指导语进行即可。

（三）考试焦虑的调适

大学生要认识到保持一定水平的焦虑对学习效能的发挥是有利的。在考场上，适当的紧张是好事，它有利于个体保持高度的注意力，更好地完成考试。在考试中，当感觉过于紧张时，可以选择一些简单的题先做，在自己情绪平静时，再做难题。这种有张有弛的节奏，无论是对高难度的题还是简单的题都会有较高的正确率。

针对较为突出的考试焦虑困扰，可以从以下几方面进行调适：

1. 正确认识考试

考试是检验和激励的手段。通过考试，可以检验自己的学习态度、学习能力和掌握知识的水平，调整对自我的认识并不断自我完善。因此，应该将考试看作一个检验自己的机会，不要把成绩看得太重。考试焦虑的根源不在考试而在学生本身，只要加以适当的调节，是可以克服的。

2. 做好充分准备

做好准备，有备无患。如果在考试前就已经把知识点吃透，做了充分的复习，并且把考试其他的事情都准备好，心情自然会放松一些。

3. 调整考试期望值

期望值越高，就越害怕失败，考试的时候就越紧张。考试前应该对自己的能力和已掌握的知识有比较客观的评价，然后制订考试的目标，就可以有效克服过度焦虑。

4. 掌握放松的技巧

考场中经常出现这样的情形，一些之前很熟悉的题目，怎么也想不起来，有一种话到嘴边却说不出来的感觉，心理学中称为“舌尖效应”。“舌尖效应”在情绪紧张时尤为明显。在考试中遇到这种情况时，可先做其他题目，回头再来思考这个问题；另一种方法是深呼吸放松法，有助于考生暂时抽离紧张考试状态，令头脑清晰，思维更灵敏。深呼吸放松法操作如下：

以舒适的姿势做好，背部挺直但不僵硬，双手轻放于大腿上，做三次全息呼吸：①呼吸要深长而缓慢；②鼻吸口呼；③一呼一吸掌握在15秒左右，即深吸气（至腹部鼓起）3～5秒，屏息1秒，然后慢慢喷气（回缩肚子）3～5秒，屏息1秒；④一吸一呼之间要吸尽气，呼尽气，若屏息时感到呼吸困难，可不屏息直接换气。呼吸过程中如有口津溢出，可徐徐下咽。之后，稍做停顿，再恢复考试状态。

5. 系统脱敏法

系统脱敏法是行为治疗的一种基本方法，目的是让被治疗者在放松的状态下逐步减少对刺激情景的敏感性。它特别适用于某种客体式情景的恐怖和焦虑状况，具体步骤如下：

1）建立考试焦虑的等级表

从引起焦虑、紧张的最轻微的情景到最强烈的情景，依次排列出若干等级。例如，对一个考试焦虑者，根据他一听到要考试就开始焦虑，直到考试时焦虑达到最高点，列出考试焦虑等级表。

听到一周后要进行考试的消息：

离考试还有6天；

离考试还有5天；

离考试还有4天；

离考试还有3天；

离考试还有2天；

离考试还有1天；

考试当天起床；

考试当天到教室；

考试当天坐在座位上；

考卷发到手；

开始考试。

2）脱敏训练

按照等级次序一步步地进行松弛训练。先放松，达到身心松弛状态。想象第一个等级的情景出现了，例如，听到了一周后就要考试的消息，心跳加剧，开始紧张了，这时进行松弛训练，直至心慌消失。待想象第一个等级的情景时不心慌了，再对第二个等级进行松弛训练。逐个等级依次脱敏下去，一直把所排的等级全部脱敏完。经过多次的脱敏训练，可以有效克服考试焦虑。

四、注意力不集中问题

（一）注意力不集中的表现

注意力在学习中具有关键的作用。当你注意力不集中时，进入大脑并被理解和记忆的信息会大大减少，学习效率直线下降。有些同学学习时不能有效控制自己的心理活动，常想一些与学习无关的事情；有些同学容易被外界无关刺激干扰；有些同学注意力难以持久，对已经开始的学习活动常常半途而废。这些表现都会导致学习效率低下，学习成绩不理想。

（二）注意力不集中的调适

1. 明确学习目标，规定学习任务

根据自己的主客观条件确立一个合适的学习目标，并依据目标订立详细的学习计划，让自己每次学习都带着任务进行。

2. 培养和维持学习兴趣

对自己所学专业的方方面面，如本专业的可能就业方向、社会需求等做一个详细的了解，结合自身的兴趣和具体情况，寻找一个结合点，以此为自己的发展方向，促使自己把兴趣、注意力集中在这方面的学习上。

3. 选择合适的学习环境

每个人的心理特征不同，大学生要根据自己的心理特点，选择或创设有益的学习环境，例如有些人喜欢在图书馆自修、有的人喜欢在宿舍听着轻音乐学习。当无法选择环境时，就需要大家有与干扰环境做斗争的自制力。

4. 运用思维阻断法

当你在学习中胡思乱想、无法学习的时候，可以出去走走，进行深呼吸，然后再回到学习中。还可以用一种方法：眼睛闭上，反复握拳、松开，使肌肉收缩，同时对自己喊“停”，如此反复多次，有助于集中精力。

第四节 大学生最佳学习状态的培养

一、培养良好的学习习惯

郭端立在《学习能力训练教案》中说：“世界上最可怕的力量就是习惯，世界上最宝贵的财富也是习惯……好习惯是一笔丰厚的存款，让你终生享受不尽的利润；而坏习惯则是一笔沉重的债务，终生偿还不尽。”良好的学习习惯可以让你拥有更多的时间学习，可以让你学得更轻松、更有效。而那些没有良好学习习惯的人，往往不能安排好学习，生活比较混乱。行为养成习惯，习惯形成性格，性格决定命运。可见，好习惯的形成对人生的成功有着非常重要的影响。

二、掌握良好的学习方法

科学的学习方法可获得经济、高效的学习效果，使学生的才智得到充分的发挥与发展；拙劣的学习方法不仅会抑制才智的发挥，而且会视学习为沉重的负担，将学习变得枯燥乏味，甚至导致精神萎靡，丧失信心，茫然无序。

哲学家笛卡儿很早就指出：“最有价值的知识是关于方法的知识。”大学生不能只关心自己学会了什么，还要关心怎么高效地学。换言之，学习的目的不是要达到某种知识成果，而是要获得达到这种结果的过程和方法。清华大学土木工程系教授、工程院院士龙驭球先生总结自己几十年大学从教经验，概括出大学学习方法的五字诀：“加、减、问、用、新”（见表4-1）。“加”指知识的摄取和积累的过程，强调在继承中创新；“减”指知识的提炼和升华的过程；“问”指善问巧思；“用”指在应用和实践中对已有知识进行检验；“新”指创新。

表4-1 大学生学习方法五字诀

会加	会减	会问	会用	会创新
博采厚积 织网生根	去粗取精 弃形取神	知惑解惑 开启心扉	实践检验 用中生巧	觅真理，立巨人肩；出新法于法度中
勤于积累 融会贯通 用心梳理 落地生根	概括的能力 简化的能力 统帅驾驭的能力 弃形取神的能力	多问出智慧 要会问 要追问 要问自己	多面性 综合性 检验性 其他：习题校核	反思性 跳跃性 灵活性 牢固性 悟性

《学习的革命》一书谈到，“我们所看、我们所听、我们所尝、我们所触、我们所嗅、我们所做”均为学习的途径。大学生应该变被动学习为主动求知，能动地发现、探索、创新；走出教室、学校，走向社会、走向生活，处处留心皆学问，不断积累经验。而积累需要有目标，需要有毅力，需要讲方法，需要常用心。

三、做时间的主人

很多同学不缺目标和计划，但是可能计划刚刚形成就夭折了，究其原因，除了意志力的问题外，还有时间管理的问题。时间管理的方法有很多种，这里介绍帕累托原则，其核心内容是生活中80%的结果几乎源于20%的活动。因此，要把80%的精力放在20%的关键事情上。根据这一原则，个体应当把每天要做的事情分清轻重缓急，进行如下排序，如表4-2所示。

表4-2　事情的轻重缓急

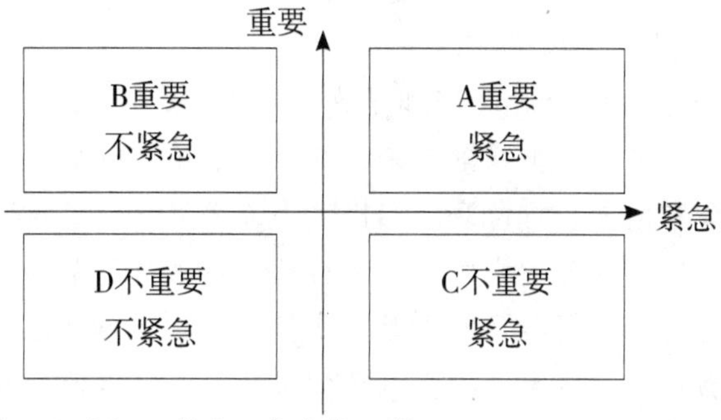

A：急需处理的事情，如吃饭、考试、突击复习等。
B：与长期目标有关，如锻炼身体、制定目标、规划未来、复习已学内容等。
C：与别人有关的事情，如解决同学的事情等。
D：浪费时间的事情，如玩游戏、发呆等。

把每天要做的事情列一份清单，确定优先顺序，按照排序优先去做重要或紧急的事情。建议根据自己的生物钟，把效率最佳的时间留给学习，而把不太有精力的时间或零碎的时间留给不重要的事情。当A、B类事情没做好之前，学会对不重要的事情说“不”，这样才不至于本末倒置。

每天晚上休息之前，查看一下自己的计划完成情况如何，如果完成得不好，查找原因，并及时调整第二天的计划。只要能坚持做下去，你一定能够做到学习做事两不误。

拓展阅读

人的差异产生在业余时间

哈佛有一个著名的理论：人的差别在于业余时间，而一个人的命运决定于晚上8点到10

点之间。每晚抽出2小时的时间用来阅读、进修、思考或参加有意义的演讲、讨论等，你会发现，你的人生正在发生改变，坚持数年之后，成功会向你招手。鲁迅先生也曾说：“我是把别人喝咖啡的时间用在写作上的。”中国女排有一句大家都喜欢的格言，那就是“只有付出超人的代价，才能取得超人的成绩”。

大家总认为，人与人不同，有环境、机缘、能力和性格的差异。中国人民大学教授王琪延博士带领他的课题组对全国城市居民的生活时间进行抽样调查发现，我国城市居民一周平均每日工作时间为5小时1分钟，个人生活必需时间10小时42分钟，家务劳动时间2小时21分钟，闲暇时间6小时6分钟。这四类活动时间分别占总时间的21%、44%、10%、25%。每一天，城市人就是这样度过。10年来，人的闲暇时间增加了69分钟，闲暇时间占人生命的1/3。而我国居民每天在电视机前所花时间是3小时38分钟，打发掉自己一半的闲暇时光。日本人、美国人每天看电视的时间分别为1小时37分钟和2小时14分钟。调查结果还显示，本科以上高学历者的终生工作时间是低学历者的4倍，收入是其7倍以上。学历越高，越重视终生学习，平均日学习时间为61分钟。由此可见，人的差异确实产生于课余时间。

那么业余时间该如何用?

大学相比初中、高中，课余时间增加了许多。有一部分人认为在高中吃了很多苦，到了大学应该好好享受一下，精神松懈下来，甚至一发不可收拾。整天无所事事地在校园里游荡，或者宅在宿舍看电影、打游戏。相比之下，很多同学意识到大学是一个更大的历练自己的舞台，要想在这个舞台发光发亮，为自己的将来打下坚实的基础，必须付出更多的努力和艰辛。所以他们在搞好学习的同时，积极参加学生会社团等，或者利用空余时间做一下兼职，努力提高自己的能力，扩张自己的人脉。通过慢慢的积累，从幼稚蜕变到成熟，从无知升华到智慧。当你的能力慢慢提高了，你的生活方式和生活内容也就会慢慢变化，你的理想和追求就与人大大不同了，这时你会自觉或不自觉地与他人出现差异。

“人的差异在于业余时间”，这也许是爱因斯坦关于人与时间的又一种表述方式，也是一种深刻的耐人寻味的表述方式。

心理测试

测试1　VAK学习类型测试

在诸多有关学习类型的测试中，有一个较为经典且知名的测试——VAK（Visual，Auditory，Kinesthetic），它们分别代表视觉、听觉、操作。它是由Richard Bandler和John Grinder所建立和发展起来的。通过测试将学生分成三种不同风格的类型：视觉型学习者、听觉型学习者以及操作型学习者，操作型有时又被称为体觉型、触觉型。学生在接受信息、进行学习的时候，要借助不同的感觉器官，如凭耳朵听、用眼睛看、用手摸等。不同的人对不同的感觉器官和感知通道有不同的偏好，有些人更喜欢通过视觉的方式接受信息，也有一些人更喜欢通过听觉了解外在世界，还有一些人更习惯通过动手或身体运动来探索外部世界，从而掌握有关信息。

心理学的有关研究表明，不同认知通道的学习效果是有差异的。一般来说，只使用视觉通道，仅能记住材料的25%；只使用听觉通道，能记住材料的15%；而视听结合，使用多通道参加学习活动，则能记住材料的65%。不同感知觉类型的学习者，在学习上有不同的表现，所应采用的学习策略也各不相同。

1．VAK学习类型测验

请你依直觉和实际情况回答并在1～5的数字上打钩，最后分类型相加。1=不曾如此；2=很少如此；3=偶尔如此；4=通常如此；5=总是如此，如表4-2所示。

表4-2　VAK学习类型测验

学习类型	题目	选项
视觉型	1．我喜欢上老师要求考试的课	①②③④⑤
	2．我喜欢书面的说明，不喜欢口头的说明	①②③④⑤
	3．我发现幻灯片与电影有助于对课程的了解	①②③④⑤
	4．与听老师讲述相比，阅读一本书能使我记住更多的重点	①②③④⑤
	5．我需要抄下老师写在黑板上的范例以便后面再复习	①②③④⑤
	6．我喜欢课本附有图表及图片，因为它们有助于我对教材的了解	①②③④⑤
	7．我可以只要大致浏览便可找出作业上的错误	①②③④⑤
	8．我比较喜欢看报纸，不喜欢听新闻	①②③④⑤
听觉型	9．听老师讲会比阅读课本能记得更多内容	①②③④⑤
	10．当我专心听讲时，我不必写笔记就可记住重点	①②③④⑤
	11．我喜欢上老师要求随堂考的课	①②③④⑤
	12．我比较喜欢听新闻，不喜欢看报纸	①②③④⑤
	13．我喜欢口头说明，不喜欢书写说明	①②③④⑤
	14．当我要阅读一则短篇故事或戏剧时，比较喜欢听音频	①②③④⑤
	15．我用听的方式便可记下电话号码	①②③④⑤
	16．我写东西时，需要大声念出来	①②③④⑤
操作型	17．我发现写字有助于记忆	①②③④⑤
	18．我喜欢在研读时吃零食或嚼口香糖	①②③④⑤
	19．我擅长玩拼图玩具与迷宫游戏	①②③④⑤
	20．我通常记电话号码时一定要写下来	①②③④⑤
	21．我喜欢在听新闻或广播时，手边有一支笔	①②③④⑤
	22．我需要列出要做的事以便记下来	①②③④⑤
	23．我喜欢用手或工具来完成作业	①②③④⑤
	24．写东西时，我需要到处走动才能将内容记得更好	①②③④⑤

2. VAK测试结果分析与建议

数字的高低显示你的学习偏好指数，也就是当你在学习时，你比较习惯使用的学习方式。

1）“视觉型”学习者（40%～50%）

视觉型学习者善于通过接受视觉刺激学习。喜欢通过图片、图表、录像、影片等各种视觉刺激手段接受信息、表达信息。他们将所听到的事情想象成图像，将要说的话用形象来代替。他们通过观察所学到的，往往比从交谈、聆听或是实际操作中所学到的东西还要多。

在学习上，视觉型学习者通过自己动手涂写，要比阅读文字或者聆听语言更有效。这种类型的学习者喜欢阅读，而且比较容易从书本上吸收知识。他们能将所读的文章轻而易举地记住，并转换为口语，因而在复述或书面测试中取得好成绩。他们一般都很自信，而且有很强的自制力，学习有自主性和计划性，有时还具有创造性。但由于过于认真而缺乏一定的表现力，举止呆板，书呆子气很重；又或者由于过于自信，也会表现出自负的倾向。视觉型学习者应设法扩大自己的视野，放下架子，多向别人学习和请教，并多阅读以丰富自己的知识面。同时，视觉型学习者要注意培养动手能力。

对视觉型学习者最有效的学习方式就是“看影像”。这类学习者可以通过用图片学习、涂鸦、画符号、画图表、画流程图、观看或制作录像带、运用模拟表演、突出色彩、贴便利贴等方式加强学习能力。

2）“听觉型”学习者（15%～20%）

听觉型学习者善于通过接受听觉刺激进行学习。他们喜欢通过讲授、讨论、听录音等口头语言的方式接受信息。这类学生上课一般认真听讲，能够按时完成老师布置的作业，但是劣势在于过多地注意原有的知识，有时可能影响潜力的充分发挥。听觉型学习者应多培养独立思考问题、解决问题和处理问题的能力。在平时的学习和生活中，要多问自己几个为什么，既能开阔自己的思路，又使自己对问题的认识更加深入。遇到不会或不懂的问题不要急于向他人请教，应多动脑筋想办法，或借助工具寻找办法。

对听觉型学习者最有效的学习方式就是“听和文字”的方法。你习惯于将听到的内容转换到视觉储存系统里，因此可以在听课的同时就将笔记写得非常完美。别人的口头说明、录音带、有声书、组织读书会互相讨论，用自己的想法写课程摘要、大纲，再朗读或默念、提问题来思考答案，向大家解说等方式能让你的学习印象更深刻。

3）“操作型”学习者（30%～40%）

操作型学习者喜欢通过双手和整个身体运动进行学习，如通过做笔记、在课本上画线、亲自动手操作等来学习。他们不喜欢老师整堂课的讲解和板书，也不擅长言语表达。他们往往在体育、自然、课外活动等需要动手操作、实验的学科中表现得较为突出。

这类学习者往往比其他学习者有着更大的发展潜力。他们做事一般都比较守信，而且一旦集中于某事，就会做出很好的成绩。但是由于他们的情绪不稳定，忽冷忽热，虽精力旺盛，但由于热衷太多的事项，注意力不集中，学习效率很低。这类学生宜采用分段学习法进行学习，如先集中学习30分钟，休息10分钟，再改换其他学科学习，可慢慢地延长学习的时间到45分钟、60分钟……逐渐培养集中精力学习的习惯。为了集中精力学习，可以先学一些自己比较感兴趣的学科，等情绪调动起来之后，再学比较难的或不太感兴趣的学科。

这种类型的学习者要学点集中精力的方法。比如多给自己增加一些课外读物，让引人入胜的书籍来帮助培养“坐得住”的习惯，并坚信自己是坐得住的，需要改进的是对学科的兴趣和思维方法。当然，安静一点的环境对学习最有利，因此，应该尽可能地为自己创造一个和谐、安静的学习环境，最小限度地分散学习注意力。

对操作型学习者最适合的学习方式就是透过“肢体”的活动，如把运动与所学课程结合起来，利用游泳或散步的时间在头脑中复习一下功课，通过计算机教学、参与活动、做科学实验、碰触模型、田野访查、操作科技（I-Mate PDA、iPad、笔记本电脑、电子白板、电子笔和电子词典等）也能让你的学习印象更深刻。

4）特别提示

（1）三种类型的学习者的学习方式各有所长，学生要了解自己属于哪一种类型，才能充分发挥优势，弥补不足。

（2）除上述三类典型的学习者外，还有混合型，这是指学习者不一定完全属于某一组，也可以同属于两个组别，例如听觉和视觉组。

测试2　成就动机测试

成就动机指的是个人对自己认为重要的或有价值的任务，不但愿意去做，而且力求达到更高标准的内在心理过程。成就动机可进一步划分为趋近性和回避性两个因素，分别可称为希望成功的动机和回避失败的动机。前者关注的是如何获得成功，而后者关注的是如何避免失败。在希望成功的动机的影响下，个体会主动从事学业等重要任务，并会选择有利于任务高质量完成的策略，坚持努力，以求成功。在回避失败的动机的影响下，个体面对重要任务时可能采取两种不同的方式。一种方式是防御性的，个体力图逃避任务以避免失败；而另一种方式则较为积极，个体会非常努力以避免失败。

成就动机的类型和强弱对于个体的学业成就具有重要影响。研究表明，成就动机不仅可以预测学生短期内的学业成绩，而且可以预测个体长期的成就水平。成就动机量表（achievement motivation scale，AMS）由挪威心理学家于1970年编制，并几经修订，渐趋完善。中文版本为我国研究者叶仁敏和挪威学者于1988年合作译制，并于1992年在大学生和中学生样本中进行了修订。此量表在我国有广泛的应用，是成就动机研究中常用的一个主要量表。总体来说，量表的两因素结构稳定，是一个比较成熟的量表。

请认真阅读表4-4所示的每个句子，判断句中的描述与你的情况的符合程度。请选择①～⑤来表示你认为的符合程度，数字越大表示越符合：①非常不符合；②有些不符合；③不能确定；④有些符合；⑤非常符合。

表4-4　成就动机测试

序号	题目	选项
1	我喜欢新奇的、有困难的任务，甚至不惜冒风险	①②③④⑤

（续上表）

序号	题目	选项
2	我讨厌在完全不能确定会不会失败的情境中工作	①②③④⑤
3	我在完成有困难的任务时，感到快乐	①②③④⑤
4	在结果不明的情况下，我担心失败	①②③④⑤
5	我会被那些能了解自己有多大才智的工作所吸引	①②③④⑤
6	在完成我认为是困难的任务时，我担心失败	①②③④⑤
7	我喜欢尽最大的努力才能完成的工作	①②③④⑤
8	一想到要去做那些新奇的、有困难的工作，我就感到不安	①②③④⑤
9	我喜欢对我没有把握解决的问题坚持不懈地努力	①②③④⑤
10	我不喜欢那些测量我能力的场面	①②③④⑤
11	对于困难的任务，即使没有什么意义，我也很容易卷进去	①②③④⑤
12	我对那些没有把握能胜任的工作感到忧虑	①②③④⑤
13	面对能测量我能力的机会，我感到是一种鞭策和挑战	①②③④⑤
14	我不喜欢做我不知道能否完成的事，即使别人不知道也一样	①②③④⑤
15	我会被有困难的任务所吸引	①②③④⑤
16	在那些测量我能力的情境中，我感到不安	①②③④⑤
17	对于那些我不能确定是否能成功的工作，最能吸引我	①②③④⑤
18	对需要有特定机会才能解决的事，我会害怕失败	①②③④⑤
19	给我的任务即使有充裕的时间，我也喜欢立即开始工作	①②③④⑤
20	那些看起来相当困难的事，我做时很担心	①②③④⑤
21	能够测量我能力的机会，对我是有吸引力的	①②③④⑤
22	我不喜欢在不熟悉的环境下工作，即使无人知道也一样	①②③④⑤
23	面临我没有把握克服的难题时，我会非常兴奋、快乐	①②③④⑤
24	如果有困难的工作要做，我希望不要分配给我	①②③④⑤
25	如果有些事不能立刻理解，我会很快对它产生兴趣	①②③④⑤
26	我不希望做那些要发挥我能力的工作	①②③④⑤
27	对我来说，重要的是做有困难的事，即使无人知道也无关紧要	①②③④⑤
28	我不喜欢做那些我不知道能否胜任的事	①②③④⑤
29	我希望把有困难的工作分配给我	①②③④⑤
30	当我遇到我不能立即弄懂的问题时，我会焦虑不安	①②③④⑤

【计分方法】

把1～15题的分数相加，总分越高，表明你追求成功的动机越强；把16～30题的分数相加，总分越高，表明你避免失败的动机越强。

心理训练营

活动1 自我探索作业

这是一个自我探索的作业，请你如实回答下面的5个问题。

1．请列出你为什么而学习？

2．请认真回想，你过去都是在什么情况下，会产生强烈的学习愿望呢？请把它们列出来。

3．回想自己最成功的学习经历（5个），包括学习过程中，你曾经遇到怎样的困难，是怎样克服的？

4．学习中，你什么时候会感到快乐？

5．根据以往的学习经验，比较适合你的学习方法是什么？

活动2 我的目标系统

决定一件事情的成败，往往不是事情的难度或者个人的能力，在条件相同的情况下，拥有明确目标和可评估的标准，人更容易克服困难，走向成功。对于实现目标而言，时间非常重要，我们需要时间鞭挞我们前进，同时也需要足够的时间去努力。所以，在制定目标时要标明期限。在标明期限的时候，要考虑到目标的难度，时间过分宽裕或过分紧张都不好，一定要将目标的时限控制在一个合适的位置。

慢慢静下心来，你有足够多的时间，打开你的想象和感觉，思考下面的问题，并用白纸黑字详细回答，字迹要工整，态度要认真。

20年后，我要成为一个________________________，达成时限______年______月。

10年后，我要成为一个________________________，达成时限______年______月。

5年后，我要成为一个________________________，达成时限______年______月。

3年后，我要成为一个________________________，达成时限______年______月。

1年后，我要成为一个________________________，达成时限______年______月。

目前，我要做____。

我相信自己！

我有无限潜能！

我集中精力，坚定不移！

我一定能成功！

签名__________

_______年___月___日

活动3 好习惯拍卖会

一、活动目的

认识好习惯和好习惯的养成。

二、活动方法

1．分组

5～10人为一组，小组中选出一名组长。

2．收集好习惯

小组成员提出自己认为最有价值的好习惯（但目前自己还不具备的），组长负责收集并做好记录，组长也可以提供（如果组员想不出来，可以参考老师提供的表4-5所示的“好习惯表”）。（时间：5～10分钟。也可根据具体情况确定时间）

表4-5 好习惯表（参考）

（1）按时起床	（8）及时复习
（2）每天晨读背诵	（9）严格要求自己
（3）主动学习	（10）积极思考
（4）自习预习	（11）认真做笔记
（5）按时、独立完成作业	（12）尊重和欣赏老师
（6）学习用品摆放有序	（13）善于提问
（7）学习专心	（14）复习归纳

3．拍卖会

（指导语）

“各位同学，现在假设你们每人有1万元，你们组长那里有你迫切需要的好习惯，你们可以用这1万元来购买，这1万元要尽可能花掉，花不完作废。各组组长，你们是拍卖师，负责把这些好习惯拍卖出去，价高者得。当然，你自己同样有1万元，可以购买你认为对你很重要的好习惯。现在开始！”（时间：20分钟）

4．感恩大赠送

拍卖会结束后，赠送学生想要却没有拍到的好习惯。

“刚才大家都在积极购买对自己很重要的好习惯，有的同学已经购买到了，有的同学虽然已经购买到了一些，但还有一些好习惯对自己很重要，可是已经被别人购买走了，还有一些同学钱不够了，买不起了，那怎么办呢？现在，我们有一个感恩大赠送的活动，为了感谢大家的积极参与，凡是你认为重要的又没有买到的好习惯，你都可以向组长申请，组长就会赠送给你。现在开始。”（时间：3分钟）

5．制作习惯评价表

为了让拍到的好习惯真正变成自己的习惯，就要通过行为将这些习惯巩固下来。良好习惯评价表（见表4-6）是一个极其简单的方法，它可以帮助你批量养成好习惯。这张表按照重要顺序，从最重要的开始依次往下写，每7个为一批。如果超过7个，可以归纳到下一批。（时间：2分钟）

表4-6　良好习惯评价表

良好习惯	一	二	三	四	五	六	日
（1）按时起床							
（2）每天晨读背诵							
（3）主动学习							
（4）自习预习							
（5）按时、独立完成作业							
（6）学习用品摆放有序							
（7）学习专心							
其他							

说明：

（1）复制本表12份，每周1张，总共持续3个月。每天晚上自我评价并做好记录。

（2）做到的打“√”，没做到的打“×”。

（3）真诚对待自己。

（4）连续四周发现某一项或几项都做到了，说明这一项或几项好习惯已经养成，可以为自己庆祝一番，不过这时还需要对养成的好习惯进行巩固；如果表中某一项或几项连续3个月都做到了，就可以更换成新的好习惯项目。如果某一项或几项连续3个月都没有形成习惯稳定下来，需要自我反省（见表4-7所示“自我反省表”，并且继续进行自我评价）。

表4-7　自我反省表

我的好习惯	没有这些好习惯给我带来最糟糕的结果	拥有这些好习惯给我带来的好处

（续上表）

我的好习惯	没有这些好习惯给我带来最糟糕的结果	拥有这些好习惯给我带来的好处

（5）习惯养成需要3个星期，关键在头3天；习惯巩固则需要3个月。

（6）本表可复制或自行制作；填写确定之后，可贴在自己最易看到的地方。

◎ 思考与讨论

1. 如果每天早晨都有86400元进入你的银行账户，你在这一天可以随心所欲地花这笔钱，想花多少就花多少，用途没有任何规定。条件只有一个：今天这些钱用不完就归零，也就是作废，既不能存起来，也不能借给别人。今天的钱你用光也好，分文不花也好，第二天还会有86400元进入你的账户。请问，你会如何运用这笔钱？

2. 怎样才能成为一个幸福学习者？

第五章

和谐人际　幸福之源

——大学生的人际交往心理

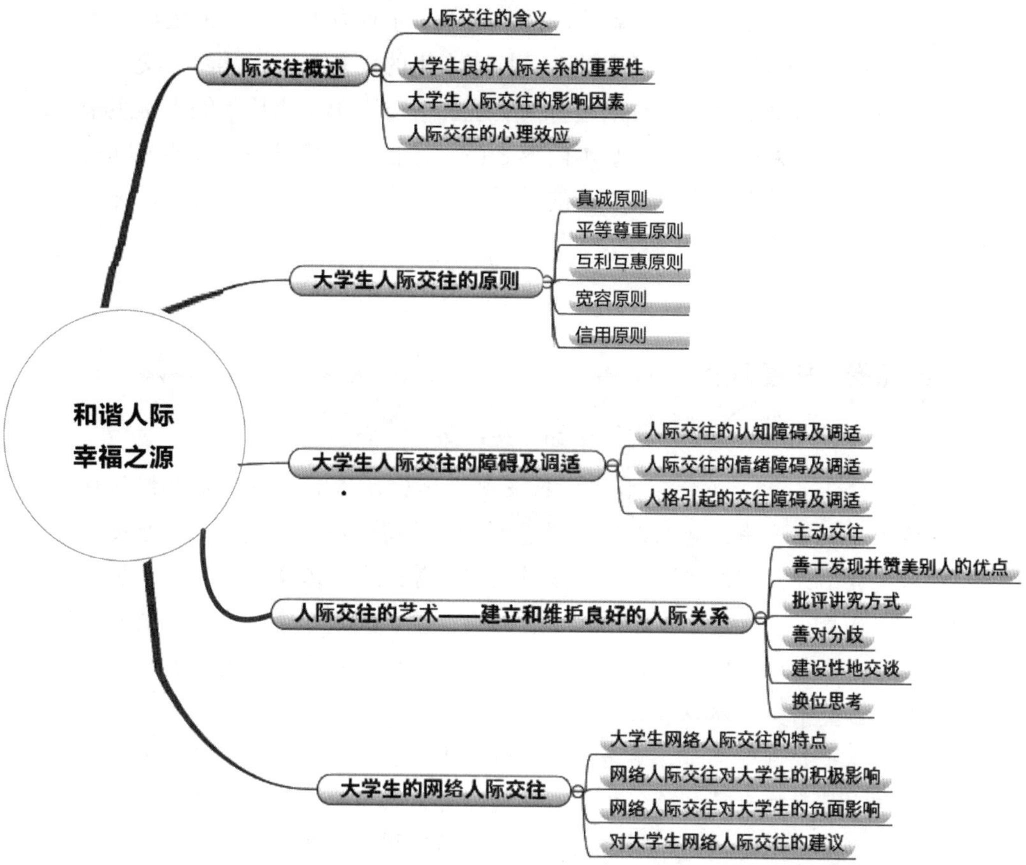

图5-1　第五章基本框架

如果我们想交朋友，就要先为别人做些事——那些需要花时间、体力、体贴、奉献才能做到的事。

——卡耐基

理解绝对是养育一切友情之果的土壤。

——威尔逊

人类的心理适应，最重要的就是对人际关系的适应。

——丁瓒

“没有交际能力的人，就像陆地上的船，永远到不了人生的大海。”大学生正处于学习知识、了解社会、探索人生的发展阶段，学习、交友、求职等所有活动都是在交往中进行并实现的。对于正在成长中的大学生来说，人际交往无疑是生活的基本内容之一。悉心培养和锻炼良好的人际交往能力，不仅是大学生现实生活的需要，更是将来适应社会的需要，是驾驭生命之舟的基石。

拓展阅读

不和谐的旋律

小清、小丽、小敏、小雪一起来到辅导员办公室，强烈要求把同寝室的小美调出宿舍，她们再也不能忍受和小美同住一起。她们列举小美的种种屡教不改的“罪状”，如：小美经常是等到大家睡觉了才洗澡，影响了大家休息；平常早上起床动作重，起得又早，大家睡得正香，却被她吵醒；在宿舍打电话时嗓门很大，影响大家看书学习；常常没关灯就出门，让大家白交不少电费……

小美也找到辅导员，对舍友要驱逐她出宿舍感到愤怒和委屈，觉得宿舍同学老是针对自己，她们本身很多地方都做得不对，比如：没有问过小美就擅自用她的热水卡，用完又乱放，小美想用时却找不到；天气凉时，她们盖着被子睡觉，但却开着吊扇，而小美是不盖被子睡的，所以感觉很凉，受不了，于是起来把风扇关了，为此大家又吵了起来；有好几次小清她们没关风扇就外出……小美也一一列出几位舍友的“恶行”，不满小清她们自己都没做好，凭什么就会指责别人，只要别人改，她们自己就不改。

通过一番详细了解，辅导员发现了问题的主要症结所在：一是过集体生活，双方各自仍按自己过去的生活习惯，未考虑对他人的影响；二是指出对方缺点时的语气、语调让对方感觉是被指责、受攻击，进而相互指责；三是未能站在对方的角度思考，缺乏沟通、理解和包容。随后，辅导员和学生逐一交流、探讨，大家也意识到了集体生活需要自我有所约束，互相尊重、互相包容。每个人来自不同的家庭，家庭教育方式不同，成长的背景、环境不同，养成了各自的行为习惯和造就了不同的个性，也就是每个人不同的过去造就了不同的现在，不同的生活轨迹造就了不同的人，因而要学习站在他人的角度来理解对方，包容对方的行为习惯和个性，而不仅仅是从自己的角度来评判、要求对方，解决矛盾问题应该是对事而不是对人。改变自己不容易，更何况是要改变他人。因此，要解决问题，先学会解决自身的问题，学习自我反省，自我改造。

大家经过自我反思，都觉察到自己的不足。小美主动向小清等人道歉，承认过去确实有很多方面没注意，影响了大家，表示自己今后会改正。小清等人看到小美主动认错，也都愿意原谅她，同时，也表示过去她们自己也有很多方面做得不对，以后也会注意改正的，大家握手言和。

此后，大家都有意识地自觉要求自己，做事也会考虑别人，还会互相关心、互相帮助。一个周末，大家见天气好就把被子拿到楼下去晒，然后小清等人就外出了，可是突然下起了雨，小清等人想这下惨了，被子给雨这么一淋，那可是没法盖了。没想回到宿舍发现小美已经帮她们把被子收回来了。原来是小美从校园附近兼职的地方下了班赶回来帮大家收被子。大家发现小美其实也有很多优点，只是过去大家只盯着她的缺点，加上没有很好的交流和不注意沟通方式，才使得矛盾不断激化。而小美现在也感到生活很开心，觉得大家对自己很好，比如做兼职回来晚了，小清她们就帮她打饭回宿舍；有段时间小美胃痛很难受，小清她们还陪着她到医院去看病，小美对同学的关心充满感激。如今，小清等人和小美彼此尊重，互相关心，大家和睦相处，心情愉快，感受着生活的美好，人情的温暖。

每个人成长背景都不一样，被不一样的经历打磨，相处在一起，总避免不了磕碰到对方的棱角，这也通常成为人际关系冲突的来源。如果我们死护着自己的一角，不肯走出去，主动倾听对方的想法，表达自己的感受，学会去磨合，迟早还是会被尖锐的棱角刮伤。

尊重、包容及站在他人角度思考，能让我们更好地倾听和理解他人。当双方都愿意去倾听，乐于表达，真正的沟通才开始。表达跟对方不一样的意见并不意味着唱反调，当我们能够客观平和地表达出自己的感受，我们所说的反倒可以成为各自经验的补充。这样我们才可以在互动中去成长和拓展。

第一节 人际交往概述

从出生的那一天起，个体就进入了一个纷繁复杂的人际世界。如果说生存的需要使人类的祖先紧密团结在一起，那么安全感的需要和人与人之间的依赖性使今日的人类同样不能离群索居。不论是人一生的成长、发展、成功、幸福，还是人一生的愉快、烦恼、快乐、悲伤、爱与恨，都离不开与人的交往。由此可见，人际交往和由此建立起来的人际关系，是生活的基础。

一、人际交往的含义

人际交往是指人与人之间通过一定方式进行接触，在心理或行为上产生相互影响的过程。人际交往的方式包括直接交往（运用口语、体语等传递信息）和间接交往（借助书面语言、传播工具等传递信息）两种。人际交往是个体最基本的心理需求，就如同生物需要空气、阳光和水分一样。培根曾经说过："人类在相互交往中寻求安慰、价值和保护。"人只要活着，都必须与其他人发生一系列的交往；如果阻断同其他人交往的可能性，人就会产生孤独和恐惧，感觉被人类世界所遗弃，非常痛苦。

1954年，心理学家贝克斯顿等在加拿大的麦克吉尔大学进行了一次感觉剥夺实验。该实验以每天20美元的报酬（在当时是很高的金额）雇用了一批大学生作为被试者，将他们封闭在有防音装置的小房间里，戴上半透明的保护镜以尽量减少视觉刺激。接着，又戴上木棉手套，并在其袖口处套了一个长长的圆筒。为了限制各种触觉刺激，又在其头部垫上了一个气泡胶枕。除了进餐和排泄的时间以外，实验者要求学生24小时都躺在床上。结果，尽管报酬很高，却几乎没有人能在这项孤独实验中忍耐3天以上。最初的8小时，被试者还能坚持，之后，他们就吹起了口哨或者自言自语，有点烦躁不安了。在这种状态下，即使实验结束后让他们做一些简单的事情，也会频频出错，精神无法集中了。到第4天时，学生会出现双手发抖，不能笔直走路，应答速度迟缓，以及对疼痛敏感等症状。实验持续数日后，80%的人出现了幻觉，如不停止实验，则可能使一些人心理变态、精神崩溃。

因此，一个人若不进行必要的社交活动和信息交流，他就会感到寂寞、孤独、空虚、压抑。只有在广泛的人际交往中，彼此产生情绪互动，人们的郁闷才能得到排遣，感情才能得到宣泄，思想才会感到充实，精神才能得到满足。

在社会生活中，人们每天都离不开与人打交道。有人估计，大学生每天除了8小时睡眠以外，其余16小时中有70%左右的时间是在进行着人际交往。被誉为"成人教育之父"的美国著名企业家、教育家和演讲口才艺术家戴尔·卡耐基对10000人的分析表明："一个人的成功只有15%靠他自己的能力，而85%取决于人际关系。"

二、大学生良好人际关系的重要性

人际关系是人们在进行广泛的物质交往和精神交往中产生和发展起来的人与人之间的一种关系。它既是一种社会关系，也是一种心理关系，反映了人与人之间的心理距离。人际关系在人们的社会生活中起着十分重要的作用，它甚至比个体自身的才能更重要，对大学生而言，人际关系对于其人生的发展有很大的影响，具体表现在以下几个方面：

（一）促进社会化进程

所谓社会化，就是一个自然人成长为一个社会人的过程。一个人在婴儿时期，只会吃喝拉撒，随着与人的交往，慢慢学会了走路和说话，学会了规范，掌握了知识和技能。一般而言，一个人的人际交往越广泛，了解的社会规范和准则就越多，适应社会的能力就越强。反之，一个人不善于交往，则可能延缓或者难以完成社会化进程。

马克思说，人起初是以别人来反映自己的，即他人是个体的镜子。大学生通过与别人的交流、比较，获得对自己的认识，发现自己的优势和劣势，逐渐摆脱自我中心的倾向，学会了与人平等、和谐地相处，养成了遵纪守法的习惯，从而自立于社会，发展为一个成熟的人。

拓展阅读

印度狼孩的故事

1920年在印度加尔各答发现两个狼孩：8岁的卡玛拉和2岁的阿玛拉（后者体弱，不久死亡）。由于她们自幼在狼窝里长大，脱离人类社会，所以不会说话，只会如狼嚎，昼伏夜行，四肢爬行，吞食生肉。在印度人辛格的耐心抚育下，卡玛拉2年才学会站立，4年学会6个单词，6年才会走路，在她17岁临死时，只具有4岁儿童的智力水平。正是由于缺乏人际交往，得不到社会环境的熏陶，印度狼孩失去了人的心智和本性。

如果一个人长期被剥夺与人交往的机会，缺乏社会交往的环境，就无法拥有正常人的心理，因而难以适应社会，难以在社会上独立生存和发展。

（二）保障身心健康

心理学家认为，人类的心理适应主要表现在对人际关系的适应；人类的心理变态，主要源于人际关系失调。人际关系状况直接关系到大学生的身心健康。良好的人际关系能使人获得安全感、归属感和价值感，给人精神上的愉悦和满足，促进身心健康；不良的人际关系，会干扰人的情绪，使人焦虑、紧张和抑郁；严重不良的人际关系，还会使人惊恐、痛苦、憎恨或愤怒。现代医学研究表明，恶劣的情绪实际上是对身心健康的最大摧残，若是任其泛滥，即使再好的营养补品、再佳的健康锻炼，也无法达到强身健体的功效。英国文艺复兴时期最主要的思想家、哲学家、科学家培根曾说：“友谊的一大奇特的作用是，如果你把快乐告诉一个朋友，你将得到两份快乐，而如果你把忧愁向一个朋友倾吐，你将被分掉一半忧愁。”良好的人际关系是保障身心健康的重要因素。

（三）助力事业成功

良好的人际关系是大学生脱颖而出、通往成功的桥梁。一个人若具备了完成成功事业的真才实学和良好的道德修养，如有良好的人际关系和正确的处世技巧，将有助于事业的成功。据调查，在求职成功的影响因素中，41.98%的人认为人际交往最重要，然后依次是心理素质（17.5%）、基础知识（17.5%）、专业能力（14.9%）和其他（8.22%）（见图5–2）。

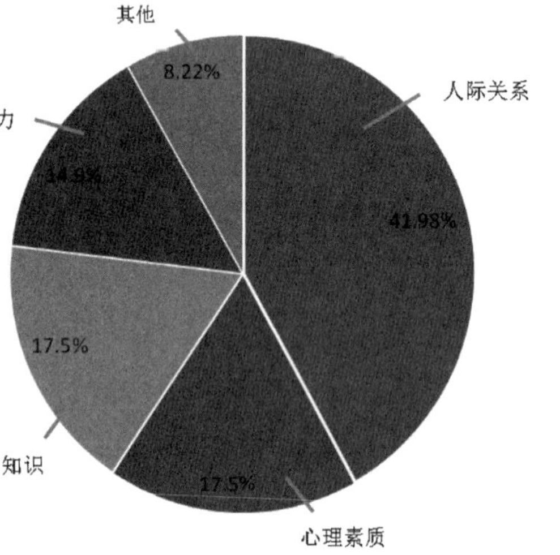

图5–2　求职成功的影响因素

机遇会偏爱有良好人际关系的人。良好的人际关系之所以能为一个人事业的成功创造优良的环境，主要有以下原因：

1. 良好的人际关系能够促进人们团结协作、共同奋斗，充分发挥群体的效能

据美国学者统计，在诺贝尔奖设立的第一个25年中，合作研究的获奖者占获奖总人数的41%；在第二个25年中，比例上升到65%；第三个25年中，该比例飙升到79%。随着现代科学技术的快速发展，许多工作任务已经不能再靠个人的力量来完成，而需要众人的共同协作，有良好人际关系的人更容易获得别人的鼎力相助。

2. 良好的人际关系能够促进人们之间的信息交流和信息共享

孔子曰：“独学而无友，则孤陋寡闻”。现代社会信息量激增，一个人即使是学富五车，也不过是沧海一粟，但通过交往，人们能快速地获取多种信息、拓展思路，丰富知识。因此，人际交往是大学生获取信息、交流思想的有效途径。

（四）提升幸福感

幸福是人们生活的终极目的。心理学家通过广泛的调查和研究发现，良好的人际关系是影响人生幸福的重要因素。人生的美好是人情的美好，人生的幸福是人际交往的丰富。人生的幸福构建在物质生活和精神生活的基础上。良好的人际关系有利于人在物质生产

过程中充分发挥创造力和积极性，增加物质财富的生产，丰富人们的物质生活；也使得人与人之间的物质交往渠道畅通，互通有无，互利互惠，得到更多的物质享受。同时，良好的人际关系有利于满足人们的心理需要。按照马斯洛的需要层次理论，人有多种层次的需要。需要的满足必须依赖于人际交往。良好的人际关系能使人从中汲取力量和勇气，使人在碰到困难挫折时，及时得到别人的关心和帮助；在人与人的交往中，交流思想，相互理解、信任和支持，使人容易形成乐观、自信、积极的人生态度，提升幸福感。

三、大学生人际交往的影响因素

在人际交往中，大家会发现，有一些人是自己喜欢的，彼此合得来，有一些则是自己不喜欢的，彼此难以相处。是哪些因素影响人际交往和人与人之间关系的密切程度呢？大量研究表明，人际吸引受许多社会、心理因素的影响。概括起来，影响大学生人际交往的因素主要有以下几方面：

（一）外表

爱美之心，人皆有之。一个人的长相、穿着、仪表、风度等，都会影响人们彼此间的吸引，尤其是第一次见面时，由于第一印象的作用，仪表这一因素占重要地位。亚里士多德说过："美丽比一封介绍信更具有推荐力。"尽管人人都懂得"以貌取人，失之于人"的道理，但是在人们交往过程中，外貌总是有形无形地影响着人与人之间关系的建立与发展。不过，随着交往时间的增加，外表因素的作用逐渐减少，即随着双方交往的深入，吸引力将会从容貌、体态等外在因素转向个性、品质等内在因素。

（二）邻近性

"远亲不如近邻"，人与人之间时空上的距离是影响人际交往的一个重要因素。邻近性是指如果其他条件相同，人们在时空上越接近，双方交往和接触的机会就越多，彼此间就越容易形成密切的人际关系。

大学生由于同时入学，或年龄相当，或住在同一个寝室，或经常在同一个教室一起学习，或是同乡等原因，经常接触，相互交往的次数多，容易具有共同的经验、共同的话题、共同的体会，从而建立起较密切的人际关系。

研究表明，随着时间的推移，邻近因素所发挥的作用越来越少。邻近并非一定具有吸引力。个体喜欢的人一般是邻近的人，而讨厌的人一般也是邻近的人，因为接近增加了对对方缺点的了解，也会因为经常接触而发生矛盾，产生摩擦，阻碍人际交往。

（三）相似性

随着交往的深入，人们在政治、经济、文化、个性等方面的相似性会对彼此的吸引力产生越来越大的作用，即人们喜欢那些与自己相似的人。

俗话说："物以类聚，人以群分。"人与人若对具体事物有相同或类似的态度，有共同的语言，共同的理想、信念和价值观，就容易产生共鸣、同情、理解、支持、信任、合作，从而形成密切的关系。大学中有不少同学因为觉得"我们性格相似、志趣相投，谈得拢""他有钻劲，有正义感，生活不庸俗，我们有共同语言"等相似性而彼此吸引，成为关系密切的朋友。相似性包括的范围很多，如年龄、教育、经历、态度、价值观等，其中态度是最重要的特征。

相似性有助于交往，原因可能有三个：①各种相似的因素使人具有较多的共同参与社会活动的机会，因而人们接触较多，容易熟悉和相悦。②相似性可使交往双方产生一种社会增强作用，能满足双方共同的需要。因为在众多的观点相异的人群中找到赞同自己的人，会令人产生认同感受，肯定自己。这种认同感会使人感到安宁和愉快，是对自己的强化。③相似性可使人与人之间的意见容易沟通，由于较少有沟通的障碍，可减少误会、曲解和冲突，有利于维持良好的人际关系。

（四）互补性

互补是指人的个性表面的差异，由内在的共同观点或看法来弥补。如果相似性是客观因素，那么互补性可视为主观因素，互补实际上是一种主观的需要或动机。

有时两个性格很不相同的人能相处很好，并成为好朋友，就是双方都知道自己的长处和短处，都想通过对方的长处来弥补自己的短处，这是一种心理上的需要，基于这种需要，双方可以和睦相处。在人际交往中，倘若交往双方的某些性格呈互补关系，就会促进相互吸引。例如，一个具有支配型性格特征的人和一个顺从型的人，由于各自满足了对方的需要，就会导致互相喜欢。互补增强与促进相互吸引主要发生在交往后期。例如在恋爱过程和夫妻生活过程中表现出来。一个关怀性强的人和一个依赖性强的人相结合会比同独立性强的人在一起更为融洽和幸福。国外学者戴维斯（K.Davis）对恋爱时间长短不同的男女大学生进行研究，结果表明，短期组（相恋时间在18个月以内）内促进男女感情发展的主要原因在于彼此逐渐发现的价值观念与态度的相似；而在长期组（相恋时间在18个月以上）内促使男女双方感情发展的主要原因则在于需要的互补。国外另一学者温奇（R.Winch）对25对结婚多年的夫妻关系的研究结果也表明，夫妻之间在需要方面的相互补充是婚姻关系得以长久维持的重要原因。在一项关于“大学生中小群体成因比较”的调查中发现，随着年级的升高，邻近性吸引会下降，相似性和互补性吸引会上升；但卡方检验表明，只有邻近性吸引在三个年级间有显著差异（x^2=14.84，p<0.01），而相似性和互补性吸引在三个年级间差异不显著（p>0.5）（见表5-1）。

表5-1　大学生中小群体成因比较

项目		相似性吸引	邻近性吸引	互补性吸引
年级	一年级	30.6%	57.2%	12.2%
	二年级	48.7%	29.7%	21.6%
	三年级	54.5%	24.3%	21.2%
卡方检验	x^2	0.36	14.84	0.28
	*P*值	>0.5	<0.005	>0.5

（五）才能与专长

大学生比较崇拜和羡慕有真才实学的人。一般来说，一个才能出众或有某方面专长的个体，他人容易对其产生钦佩感并欣赏其才能，愿意与他接近。

社会心理学家阿伦森的研究结果显示，一个看起来很有才华的人，如果表现出一点小小的过错，或暴露出一些个人的弱点，反而会使人们喜欢接近他；如果一个人表现得完美无缺（实际上不存在），倒会使人感到高不可攀，望而却步。

另外，有些小缺点而才能卓越的人对两种人缺乏吸引力。一种是能力差而自尊心弱的人，他们对能力高超者有崇拜心理，并可能产生晕轮效应，即认为理想人物总是十全十美、白玉无瑕的，不应该有任何缺点；另一种是能力强而自尊心也极强的人，他们对于才能出众却连一点小缺点也不能克服的人感到失望，认为这种人不值得崇拜。在大学生当中，如果才能出众却自视清高，就难以让人喜欢，不会具有很强的吸引力。

（六）个性品质

个性品质实际上是人格美的具体表现，是影响人际吸引的最重要的因素。外表美常常只具有暂时的吸引力，而心灵美才经久不衰。心灵美恰恰包含了个性品质。生活经验告诉人们，一个人具有美的心灵，才会受人欢迎和喜爱，比起容貌和才能，个性品质具有无与伦比的吸引力，这种吸引力持久、稳定、深刻。有利于人际交往的个性品质有真诚、热情、乐于助人、尊重他人、有责任感、谦虚、理智、友善等，其中真诚、热情是人际交往中最重要的品质，而不利于人际交往的品质有虚伪、冷酷、自私、嫉妒、固执、骄傲、自卑、贪婪等。

一个具有优秀品质的人会使得他人不由自主地想接近他。当个体拥有良好的个性品质时，他就会拥有许多朋友。也许个体给人的第一印象不尽如人意；也许个体无法与所有的人都有相似的态度、性格和价值观，这些都不是“至关重要”的，关键还在于个体有没有优良的个性品质。一项关于“大学生的择友标准”的调查发现，64.8%的人择友的首要标准是诚实、坦率。因此，当个体对人能做到诚实和坦率，再加上主动和热情，肯定能收获到珍贵的友谊。

了解影响人际交往的因素，可以帮助个体理解人们在日常人际交往中出现的情感和行为，指导大家调整、完善自身，建立和维护良好的人际交往及人际关系。

四、人际交往的心理效应

社会心理学研究表明，在人际交往中有一些非常有趣的心理效应，它既可促进人际交往，也可阻碍人际交往。若能科学地运用好人际交往中的心理效应，则有利于人们之间的交往和良好关系的建立。

（一）首因效应（又称第一印象）

首因效应也叫第一印象，是指个体在社会认知过程中，通过最初知觉获得的信息对他人以后的认知产生强烈影响的一种心理现象，即常说的“先入为主”。由于第一印象的信息有限，并非总是正确的，但却是最鲜明和最牢固的，并且决定着以后双方交往的过程。

首因效应启迪大家一方面在和他人交往时不要仅凭第一印象下论断，应通过日后深入的交往和了解，不断修正对他人第一印象的不全面的认识。正所谓“路遥知马力，日久见人心”；另一方面也提醒大家要展示给人一种好的形象，给他人留下良好的第一印象，如在交友、招聘、求职等社交活动中，可以利用这种效应，为以后的交流打下良好的基础。当然，在社交活动中这只是一种暂时的行为，更深层次的交往还需要硬件完备。个体需要加强在谈吐、举止、修养、礼节等各方面的素质，不然会导致另外一种效应的负面影响，那就是近因效应。

（二）近因效应

近因效应指的是由最近信息所形成的印象对他人的认知和交往产生影响的一种心理现象。如有些朋友之间因为最近闹了小矛盾不欢而散，导致良好交情一朝断送。

首因效应与近因效应并不对立，而是一个问题的两个方面。在对陌生人的认知中，首因效应比较明显，而对熟悉的人的认知中，最近留下的印象往往是最深刻的印象。因此，在人际交往中，既要注意克服首因效应与近因效应带来的认知偏差，应用动态的、发展的、历史的、全面的眼光看待他人，同时也要善于运用这些认知偏差与他人建立良好的人际关系，如在与陌生人打交道时，要注意给对方留下良好的第一印象，为进一步的交往打下坚实的基础；在与老朋友打交道时，不要觉得熟悉而过于放纵，诱发负面的近因效应，影响彼此间的关系。

（三）光环效应（又称晕轮效应）

光环效应是指在人际交往中，人们常因对方所具有的某个特性而泛化到其他有关的一系列特性上，从局部信息形成一个完整的印象，即在人际交往中对有关对方的信息资料掌握很少的情况下对别人做出总体判断。好似月晕把月亮的光扩大化一样，当你对某人印象好时，他就会被积极肯定的光环所笼罩，“爱屋及乌”，觉得他处处顺眼，甚至他的缺点错误也会觉得可爱；反之，当你对某人印象不好时，他就会被消极否定的光环所笼罩，你会觉得看他什么都不顺眼。“憎人及物”，对其优点成绩也视而不见，这种心理状态必然会影响到人际关系的融洽与和谐。人们常说的“情人眼里出西施”“一俊遮百丑”“一好百好”都是典型的光环效应。

光环效应实际上是个人主观推断泛化的结果，往往会歪曲一个人的形象，导致不正确的评价。事实上，每个人都既有缺点也有优点，因此，在和他人交往中要多了解对方，看问题要客观、全面，避免以偏概全，以点盖面。另外，个体在交往中也可利用光环效应，给他人留下良好的印象，为进一步交流打下基础。

（四）投射效应

投射效应是指在人际交往中，认知者形成对别人的印象时总是假设他人与自己有相同的倾向，即把自己的情感、意志等心理特征投射到他人身上的一种心理现象。如“以小人之心，度君子之腹”就是一种典型的投射效应；“常常认为别人理所当然地知道自己的想法”是大学生常见的投射效应。又如，有的大学生对别人有成见，却认为是别人对自己怀有敌意，觉得对方的一举一动都是针对自己；有的大学生觉得别人都看不起自己，实际上是自己看不起自己；有的大学生暗恋上某个异性，总觉得对方对自己有意，对方的一个眼神、一个动作、一个友好的表示，甚至一句玩笑话，都被误认为是爱的信号。所以，有时候我们对他人的猜测，无形中透露的正是自己的想法。投射效应有时有利于人们相互理解，但有时也容易对他人做出错误的评价。因此在交往中，要注意客观性，加强交流和沟通，从他人的实际特点和具体情况出发认识他人。

（五）刻板印象（又称定势效应）

刻板印象是认知者对某一类事物或人物的一种比较固定、概括和笼统的看法。刻板印象使人们对每一类人都有一套固定的看法，即使未曾谋面，也会根据某些信息产生一种固定的认识。如有些人认为北方人豪爽、南方人精明；脾气暴躁的人顽固，好脾气的人没主见。

刻板印象在人际交往中有利有弊。一方面，它使人们在认识他人的过程中快速地产生概括性的了解；但另一方面，由于忽视了人的个别差异，会形成偏见，做出错误的判断。例如，有些来自城市的学生认为来自农村的同学小农意识强、自私、孤僻、不善交往；而来自农村的学生则认为城市的同学自负、虚伪、不值得交往，这些偏见会妨碍同学之间的交往，不利于建立良好的人际关系。人如其面，各有不同，在交往中要具体问题具体分析，不能“一棍子打死一船人”。

（六）互酬效应

所谓“互酬效应”，意指人与人在思想、情感、行为、利益等方面的礼尚往来。在人际交往中，互酬效应包含性格互酬、感情互酬、信息互酬、兴趣互酬等方面。“互酬”可增强人际联系，促进人际和谐，是正确处理人际关系的要素。在中华典籍里，崇尚“互酬”的文字和故事比比皆是。如《礼记・曲礼上》言：“往而不来，非礼也；来而不往，亦非礼也。”《朱子家训》曰：“涓滴之恩，当以涌泉相报。”

人际交往是一种双向性的信息、感情传导的过程，只有双方向的“互酬”，人际关系才能在密切的互动中逐渐深化。也许有的同学会说，我投之以桃，对方没有反应，甚至扔给我一只烂柿子，或者一块砖头，那可怎么办？这样的情况不能排除，但是，个体不能因噎废食。一则个体行善示好是出于本性，并不是一种交易；二则情感互酬本是人际交往的普遍规律，无动于衷者毕竟是少数；三则凡事都有风险，不计风险的投资更显出投资者的风度。

（七）期待效应（也称为皮格马利翁效应）

期待效应源自古希腊的一个神话故事。传说，古希腊有一位年轻的国王叫皮格马利翁，擅长雕塑。有一次，他雕了一尊美丽少女的雕像，并把她当作有生命的人和她说话，爱她。结果奇迹发生了——雕像活了！她变成了一位真正的美丽少女，并与他结为伉俪。心理学家把这种因高期望值带来的积极性反馈，以皮格马利翁的名字命名，称为“皮格马利翁效应”。

在现实生活中，也有翻版的“皮格马利翁”故事。有一位男士，他的前妻总抱怨他不懂感情，又没有本事，而最终与他分手。他因不打算再“浪费”另一个女人的一生，就不想再结婚了。后来经不住朋友的热情撮合，他与一位在文化馆工作的女子结了婚。没想到婚后两人感情缱绻，而且他自己也事业有成。他告诉朋友说："前妻老嫌我这也不是那也不行，我对自己也有点失望了。既然我无法使她幸福，就让她找自己的幸福去吧。可现在的妻子却对我挺满意的，使我愿意为她的幸福而付出。其实我还是我呀！"后来，他与前妻偶遇，前妻幽怨地说："假如你当初就像现在这样，我也不至于……"而他则幽默地说："假如你当初就这样看我，我也不至于……"由此，大家可以这样通俗地诠释人际关系中的"皮格马利翁效应"：当你努力发现某人的优点和长处，并由衷地赞美他时，你就会看到他表现得越来越符合你所赞美的那种形象；而你若将某人视为小人或恶棍的话，那么这个人就的确会像你认为的那样来对待你。这就是为什么同一个人会被不同的群体做出各异甚至相反评价的道理。

第二节 大学生人际交往的原则

大学生要提高人际交往能力，建立、维系和发展良好人际关系，须了解和遵循人际交往中几个重要的原则：

一、真诚原则

真诚是做人之本，是美好品德的体现。真诚是打开别人心灵的金钥匙，因为真诚使人产生安全感，减少自我防卫。越是好的人际关系，越需要关系的双方暴露一部分自我，也就是把自己的真实想法与人交流，完全把自我包装起来就无法获得别人的信任。大学生只有以诚相待，才能建立起信任感，才能促进人与人之间的交流与合作。

二、平等尊重原则

根据马斯洛的需要层次理论，寻求尊重是人们一种较高层次的心理需要。平等尊重是个体进行交往的基本前提。大学生自我意识比较高，自尊心比较强，他们在交往中特别注重人格平等，希望得到别人的尊重，任何以强欺弱、盛气凌人的做法，都将严重阻碍人际交往的进行。

尊重包括自尊和尊重他人。自尊就是在各种场合都要尊重自己，不轻视自己，不自暴自弃。尊重他人就是要尊重别人的生活习惯、兴趣爱好、人格和价值。"敬人者，人恒敬之"，只有平等待人，才能得到别人的平等对待；只有尊重自己、尊重别人，才能得到别人的尊重。

自我尊严得以维护，自我价值得到承认，这是许多人最强烈的心理诉求。只有注意这一点，才能在交往中应对自如。

三、互利互惠原则

古人所云“将欲取之，必先予之”“礼尚往来”“己所不欲，勿施于人”，体现了人际交往中“我为人人，人人为我”的互利关系。只有交往的双方都能从交往中获得某种需要的满足，良好的人际关系才能建立和维系。若交往只想获得而不给予，只有单方获得好处的人际交往不能长久。互利互惠性越高，交往双方的关系就越稳定和密切。反之，交往双方就越疏远。

互惠互利不能简单地理解为等价交换或物质、经济上的相互给予，而首先应该理解为人际交往中的相互支持、相互帮助、相互爱护。好的人际关系都是双方受益，交往双方要讲付出和奉献，既有物质上的相互扶持，更有心理及情感上的相互慰藉和满足。

人们经常说的“黄金有价情无价”“千里送鹅毛，礼轻情义重”“烽火连三月，家书抵万金”等，都是说良好人际关系的维系，重在情而不在物。对大学生来说，互利互惠主要是指在精神方面的互利，如互相关心、互相爱护、互相帮助、互相理解、互相尊重等。

人际交往是建立在相互需要的基础之上的，对于人们来说，健康、成功的交往是人与人之间一种互利互补、双方受益的双赢活动。

四、宽容原则

宽容原则是指在人际交往中对于非原则性的问题、冲突、矛盾要有耐心，持包容忍让的态度，不要用“放大镜”来看对方的不足之处，而应以豁达、开阔的胸怀来容纳别人的缺点。宽容，就是在心理上能容纳各种不同特征的人。每个大学生都是独特的个体，都有各自的性格、习惯、兴趣、爱好、优点和缺点，因此，不同的个体碰撞在一起，难免会产生一些不愉快的事情，甚至产生一些矛盾冲突，但若能经常换位思考，多站在对方的角度考虑问题，多体察别人的心境，就能对他人不同的观点、见解、行为方式及错误持宽容理解的态度，相互间产生的误会、委屈常常会烟消云散。宽容是良好人际关系的润滑剂，能化干戈为玉帛，有利于人们在学习、生活和工作中保持融洽的人际关系，并结交更多的朋友。有道是：“胸宽能盛三江水，量大能容百万兵”“退一步天高地阔，让三分心平气和”。

五、信用原则

信用指一个人诚实、不相欺、守诺言，从而取得他人的信任。孔子把诚信视为做人的根本，他提出，朋友之间要“言而有信”，还说“人而无信，不知其可也”。意思是说，人如果不讲信用，那他就不知道该怎样立身处世。守信就要做到说话算数，不轻许诺言，答应别人的事要尽量做到，做不到的要讲清楚，以获得对方的理解。在人际交往中，与言而无信的人交往时，人们内心会充满焦虑和怀疑。言而无信的个性品质很难取信于人，不利于人际关系的建立和融洽；言而有信的个性品质会产生人际吸引和安全感，利于良好人际关系的建立、维系和发展。

第三节 大学生人际交往的障碍及调适

大学校园内，许多大学生常常因为同学关系、师生关系、朋友关系等处理不当而带来很多烦恼，或者因为与职场人士的关系处理不当而失去一些工作的机会。了解大学生在人际交往中常见的问题和调适方法，有助于大学生不断完善自我，建立和维护良好的人际关系。

一、人际交往的认知障碍及调适

人际交往中的认知因素包括对自己的认知、对他人的认知和对交往本身的认知。人际交往的认知偏差，会对交往过程中人的情绪、情感、行为产生不良的影响，从而导致不良的人际关系。

（一）自卑心理及其调适

【案例1】小宋是大学一年级学生，父母早年离异，他跟着父亲生活。父亲身体残疾，靠社会救济生活，家庭贫困，和班级的同学差距大，家庭状况让他感到很自卑，感觉别人看不起自己。他平时沉默寡言，不愿和人打交道，至今一个朋友也没有。学习生活遇到问题也不敢向老师求助。一年下来，有好几门功课要补考，更加重了他的自卑心理，常感到内心苦闷，郁郁寡欢。

自卑心理是影响个体人际交往的重要因素。自卑是由于过低的自我评价而产生的消极情绪体验。浅层感受是别人看不起自己，而深层的理解是自己看不起自己，即缺乏自信。

在人际交往中，自卑心理的外在表现为：一方面总认为自己样样不如别人，从而失去进取心和竞争意识，导致情绪消沉，精神萎靡，自怨自艾，怨天尤人；另一方面，总认为别人会看不起自己，行为上畏首畏尾，过于自尊、敏感，不轻易与人交往，逃避集体活动，或者时时处处给自己安装上一副盔甲，在处理人际关系时表现得像一只“刺猬”，以“刺”来维护自己容易受伤的自卑“心”，极强的自尊心下掩盖的往往是极度的自卑，使个体的交际圈变小。长期的自卑情绪会严重影响大学生的身心健康，同时也对大学生的学习和工作造成不良影响。因此，自卑心理需要及时进行调适，主要从以下两方面努力：

1. 正确认识自我，提高自我评价

自卑心理的形成主要来源于社交中不能正确认识和对待自己。要改变自己，必须改变原有的认识，正确地评价自己。挖掘自己的优势，敢于正视自己的不足，接纳不完美的自己与不完美的生活，悦纳自己。辩证地看待自己的优点和不足，扬长补短，不断完善自我，提升自我。

2. 改变心态，积极与他人交往

一个人的接触面越广，越能促进其对自身的了解。通过与他人交往，能多方位地认识他人和自己，通过比较，正确认识自己，由此调整自我评价，提升自信心。同时，在积极交往的过程中，能够获得友谊和集体的温暖，体验到成功的喜悦，发现自己的优势和潜力，从而增强信心，有助于战胜自己的自卑心理。另外，自卑的同学在交往中一般都具有谦虚、善于体谅人、不与人争名夺利、做事小心谨慎、稳妥细致等优点，容易取得别人的信任。所以，自卑的同学要看到自己在交往中的长处，增强自信，为消除自卑奠定心理基础。

（二）猜疑及其调适

【案例2】小红是一名大一学生，住在4人寝室，刚开始和寝室同学关系处理得很好，因为见识广，在各方面都有优势。初期大家都喜欢围绕着小红，上课吃饭也都等着她一起去。但是随着时间的推移，小红感觉另外三个人慢慢忽视自己，小红本来就敏感多疑，受不了寝室同学对自己的忽视，就疏远她们，改和其他寝室的小伙伴们一起吃饭上课了。每当小红回到寝室，看到她们在一起说话时对自己投来不经意的一瞥，会认为她们正在说自己的坏话，算计自己；听到她们讲话就非常苦恼和烦躁，不想回到寝室。面对寝室同学关系的紧张，只希望尽快换寝室。小红不愿意相信任何人，觉得只有家人才可信，因为觉得没有人能无私地对待自己。小红时常因为别人的一句话或者一个行为困扰到自己，左思右想，痛苦不堪。几个月来，小红每天都神经紧绷，愁眉苦脸。

猜疑，是指人际交往中，对别人不信任，如猜测、揣度、估摸、疑惑、疑心，是由主观推测而产生的一种不信任的复杂情感体验，是人际交往的一大心理障碍，表现为对他人言行敏感，总以为别人看不起自己、议论自己。往往仅凭个人的主观臆想和偏见，或将无中生有的事强加于人，或将他人的好心理解为恶意而产生敌意，容易造成人际冲突，破坏人际关系。

猜疑心理的主要原因是过分关心自己、常以自己的利益为中心、个性中缺乏自信，以及错误的定式思维。猜疑者多半在人际交往中吃过亏或受过损害，于是凡事都先考虑别人是否会伤害自己。

每个人都有多疑的时候，疑心是人在社会生活中的一种自我保护反应，但过于疑心和敏感则是不正常的表现。多疑心理长期持续下去可能导致心态扭曲，产生严重的心理问题，危害大学生个体的健康成长，对此应予重视并积极调适，主要可以从以下3方面进行：

1. 减少对人、对己的关注程度

多疑大多与对人、对己的关注过度有关，过分关注就会想得多，容易凭想象下结论。一旦发现自己开始怀疑别人时，应提醒自己减少对人、对己的关注，并将注意力转移到学习、工作或兴趣爱好上，努力学习，勤奋工作，积极参与各种有益的活动，使自己真正充实起来。

2. 从实际出发，用事实来说话

在实际生活中，大学生的思维较为活跃，遇到事情容易急躁，主观意识较强。应加强自身修养，养成冷静、客观分析事实的习惯，不盲目臆断，不轻信他人的流言，应主动、及时与别人沟通，进行开诚布公的交谈，消除误会和隔阂。

3. 培养自信心

多疑大多是由于缺乏自信心引起的。每个人应当客观认识自己，看到自己的长处，接纳自己的不足，与人交往做到不卑不亢，既不取悦别人，以博得好评来满足虚荣心，也不需要在别人面前显示自己，炫耀自己，以提高身价。价值在于自身，并不随别人的评价而改变。当个体充满信心地学习和生活时，就不会担心自己的行为会被别人耻笑或受到别人的负面评价，而是能坦然接受，因而也就不会“小心眼”了。

（三）自我中心及其调适

【案例3】小李是独生子，在家里，父母很宠他，使他养成了做事不考虑别人感受、以自我为中心的不良习惯。进入大学后，他把这套行为方式带到宿舍，在宿舍喜欢对别人发号施令，并经常为了小事与同学发生争执和冲突。小李不喜欢午休，而是在宿舍听音乐或者聊天，完全不顾及他人，弄得大家无法安宁。小李很邋遢，果皮瓜子壳随地扔，轮到他值日从不打扫，同学说了他很多次，他根本不理睬。种种不良行为最终造成与同学关系恶劣，宿舍同学一起向辅导员提出要小李搬出宿舍。

自我中心是指大学生考虑问题、处理事情习惯以自我为中心，将自我作为思考问题的出发点和归宿，表现为凡事从自我出发，只关心自己，从不顾及他人的需要和感受。他们往往以领袖的身份出现，颐指气使、盛气凌人，处事原则总是“我对，你们都错”，喜欢把自己的意志强加于人，因而不能赢得别人的好感和信任，人际关系紧张，做事很难得到别人的帮助，易遭挫折。要想改善人际关系，自我中心者可从以下4方面进行调适：

1. 正确评价自己

摆正自己的位置，实事求是地评价自己。既不妄自菲薄，也不夜郎自大；既不自我贬损，也不自恋；既要看到自己的长处和优点，也要找到自己的缺点和不足。

2. 走出自我小天地

自我中心者必须学会将自己与他人、自我与社会、个人利益与集体利益统筹考虑，从狭隘的小天地走出来。自我是自己的中心，而不是别人的中心。人际交往是相互的，要学会从他人角度或社会角度去思考或处理问题，有道是“大家好，才是真的好”。

3. 尊重自己，尊重别人

重视自己更应尊重别人。人际交往的一条黄金法则是“你怎样对待别人，别人就怎样对待你”，因此，只有互相尊重、互谅互让、以诚相见，才能实现良好的人际交往。

4. 主动与人交往

皮亚杰的认知发展理论和米德的社会互动理论强调，人们在角色互动中才能互相理解，才能改变以自我为中心的倾向。缺少交往的生活经验是自我中心形成的根本原因。大学生要学会积极与人交往，只有在与人交往中，才能学会理解别人、尊重别人，才能体会到别人的存在、利益和感受，有效克服自我中心倾向。

（四）孤独心理及其调适

【案例4】来自农村的小明从小学到高中，一路都是尖子生，对大学校园生活无限憧憬的他，到了大学里才发现，同一个寝室的室友就比自己优秀很多。在同宿舍的四个人中，另外三人都来自大城市，不仅学习好，而且兴趣爱好广泛，会打篮球、爱看NBA比赛、弹吉他、会操作电脑等，而自己对计算机的认识还仅限于基本的系统操作；虽然对NBA这个词还略有印象，可对基本的篮球规则一无所知；至于吉他，在宿舍里欣赏三个吉他手的现场演出更是他平生头一遭。虽说四个人平时在宿舍里的关系也还不错，但小明总觉得，自己和另外三个人之间有着一道无形的屏障，他似乎无论如何努力都无法融入另外三人组成的“联盟”之中，心中不禁涌起失落感和不平之意。小明其实很想和室友一起在宿舍里聊聊天，可是却不知道怎么能融入他们的圈子。为了避免尴尬，小明选择在图书馆和自习教室里度过自己的空余时间，或者宁愿在校园里游荡，直到快要熄灯才回宿舍。每天独自品味着生活的白开水，小明感到很孤独和苦闷，甚至想到了退学。

孤独就是常说的“不随和，不合群”，是指一种经常独处或受到孤立，很少与人接触而产生孤单、无助的心理体验。大学校园里可以看到有些学生是“踏着铃声走出教室，不声不响回到寝室，埋头迷失在网络游戏室”。对于大学生来说，孤独是一种较为普遍的心理现象。大学生的自我意识逐渐成熟，需要暂时的独处，以便回味过去的言行，自我反省，确定未来的生活。同时，大学生也可以从暂时的孤独中寻找到快乐，享受这份心灵的宁静，塑造良好的人格，因而适当的孤独是有益的。但如果长期地沉溺于孤独，会给人们带来诸多负面的影响。孤独是一种主观的心理感受，主要表现为沉默寡言，缺少知心朋友，在新的生活环境中难以适应；敏感多疑，不喜欢参加集体活动，在集体中找不到自己的位置；感情脆弱，自卑感强，抗挫折能力低，不善言辞，遇事容易冲动发怒，甚至违法犯罪，厌世轻生等；孤独也会导致交往障碍，如孤芳自赏、自命清高，结果是“水至清则无鱼，人至爱则无朋”，与人不合群，待人不随和。

孤独产生的原因很复杂，主要是源于个人的自我感觉和评价。要克服孤独的危害，可从以下几方面着手：

1. 开放自我，积极主动与人交往

独自生活并不意味着与世隔绝，虽然客观上与外界交流困难，但依然可以通过某些方式达到交流的目的。如主动亲近别人，关心别人，发现、欣赏别人的优点，真诚待人；

看到别人有困难时，主动伸出援助之手。助人和被助都是快乐的，从而赢得友情，摆脱孤独。

2. 正确评价自己，克服自卑情绪

人的自我评价与孤独存在因果关系，由于自卑而逃避与他人交往，造成孤独状态，孤独使自卑感增强，造成恶性循环。这如同作茧自缚，自卑这层茧不冲破，就难以走出孤独。孤独者应该对自己进行一番冷静、客观、合理的分析，特别要找出自己的长处和“闪光点”，以增强自信。

3. 培养广泛的兴趣、爱好

一个人活着有所爱、有追求，就不会感到寂寞和孤独。为自己安排丰富多彩且有意义的业余文化生活，享受生活带来的乐趣。

4. 大胆交往，不怕挫折

善于在交往、挫折中吸取教训，总结经验，改进方法，增强交往能力。

二、人际交往的情绪障碍及调适

情绪在人际沟通中起着非常重要的信息传递和调节作用，像微笑、热情、喜悦、宽容、善意的情绪表达，会促进人际的沟通和理解，而冷漠、排斥、冲动、嫉妒等情绪反应则会构成人际交往的障碍。

大学生感情丰富，情绪变化较快，有时对人对事过于敏感，很容易凭一时的好恶改变对人的看法，产生不良情绪和行为，导致人际交往障碍。人际交往中常见的情绪情感问题有冲动、恐惧、嫉妒等。

（一）冲动及其调适

【案例5】大学二年级学生小成，周末在宿舍看书，隔壁宿舍放音乐声音很大，小成听了很烦躁，就怒气冲冲地到隔壁宿舍交涉，要求对方立即关掉音响，但对方不答应，结果因为话不投机，双方发生肢体冲突，小成非常恼火，情绪非常激动，一气之下竟拿起凳子砸向对方，导致对方头部破裂，去医院缝了十几针，而小成自己也受到学校的纪律处分。

冲动是伴随着强烈不满，必须马上发泄出来的情绪状态。当人际交往出现冲突和矛盾时，强烈的不满很容易爆发出来，人在冲动的状态下，意识范围变小，考虑问题偏激且主观，自控力降低，容易做出不明智的举动。冲动的情绪其实是最无力的情绪，也是最具破坏性的情绪。许多人都会在情绪冲动时做出使自己后悔不已的事情来。大学生血气方刚，个性鲜明，对于身边发生的一些小事常会采取一些过激的行为，不但伤害了他人，也伤害了自己，让人际关系蒙上了阴影。因此，应该采取一些积极有效的措施来控制自己冲动的情绪，可从以下方面进行调适：

1. 认识冲动的危害

（1）破坏人际关系。容易冲动的人往往脾气比较暴躁，与他人交往容易发生矛盾。好冲动，动不动就发脾气，容易伤害对方的自尊心，有时还会引起对方发脾气，结果不但问题得不到解决，还伤了彼此的和气；或是别人“怕”了你，只好敬而远之。不尊重他人的人，不仅得不到周围同学的尊敬和理解，还会遭到他人的轻视，而且会失去真正的朋友和友谊，以致感到孤独和寂寞。

（2）有损身心健康。医学研究发现，对人不信任、心胸狭隘、情绪急躁、爱发脾气等对人的身心健康危害极大。

（3）容易造成违法犯罪。情绪冲动容易使人做出过激行为，伤害他人，做出违法犯罪的事情，付出沉重的代价，悔恨终生。

2. 增强自我控制能力

当你感到无法控制自己的冲动情绪时，可以及时采取暗示、转移注意力等方法自我放松，鼓励自己克制冲动。也可反复默念“冷静，放松”“不要做冲动的牺牲品”等，或者迅速离开现场，去干别的事，或去找别的人谈谈心、散散步。学会先处理情绪，再处理问题。

3. 换位思考

在人际交往过程中，人们常认为自己是对的，对方必须接受自己的意见才行。如果能够交换角色，站在对方的立场上想一想，就能在比较中了解彼此的动机和目的，也能意识到自己的意见是否正确，对方能否接受，避免大动肝火，理性升华。

4. 加强思想品德修养

加强自我思想品德和文化知识的修养，从源头着手，让冲动难以产生。一要加强学习，分辨是非好坏；二要注重在日常生活中培养良好的行为习惯。修身养性并非一日之功，需要从一点一滴做起，正如古人所说的，“勿以恶小而为之，勿以善小而不为”。只有这样，才能逐步养成良好的道德意识。生活在集体中，只有加强自身修养，才能得到别人的尊重和理解，建立良好的人际关系。

5. 陶冶性情

日常生活中可进行一些针对性的训练，培养自己的耐性。可以结合自己的兴趣、爱好，选择几项需要静心、细心和耐心的事情做，如练字、绘画、制作精细的手工艺品等，不仅可以陶冶性情，还可丰富业余生活。

（二）社交恐惧及其调适

【案例6】我从小就性格内向、胆小、孤僻、听话、不善与人交往。家庭教育传统、古板，父母对我要求严厉，要求做一个规矩的女孩，不允许与男生来往。对我的要求只有学习好，除了学校的学习以外，还要我学钢琴、画画等，我基本上没有玩的时间，经常一个人在家，没有什么玩伴，但父母在物质及生活上都能满足我。从小学到中学，从未参加过学校组织的任何一次郊游活动，害怕与人交往，与人讲话时不敢直视，会脸红、心慌、出汗，只想成天躲在宿舍，不想去教室、食堂等人多的地方。去年读大一时，我在课堂中回答一名专业课老师的提问时，由于自己不小心出现口误，引起同学们的哄堂大笑，老师也批评了我。此后不久，我一见人就觉得别人在注视自己，感觉紧张、发抖，不敢看别人的眼睛，慢慢地发展到一见到人就两眼发直，手指发麻，觉得自己在任何人面前说话都不自然，越克制，紧张感就越强烈。为此，我尽量回避出入公共场合和社交场合，一到公共场合就觉得很多人都在注视自己，弄得表情很尴尬，自知这是一种病态，但是又无力摆脱，无法正常与人交往，同学关系不和谐，又没有知心朋友，学习成绩处于中下水平，十分痛苦。我该怎么办？

在众人面前说话，与陌生人交往等场合中感到紧张是一种正常的、普遍存在的人类体验。但是如果反应过分或不合理，并且导致了回避行为，损害了人际沟通和正常的学习、生活，同时持续了很长一段时间未能缓解，就成为一种心理疾病。大学生社交恐惧主要表现为：害怕见生人，害怕见老师，特别是人多的场合或有异性在场的情况下，更显得紧张不安、脸红、出汗、心慌意乱、手足无措、语无伦次等。有社交恐惧的大学生往往表现出明显的焦虑和回避社交行为。青春期是社交恐惧发展的关键期，如果得不到矫正或改善，可能发展成为严重的社交恐惧障碍，并持续影响到成年期的心理健康。社交恐惧按轻重程度可分为社交敏感（又称社交紧张）和社交恐惧症两种，是当前大学生人际交往中普遍存在的一种心理现象。

要克服社交紧张心理，首先要注意调整好自己的心态，树立一些良好的观念：

（1）悦纳自己、树立自信；

（2）放弃追求完美的想法，不对自己要求过高；

（3）不要太在意自己的身体反应；

（4）勇敢地面对社交。

在有了以上认知的调整之后，结合心理学的方法技巧，把改变付诸行动。

1. 积极的自我暗示

每天睡前和早上起来时，对自己说：“我接纳自己，我相信自己！”当恐惧来临时，对自己说：“我只不过是集体的一分子，别人不会专门盯住我、注意我一个人的。”

2. 镜子技巧

每天早上站在镜子前，看着镜中自己的眼睛对自己说：“我相信自己今天可以比较轻松地与人交往！”“我相信自己一定会成功地改变！”如此反复多遍，细细体会自己内心所产生的微妙的变化，感觉一下自己是否相信这些话。

3. 冥想放松训练

找一个安静、没有人打扰的地方，舒适地坐下来，闭上眼睛，想象自己来到一个青山环绕、绿树成荫的幽静地方，心境变得平和。然后开始放松，从头部、颈部、手臂、胸部、腹部、背部、臀部、大腿、小腿、脚步依次想象变松变软……每天至少一次，通过经常这样的练习，可以帮助个体控制自己的身体，有助于克服紧张的反应。

4. 系统脱敏训练

改变是一个渐进的过程，不可能一蹴而就，需要一步一步来战胜自己的紧张心理。首先，根据自己的实际情况，列出若干个自己感觉紧张的社交场合，按由易到难的顺序排列。然后，按由易到难的顺序一项一项去进行社交实践训练。当感觉前一项比较轻松自如了，便可进入下一项（具体方法可参考第四章考试焦虑的调适）。

5. 学习人际交往技巧

学习一些人际交往和口才技巧的知识，或者参加相关课程培训，用实用的知识来武装自己，提高社交能力。

（三）嫉妒及其调适

【案例7】小玉和小青是同班同学，又同在一个宿舍生活，入学不久，两个人成了形影不离的好朋友。小玉长得漂亮，也很活泼，对同学、班集体很热心，各科成绩都很出色。对比之下，小青逐渐觉得自己像一只丑小鸭，而小玉却像一位美丽的公主，处处都比自己强，把风头占尽，心里很不是滋味，经常在背后对小玉说长道短。只要小玉积极主动帮助同学或为班上做好事，小青心里就觉得不舒服，说小玉爱出风头，表现自己；小玉在期中、期末取得了优异的学习成绩，小青就在背后议论她是事先知道了题目或“瞎猫碰上了死耗子”；小玉因学业优秀获得奖学金，小青背地里四处散播“听说小玉考试夹带纸条”等谣言，致使两人关系破裂。

“铁生锈则坏，人生妒则败”。嫉妒是在人际交往中发现自己的才能、名誉、地位和境遇等方面不如对方而产生自惭、怨恨、恼怒等的一种复杂情感。就大学生而言，嫉妒心理主要表现在对他人的成绩和长处不服气，甚至报以嫉恨。看到别人优秀就不甘心、不服气，总希望别人比自己落后；看到别人处于劣势则感到莫大安慰等。有嫉妒心理的人还有一个重要特点，就是没有竞争的勇气，往往是讽刺、挖苦、挑拨，甚至采取不合法、不正当的行为，对他人和集体造成种种危害。

嫉妒是一种情绪障碍，它扭曲人的心灵，妨碍人与人之间真诚的交往。嫉妒心强的人不仅人际关系不好，而且自己内心也很痛苦，长期处于自惭、怨恨、愤怒的情绪中，有损身心健康发展。观察研究表明，嫉妒心强烈的人易患心脏病，而且死亡率也高；而嫉妒心较少的人群，心脏病的发病率和死亡率均明显低于其他人，只有前者的1/3 ~ 1/2。此外，如头痛、胃痛、高血压等，易发生于嫉妒心强的人身上，而且药物治疗效果也较差。克服嫉妒心理可以参考以下方法：

1. 认清嫉妒的危害

嫉妒既打击别人，也伤害、贻误自己。嫉妒别人的人由于整天沉溺在对别人的嫉妒当中，没有充沛的精力去思考如何提高自己，不能专心地去做自己的事情，贻误了自己的前途，也影响自己的身心健康。

2. 克服自私心理

嫉妒是“自我膨胀”的具体表现，怕别人比自己强，对自己不利。因此，要克服嫉妒心理，首先要根除嫉妒心理的“营养基”——自私。只有驱除私心杂念，拓宽自己的心胸，才能正确看待别人，悦纳自己，真正做到“心底无私天地宽”。

3. 客观地评价自己和别人

别人的成功并不等于自己的失败，有时候也可以在竞争中达到共同的成才与进步，达到双赢。强烈的进取心是获得成功的巨大动力，但冠军只有一个，不要太执着于所谓的“最厉害”。尺有所短，寸有所长，争强好胜不一定就能超越别人。一个人只要客观地认识自己的优势和劣势，现实地衡量自己，为自己找到一个恰当的位置，就可以避免嫉妒心理的产生。

4. 树立目标，积极上进

树立目标的同时制订计划，化嫉妒心为追求上进的力量，并通过自己的积极努力，以正当的手段赶上或超过对方，即使不如别人，心理也是积极健康的。为了实现自己的人生计划、目标去努力充实自己，完善自己，就会如培根所说：“每一个埋头沉入自己事业的人，是没有工夫去嫉妒别人的。”

5. 开阔心胸，完善个性

但凡嫉妒心理极强的人，往往是心胸狭窄、多疑多虑、自卑、交往时以自我为中心、情绪不稳定，易受外界影响、个性心理素质不良的人。因此，要努力完善自己的个性因素，提高自己的心理素质。作为新时代的大学生，应该树立达观的人生态度和正确的竞争观念，开阔心胸，扩大视野，懂得“天外有天，人外有人”“强中自有强中手”的客观规律，学习并欣赏他人的优点、长处，平静、客观地面对现实。同时，正确评价自己和他人，既要看到自己的长处，又要正视自己的不足，“见贤思齐”，取人之长，补己之短，化嫉妒心理为心理动力，把别人的成功变成激励自己的机制，从而增强协作精神，在良好的人际互动中不断完善个性。

三、人格引起的交往障碍及调适

【案例8】小强是一名大二的男生，性格固执、多疑、情绪不稳、心胸狭窄，自我评价高，不愿接受不同意见。在日常生活和学习过程中遇到挫折总是责备别的同学，做了错事常把责任推给别人。常常把同学提出的中性的甚至是友好的表示看作敌视或蔑视行为，常与人发生摩擦，几乎与同寝室的同学都吵过架。对任何人都抱有一种提防心理，包括班主任和同学，甚至对自己的父母亲都抱着怀疑态度。常常对别人存在戒心，总是猜疑别人对自己不怀好意，说老师和同学不信任自己，别人常对其敬而远之。期末考试前一周，小强的一本复习资料丢失，认为是同寝室同学联合起来整他，想让他考试不及格，与寝室长及其同学多次发生争吵，并要求辅导员调换寝室。由于小强性格多疑敏感，同学间人际关系紧张，其他寝室同学都不愿接纳他。

人格因素是人际关系中的重要因素。千人千面，人格各异，人格不健全的人或因为偏执而难以与人平等沟通，或因为反社会人格而充满敌意和自私自利而令人反感，或因为脾气暴躁、性格孤僻而冷漠无情等，这些都会影响人与人之间的正常交往。

大学生可能有异常人格的某些特征，但是大学生的人格问题一般不属于典型的人格障碍，可称为人格偏差或性格偏差。大学生年龄多数是18～22岁，出现人格偏差是发展过程中的问题，其人格尚未完全定型，可塑性较强，可以矫正。

完善人格是改善人际关系的重要内在因素。大学生应不断克服自身弱点，在实践中完善自己的人格，努力培养有助于人际交往的人格特征，如尊重人、理解人、关心人、富有同情心、宽容、真诚等，逐步形成健全、完善的人格，为建立良好的人际关系打下基础。

第四节　人际交往的艺术——建立和维护良好的人际关系

在人际交往过程中，有的人能如鱼得水，左右逢源，而有的人却屡屡碰壁受挫。掌握一定的人际交往艺术，可以帮助人们在交往活动中增进彼此的沟通和了解，缩短心理距离，建立和维护良好的人际关系。

一、主动交往

心理学家研究发现，多数人的交往愿望很强烈，但是能够主动发起交往活动的人却不多，很多人不是主动去接纳别人，而是在等待别人来接纳自己，错过很多机会。许多交际成功的人往往是主动交往的人，而非被动地等别人来结交自己。要想得到朋友，就必须要主动，主动地接纳别人，如主动与人打招呼，主动关心、帮助他人，主动化解人际冲突等。

热情是最能打动人和吸引人的特质之一。一个充满热情的人很容易用自己的良性情绪感染别人，主动和人打招呼、微笑，让人感受到被尊重、接纳的愉悦和轻松，而喜欢和他们交往。

主动关心、帮助他人，可建立良好的第一印象，缩短彼此的心理距离，快速建立起密切的关系。这种关心、帮助并非简单指金钱、物质方面的帮助，更重要的是出于真心的感情上的交流、精神上的慰藉，以及对痛苦的分担和对困难的解决。因此，日常生活中的“雪中送炭”“患难之交”往往能使人们建立起深厚的友谊。而当遇到人际冲突或矛盾时，主动交往的人常常能首先伸出橄榄枝，积极地想办法化解矛盾，及时消除隔阂，使人际关系得以维护和发展。

拓展阅读

帮助别人就是帮助自己

有一名商人在漆黑的路上小心翼翼地走着，心里懊悔自己出门时，为什么不带上照明的工具。忽然，前面出现了一点灯光，并渐渐地靠近。灯光照亮了附近的路，商人走起路来也畅顺了一些。待到他走进灯光时，才发现那个提着灯笼走路的人竟然是一位盲人。

商人十分奇怪地问那位盲人："你双目失明，灯笼对你一点用处也没有，你为什么要打灯笼呢？不怕浪费灯油吗？"

盲人听了他的问话后，慢条斯理地回答道："我打灯是因为在黑暗中行走，别人往往看不见我，很容易撞到我。而我提着灯笼走路，灯光虽然不能让我看清前面的路，却能让别人看见我。这样，我就不会被别人撞到了。

在生活中，很多时候，帮助别人其实是帮助自己。心与心之间架起一座桥，让对方先行，自己也能行得畅顺。"分享的喜悦是加倍的，分担的痛苦是减半的"。当我们手捧鲜花送给别人时，首先闻到花香的是我们自己；当我们抓起泥巴想抛向别人时，首先弄脏的也是我们自己的双手。帮助别人，总有一种快乐盈满心间，因此我们收获快乐的利息；帮助别人，总有一种感恩寄存在别人的心间，因此我们将收获感恩的利息；帮助别人，总有一种善念以循环的形式出现，让别人再去帮助别人，因此我们将收获回报的利息。在人生的漫漫旅途中，搬开别人脚下的石头，有时恰恰是为自己铺路。帮助别人其实就是帮助自己。

二、善于发现并赞美别人的优点

美国著名心理学家威廉·詹姆斯曾说过："人性中最深切的禀质，就是被人赏识的渴望。"渴望别人的赞扬和肯定是人的一种自然天性。当个体满足他人被欣赏的需要时，自身同时也能收获好的人缘。人们通常喜欢"喜欢自己的人"。赞美他人既能带给别人快乐，也能带给自己快乐。正所谓"赠人玫瑰，手有余香"。当然，赞美也需讲究一定的方式，才能达到"良言一句三冬暖"的效果。

（一）赞美要真诚、适度

在与同学相处的过程中，运用恰当的机会给别人以赞美，如"你真能体谅人""你的组织协调能力的确很强""这种发型使你显得更加美丽""你真能干"等话语，别人听了，即使嘴上没说，心里也会很高兴和感激。赞美是一种激励别人又激励自己的人际协调技术。相处中因赞美而使大家自信、充满快乐，因赞美而化解了心中的积怨与矛盾，赞美使陌生人成为挚友，使朋友成为知己。不论关系的亲疏程度如何，适当的赞美都必不可少。

不过，需要注意的是，赞美不是夸大事实、胡吹乱侃，而是要真诚、适度。如果不分时间、地点、场合，随意地赞美别人，或夸奖的内容是对方所不具备的，会令人感觉言不由衷、不真诚，反而会影响彼此之间的交往。

（二）赞扬他人身上并非显而易见的特点、优点

赞美最好是在意料之外，又在情理之中。一个人的优点已经是公认的事实，你再多说不免显得俗套。如果能设法赞美他本人都未意识到的优点，这份独特的重视就足以打动他。当然，一定要在情理之中。只要用心感受，留意寻找，你就能发现每个人都有其特点和优点。

三、批评讲究方式

“对朋友在得意忘形时的劝告，同对他在悲痛失望时的鼓励一样可贵”。尽管人都不喜欢受到批评和指责，但批评又是一剂帮助成长的良药。要使批评有效，必须注意以下几点：

（一）注意场合

批评尽量在只有双方在场的情况下进行。当着他人批评别人，对方很可能首先意识到自己的形象和自尊受损，而不是自己所犯的错误，使得批评只会增加对方的反感和抵触。

（二）从赞扬和诚心的感谢入手

赞扬和感谢可以提高对方的自信和自尊，从而在感情上产生接纳。在这种背景下，个体诚恳地提出批评，对方往往更容易接受。

（三）对事不对人

不要将事情和对方的人格、能力牵扯到一起。因为人格、能力比具体的事情更重要。在肯定对方人品、能力的前提下以提出希望的形式间接让对方知道应该改进的缺点。

（四）不翻旧账，理性批评

在批评别人的时候，有的人爱翻旧账，像“你怎么总是……”之类的批评形式，实际上等于贬低对方人品，令人无法心平气和地接受。理性批评应该针对现在、此情此景、就事论事，公正合理地提出他的优点和缺点，方能使被批评的人接受。

（五）批评前先提出自己的错误

被批评者在批评面前会有一种错觉，似乎批评者是在用批评显示他的优越。如果批评者先提到自己的不足，可以明显弱化人们的这种意识，使个体更容易接受批评。

（六）间接提醒他人注意自己的错误

个体不能轻易承认自己不足的根本心理障碍是对自我遭到否定的恐惧。如果批评者不直接批评，而是间接地暗示，比如用“我想”“假如”“或许”等字眼，则可以使人避免自我否定的恐惧，使人顺利地接受批评。

（七）批评他人前，先反思自己

人们往往容易原谅自己的缺点，而对他人苛刻。个体不妨反思对别人的不满之处，自己做得如何？不要试图去改变他人，而是先改变自己，自己首先做好，可促使对方意识到自己的问题而自我改进。在人际交往中，总体原则应该是多赞扬、少批评。批评要有建设性，最好能以讨论问题的方式展开，这样既能解决问题，又对双方的发展有利。

四、善对分歧

互相讨论问题是有益的，然而，纠缠不清的争论绝对没有好处。争论和讨论有什么差别呢？争论是试图强行改变别人的观点，结果总有一方“赢”，一方“输”。讨论是交流思想，目的在于找出对彼此有效的解决办法，结果可能创造一个双赢的局面。

遇到自己与别人观点有分歧时，可遵循以下几条指导原则来解决分歧，同时又能处理好双方关系。

（一）对分歧抱欢迎的态度

别人向你指出你没有想到的情况，你应该表示感谢。也许分歧正是你纠正自己的观点、避免犯大错误的机会。抱“有则改之，无则加勉”的态度对待分歧。

（二）不要急于为自己辩护

人们遇到分歧时，第一反应是为自己辩护。需要小心的是，每当你立即为自己找理由辩护时，过后往往难以改变立场，也会使自己无法从对方的观点中得益，保持冷静，注意不要第一时间为自己辩护。

（三）控制自己的情绪

发怒使思想交流更难，而不是更易。愤怒情绪发生的特点在于短暂，“气头”过后，矛盾就较为容易解决。当别人的想法你不能苟同，而一时又觉得自己很难说服对方时，闭口倾听，会使对方意识到，听话的人对他的观点感兴趣，这样不仅压住了自己的“气头”，同时有利于削弱和避开对方的“气头”。

（四）先听对方的意见

英国著名的政治家、历史学家帕金森和英国知名的管理学家拉斯托姆吉，在合著的《知人善任》一书中谈道：“如果发生了争吵，切记免开尊口。先听听别人的，让别人把话说完，要尽量做到虚心诚恳，通情达理。靠争吵绝对难以赢得人心，立竿见影的办法是彼此交心。”先给对方发表意见的机会，并且不要抗拒，不要为自己辩护，也不要辩论，这些只会成为思想交流的障碍。要努力架起理解之桥，而不是误解之障。

（五）寻找共同点

听对方讲完之后，先仔细想想与对方的相同点。这样做能保持双方的良好关系，为找到对双方有利的解决办法打下基础。态度尽可能和蔼灵活，在原则问题上坚守立场，在枝节问题上灵活处理。

（六）要诚实和敢于认错

看看有什么地方你弄错了，如有就向对方承认，请他原谅。这样做会解除他的武装，使他不再步步为营，还可以让你洒脱地继续向你的最终目标前进，找到对双方都有利的解决办法。有错就承认是大智慧，但不可强求别人认错。

（七）仔细研究对方的观点

当你说要考虑对方的观点时，要说到做到，对方也许是对的。如果你不理会对方的意见，讨论将毫无结果。

（八）真诚地感谢对方对问题表现出兴趣

把对方设想成一个真心实意要帮助你的人，感谢对方对这个问题感兴趣，那么通常对方会愿意花时间表达不同意见，最后还会成为你的好朋友。

（九）暂缓行动，给双方时间思考

建议当天迟些或第二天再碰头一次，以便将全部情况都考虑清楚。

同理心对沟通起着最重要的作用。如果人人都对别人抱有强烈的爱心，都尽力设身处地地去理解而不是去指责别人，这个世界就会减少许多争论和失败的沟通。记住你的目标不是独赢，而是双赢。

五、建设性地交谈

交谈是沟通信息与情感的主要方式。在交谈过程中，只有双方的兴趣和关注焦点汇聚在一起时，交谈才成为双方同等积极卷入的过程，才能真正起到有效沟通信息和增进友情的作用。所以谈话内容不是只集中在自己的需要上，而是符合别人的兴趣，鼓励对方谈论自己，而且要避免过早、过多地评论。

语言交谈不仅要谈，而且要学会听。倾听不仅是一种技巧，更体现一种个人修养，表现出一个人的综合素质。交流时需要耐心地倾听，一边听，一边细细品味，感受对方的情绪和心理变化，同时要做出适当的反应，集中精神，表情自然，经常与对方交流目光，适当地嘉许地点头，或是用微笑来表示你很乐意倾听，真诚地与对方进行情感交流，这样别人才会更有兴致地继续说下去。如果需要表达自己的见解，则应该在对方谈话中有所停顿的时候礼貌地插话；如有疑问，也可以提出一些富有启发性的问题，这样对方会感到你对他的话很重视而乐意和你交谈。善于倾听的人，是善于沟通并赢得人心的人。

六、换位思考

卡耐基·梅伦大学的商学教授罗伯特·凯利，在加利福尼亚州电脑公司遇到一位程序设计员和他的上司就某一软件的价值问题发生争执，凯利建议他们互相站在对方的立场来争辩，结果五分钟后，双方便认清了彼此的表现多么可笑，大家都笑了起来，很快找到了解决问题的办法。

换位思考对沟通起着非常重要的作用。经常站在对方的角度去理解和处理问题，一切就会变得简单许多。一般而言，善于交往的人，往往善于发现他人的价值，懂得尊重他人，愿意信任他人，对人宽容，能容忍他人有不同的观点和行为，不斤斤计较他人的过失，在可能的范围内帮助他人而不是指责他人，因为他懂得“你要别人怎样对待你，你就得怎样对待别人”，懂得“己所不欲，勿施于人”，懂得“得到朋友的最好办法是使自己成为别人的朋友”，懂得“别人是别人而不是自己”，因而与人相处时应求大同，存小异。

和人相处的黄金规则，就是“像你希望别人如何对待你那样去对待别人”。在大学生活中，人际关系的新特点还表现在不能仅以自己的标准要求别人，还应认识到自己的行为和生活方式也可能是别人所不能接受和喜欢的。因而，在彼此间发生冲突或不协调时，要逐渐学会设身处地为别人着想，做到相互谅解和彼此适应。

大学生只要勇于在社交中锻炼，将人际交往艺术运用于实践中，个人交际能力就能不断得到提高，从而建立友好的人际关系，在人与人和睦的相处中获得更多的快乐。

第五节 大学生的网络人际交往

中国互联网络信息中心（CNNIC）已完成第44次《中国互联网络发展状况统计报告》，报告中详细分析了中国网民规模情况，截至2019年6月，中国网民规模达8.54亿，手机网民规模达8.47亿，网民中使用手机上网的比例由2018年底的98.6%提升至99.1%。网民群体中学生占比最高，为26%。互联网使人们的人际交往方式发生了极大变化，尤其在大学生群体中，微信、微博、QQ等社交平台成为重要的交友途径，占据了大学生人际交往的大量时间，也给人际交往方式带来新变化。

一、大学生网络人际交往的特点

（一）网络交流的自主性和广泛性

随着互联网信息技术飞速发展，各种各样的社交平台与网络聊天工具层出不穷，使用非常便捷，很快为大学生所接受，这就极大突破了以往人际交流中的时空限制，使得大学生可以在各种虚拟空间中与他人进行频繁互动，互动范围也在进一步扩大，大学生已经形成了相当规模的交际朋友圈。

（二）网络人际交往更加凸显平等性和随意性

在人际交往过程之中，人和人之间非常平等，网络空间没有上下级关系，更没有长辈与晚辈之间的称呼，现实生活中人们的身份地位在网络世界中完全不起作用。在这样的背景之下，人们常常在一种不受限制的状态下进行自由沟通，打破了传统文化中所应有的等级观念，从而使得人们获得了前所未有的感官体验。

（三）人际交往中出现的匿名性和虚拟性

在网络虚拟社会之中，学生们常常扮演着各种各样的角色，以不同身份出现在各种不同场合之中，随心所欲地选择自我交往对象，畅所欲言，无须承担种种道义上的责任，这就使得学生的表达更随意，也更真实。

二、网络人际交往对大学生的积极影响

（一）网络人际交往降低了大学生的交往成本，使交往空间更广阔

传统的人际交往中是通过会面、书信、电话等多种不同形式来完成交流的，但是在网络环境之下，人们可以通过微信、QQ、微博等多种不同社交平台进行交流，人际交往跨越了空间和地域限制，极大地降低了交流成本，提高了人际交往效率。无论是在家乡的父

母亲戚，还是在异国他乡的朋友知己，只要通过一部手机就可以随时随地联系，及时发送信息和沟通感情，提高交往的效率。另一方面，互联网上广阔的资源和海量的信息也使得大学生可以认识很多新朋友。有调查结果显示，89.00%的大学生表示自己的朋友当中有通过网络交往认识的。大学生群体接受新事物的能力很强，他们时刻保持对社会的好奇心，非常渴望结识志同道合的伙伴来充实自己的社交生活。借助网络社交工具能够让大学生结交心灵相通的朋友，因此他们很乐于在网络上建立新的人际关系，拓宽朋友圈范围，还能收获纯真的友情与爱情。

（二）网络人际交往有利于情感交流，激发大学生交往中的主动性和积极性

正是由于网络在人际交往中存在着平等性及匿名性等特征，不像现实生活中的交往需要顾及很多因素，大学生可以不受外在条件的限制，隐藏自己的真实身份，选择自己喜欢的交流方式和交往对象，交往过程中双方的地位是平等的，没有利益关系甚至素未谋面，这就使得交往主体能够放平心态、敞开心扉，轻松愉悦地进行自我展示与自我表达，此时情感沟通更加真实自然。网络平台的交流方式也相对丰富多样，有时候一个字、一个表情包、一堆字母符号就可以轻松表达自己的感受和想法，双方在会心一笑的同时，充分地感受到被理解、接受的满足感，这种满足感可以更好地激发大学生的交往积极性。

（三）网络人际交往是大学生获得社会支持的一种途径

社会支持通常是指来自社会各方面，包括父母、亲戚、朋友等给予个体的精神或物质上的帮助和支持的系统。大学阶段人的自我意识逐渐稳定，但是应对问题的能力不足，较容易产生挫折感和情绪问题。社会支持在大学生处于逆境中时是十分重要的，但他们在与人交往的关系过程中虽具有强烈交往需求，但由于自身性格、交往技巧等问题无法交到更多的朋友，在遇到困难之时也无法向他人诉说，这就导致大学生压力非常大，内心苦闷。而由于网络自身独有的特点，大学生可以在网上结交网友，获得网友的理解支持。有研究发现，频繁使用网络社交平台的大学生会感觉自己内心的孤独感明显减少。社交平台在一定程度上能够缓解使用者内心的孤独与烦恼，大学生可以通过与网友聊天、在社交网站分享自己的喜怒哀乐等形式来获取心灵的慰藉。有些身处困境的大学生，如抑郁症的患者，不愿将痛苦向家人同学诉说，或者不能被身边的人理解，而选择在网络上倾诉，反而获得更多人的理解和支持；有些人会上网寻找同类的群体，病友之间互诉衷肠、相互鼓励，从而得到积极的力量，帮助他们勇敢地面对困境。对于一些现实生活中缺乏社会支持的大学生来说，网络人际关系不失为一种好的补充。

三、网络人际交往对大学生的负面影响

（一）网络人际交往影响到大学生的现实交往

【案例9】小夏是大二学生，长相普通，性格内向，家境一般，他一直觉得自己是一个不起眼的人，所以在班级和宿舍里都很少说话，没什么朋友，是几乎透明的存在。但是在网络世界里，他是截然不同的一个人。他喜欢打游戏，通过游戏认识了很

多朋友，他们并肩战斗，相互支持，好像患难与共的战友，在网友面前他显得聪明、果敢、自信。有时候网友间还会闲聊调侃、交流感受，和他们在一起很轻松，好像这些人才是他真正的朋友。跟现实生活比起来，小夏更愿意和网上的朋友在一起。

网络世界本身就是虚拟世界，学生终究需要回归到现实生活之中，一些学生过于热衷在网上发展人际关系，使自己完全沉迷于网络精神世界。一些学生非常善于使用微信、QQ等不同网络聊天软件与他人进行交流，但是却无法顺畅地与他人进行面对面地沟通，以至于他们在现实生活中几乎没有朋友，长此以往可能会丧失基本的社交能力。一些学生一旦步入现实生活中，就可能遇到各种各样的人际交往障碍，他们更加倾向于在网络中找到精神寄托。

（二）网络人际交往可能导致大学生出现角色混乱现象

【案例10】小林等三个同学一起找到辅导员，反映对舍友安娜的不满。安娜一直跟她们说自己父亲开公司，家里很富有，她有一个富二代男朋友，还有很多追求者，经常给她寄礼物，她经常在朋友圈、微博上晒她收到的鲜花、礼物，还经常晒各种旅游、高消费的生活照片，让同学们羡慕不已。后来一次偶然的机会，安娜的妈妈加了小林的微信，通过深入地了解，小林她们才知道，安娜的父亲早逝，母亲独自辛苦抚养安娜成长，家境并不富裕，她也没有男朋友。小林就此质问安娜，安娜才坦言她之前说的富裕男友和追求者都是假的，平时收到的礼物和鲜花都是她自己买的，谎称是别人送的。朋友圈发的旅游、消费的照片也是从网上搜索的，并不是自己的生活。她这么做，只是希望别人能羡慕自己，看得起自己，谎话说得多，她都有点分不清哪个才是真正的自己了。而经过这件事，小林她们几个同学认为安娜太虚伪可怕，不想和她住一个宿舍了。

在现实生活中，人们扮演着各种不同角色，通过印象管理来塑造自己的角色，巩固自身的人际关系，比如大学生通过言行规范、勤奋好学塑造好学生的角色。在网络社会中，一个人也可以塑造多个不同的角色，甚至虚构的角色。有些大学生在网上和他人交往时，常常以和自己真实身份相差非常悬殊的虚拟身份进行，与现实中自己存在反差。可能一些学生在现实生活中内心非常狭隘，但是在网上又变得宽宏大量；也有一些学生实际生活中饱经艰难，在网上却塑造成人生赢家。当多重角色存在冲突之时，就可能出现心理问题，甚至会导致精神疾病。

（三）网络人际交往弱化了学生责任感

【案例11】2017年2月3日，微信公众号“校园司令”发布了一条信息，称大连某高校大四的一名学生王某，大年初六到青岛洽谈业务，在青岛飞机场打出租车时被歹徒绑架，并勒索钱财1万元。其间三次拨打110，但是青岛警方却以“涉案金额太少，不够立案”为由敷衍。该信息详细叙述了王某被绑架、勒索和报警过程，并附有微信截屏，并被搜狐、网易、一点资讯等多家网站转发。

该文章被多方转发后，青岛警方立即展开调查，调查民警经过多方努力，终于在2月8日将藏匿在大连的王某找到。王某向警方交代了编造虚假信息的情况：2016年12月，青岛的王某川和他的一个学弟通过百度“高考吧”找到自己，请其帮“状元笔记吧”做宣传推广。王某川的学弟还用支付宝给其转了1.1万元，并定于1月底到青岛谈贴吧合作事宜。见面后，王某川斥责王某为他虚假增粉，两人发生纠纷。为解决与王某川的纠纷，王某让其姐通过支付宝还给王某川1万元并离开。当晚回到了家中越想越气愤的王某，在自己的一个群里说了该事，并撒了谎，称自己在青岛被人绑架，并且拨打110，但是警察不管。稍后有一个自称是“校园司令”编辑部的人联系李某，说要把该事编辑并发表出去。正在气头上的王某胡编乱造了一通，于是便有了《大学生白天遭绑架多次报警均被敷衍 警方：金额太少，不能立案》的文章在互联网上的流传，并造成恶劣影响。

2月10日，经过警方的多方努力，2月3日《大连某高校学生在青岛被绑架，报警被敷衍》的谣言终于调查清楚。这是一则虚构事实，蓄意编造的网络谣言。违法行为人王某（女，22岁，大连市瓦房店人）违反《中华人民共和国治安处罚法》第二十五条，构成散布谣言故意扰乱公共秩序，城阳公安分局依法对其处以行政拘留10日并罚款五百元。发布虚假信息的网站已通报属地公安机关依规处理。

由于网络交往的匿名性特点，人们不必为自身言论承担责任，一些人利用网络来散布谣言，或是发布各种暴力信息。这种行为一方面会导致不良信息的传播，可能会误导他人，从而导致人际关系失衡；另一方面，这种网络上的行为模式会迁移到现实生活中，容易形成偏听偏信、言行不负责任的表现，不利于大学生健康人格的形成。

（四）网络社交易导致大学生现实人际关系的信任危机

【案例12】小倩在某社交软件上认识一位男网友，两人一见如故，交谈甚欢，后来奔现见了面，小倩更加信任他，引以为知己。后来小倩遇到网络电信诈骗，无奈向男网友救助。听完小倩的遭遇后，该男子一边假装安慰小倩，一边声称自己“认识公安局的人”，可以帮她追回损失。小倩信以为真，在接下来的几天时间里，该男子一人扮演多种身份，用多个账号与小倩聊天，最终诱骗小倩说出自己的支付宝账号密码。获得密码后，该男子在自己手机上登录购物网站网购。“买了一堆东西，还买了一台空调，要不自己用，要不当作礼物送人了。”办案民警说，该男子还用小倩的支付宝账号租赁了一辆汽车，而小倩直到收到购物分期以及租车没有归还的短信后，才意识到被骗。随后小倩报案，经查明，该男子提供给小倩的姓名、工作单位、住址全是虚假信息。

一项网络人际关系信任度的调查显示大学生进行网络社交时个人信息的公开状况，其中，23.65%的大学生不愿意公开自己的任何真实信息，在网络中保持着很强的戒备心理，43.98%的大学生会填写无关紧要的信息，21.99%的大学生会如实填写自己的大部分信息，仅有 10.38%的大学生完全公开自己的信息。该数据表明大学生在进行网络社交过程中大多做了充分的保密工作，他们采取各种方式掩盖自己的真实身份与他人交流。网络身份的隐匿性使人际交往双方充满神秘色彩，或许你交往对象的身份、经历、性格甚至性别都是虚假的。部分大学生在网络和现实中呈现出的是两种完全不同的人，但现实生活中的道德和法律规范严格约束着我们的言行，不允许弄虚作假。如果把网络虚拟角色体现在现实生活当中，就容易导致人与人之间最基本的诚信缺失。

四、对大学生网络人际交往的建议

（一）理性看待网络交往与现实交往

不可否认，网络世界具有极强的诱惑力与吸引力。但我们要清醒地认识到，网络交友不能代替现实的人际关系，因此要珍惜身边的亲人和朋友，诚以待人，注重跟他们的沟通交流，不要让网络占据自己的主要时间，而忽略了与身边人的交往；认清网络虚拟性和现实生活的差别，切勿沉浸在网络的虚假信息中，如有些人喜欢在微博、朋友圈上卖“人设”，以获得别人关注，这些都需要我们有冷静的判断能力，鉴别信息真伪。

（二）加强自律，避免形成网络社交依赖

网络交往是现实交往的延伸，而不能取代自己在现实生活中的各种交往，因此在工作学习之余，尽量控制使用网络交友平台的时间，避免对网络社交的过度依赖。可以通过制订时间计划等方式控制上网时间，将精力投入到现实生活中，积极参加校内活动和社会实践，扩大人际交往圈。学习人际交往技巧，主动与身边的朋友进行沟通。当现实生活中建立起正常的社交圈，对网络交往的依赖就会减少。

（三）提高警惕，预防网络交友被骗

由于网络隐匿性比较高，法律监管存在一定困难，网络诈骗层出不穷。大学生社会经验少，容易相信别人，上网一定要注意安全，对网络扑面而来的信息要有理性判断能力，不要轻信网上认识的朋友，注意个人信息的保密。广州从化地区警方曾接到多起大学生被网络诈骗的报案，经查明一名大学生利用社团干部的身份，通过网络渠道认识其他高校的学生，以各种名义借用受害学生的身份证在网络借贷平台借款，承诺按时还款并给予对方一定报酬。由于都是大学生，受害学生对诈骗者放松警惕，为了几百块的报酬替其借贷几千甚至上万块。当诈骗者突然销声匿迹，被害学生就要背负巨额债务，造成巨大的财务损失。互联网的发达极大地扩大了我们的交际圈，很多人微信上有几百个联系人，但大学生要清醒地认识到，不是朋友圈里点过赞的就是朋友，不是网上聊过天的人就能信任，网络交友更需要谨慎。

心理测试

信任量表（Trust Scale）

本量表用于测查关系密切者的相互信任程度，它共有18个项目，涉及信任的三种内涵：可预测性、可依靠性和可信赖性。可预测性指我们能否预见到同伴的特定行为，包括受我们欢迎的行为和不受我们欢迎的行为。量表作者认为，凡行为能被预测者，其行为均具有连贯性（无论是一贯地好还是一贯地坏）；而行为不可预测者，则不能赢得人们的信任。可依靠性是信任的最核心成分。而可信赖性则“使人们能毫无保留地确信同伴将继续负起责任并关心自己”。

原始量表有26个项目，经过两轮的筛选后淘汰了因子负荷小于0.4或与上述三种因子（可预测性、可依靠性和可信赖性）相关小于0.3的项目，故只剩下18个项目。整个量表的内部一致性α=0.81，可预测性α=0.82，可信赖性α=0.8。三个分量表中度相关（范围是0.27～0.46）。

阅读下列陈述并判断叙述是否符合你与同伴之间的关系，从下面挑选恰当的数值表明你对该陈述同意或不同意的程度。

1=完全不同意；2=部分不同意；3=略微不同意；4=中性；5=略微同意；6=部分同意；7=完全同意

表5-2　信任量表

序号	题　目	完全不同意	部分不同意	略微不同意	中性	略微同意	部分同意	完全同意
1	我知道同伴将怎样做，他/她的行事总是不出我所料（P）	1	2	3	4	5	6	7
2	我发现同伴是一个完全可以依靠的人，尤其在遇到重大事件时（D）	1	2	3	4	5	6	7
*3	我同伴的行为变化莫测，我总是无法预料下一次他/她又会做出什么令我吃惊的事（P）	1	2	3	4	5	6	7
4	尽管时间在不停地流逝，未来谁也无法确定，但我相信无论发生什么事，我的同伴都会给我力量（F）	1	2	3	4	5	6	7
*5	根据过去的经验，我无法完全信赖同伴对我的承诺（D）	1	2	3	4	5	6	7
*6	有时我很难绝对肯定同伴会一直照顾我，未来太不确定了，随着时间的流逝，我们的关系会发生很大的变化（F）	1	2	3	4	5	6	7
7	我的同伴是一个十分诚实的人，即便他/她说出令人无法相信的话，别人也会相信他/她说的是事实（D）	1	2	3	4	5	6	7

（续上表）

序号	题　目	完全不同意	部分不同意	略微不同意	中性	略微同意	部分同意	完全同意
*8	我的同伴让人不易捉摸，人们有时无法确定他/她将如何行事（P）	1	2	3	4	5	6	7
9	我的同伴已被证明是一个可以信赖的人，无论他/她与谁结婚，都绝不会做出不忠的事（即使有绝对的把握不被抓住）（D）	1	2	3	4	5	6	7
10	我从不认为无法预测的冲突和严重的紧张会损害我们之间的关系，因为我们的关系能经受任何暴风骤雨的考验（F）	1	2	3	4	5	6	7
11	我对同伴的行为方式十分熟悉，他/她做事总会有一定的规矩可循（P）	1	2	3	4	5	6	7
*12	如果以前我从未与同伴共同面临某一特殊问题，我也许会担心他/她可能不会顾及我的感情（F）	1	2	3	4	5	6	7
*13	即使在熟悉的场合，我也不能完全肯定同伴会重复上一次的行为方式（P）	1	2	3	4	5	6	7
14	面临未知的新环境时我感到十分安全，因为我知道同伴是绝不会让我吃亏的（F）	1	2	3	4	5	6	7
*15	我的同伴并不一定是可以让人信赖的人，我能想起他/她有好几次不可信赖的行为（D）	1	2	3	4	5	6	7
*16	一想到我在两人关系上的感情投资，我偶尔会感到不舒服，因为我很难对未来完全放心（F）	1	2	3	4	5	6	7
*17	事实证明我的同伴过去并非总是值得信任，有几次我曾犹豫是否让其参加容易暴露我弱点的活动（D）	1	2	3	4	5	6	7
18	我同伴的行为具有连贯性（P）	1	2	3	4	5	6	7

【评分指导】

1．项目1、2、4、7、9、10、11、14、18按得分进行记录。

2．*号项目3、5、6、8、12、13、15、16和17按反序计分，如得1分记7分，得7分则记1分。

3．各项目得分累加即得量表总分。

4．得分越高，表明信任度越高。

P为可预测性，包括项目1、3、8、11、13和18项；D为可依靠性，包括2、5、7、9、15、17项；F为可信赖性，包括4、6、10、12、14、16项。

心理训练营

活动1　优点轰炸

一、活动目的

学习观察和发现别人的优点，并且直接表达对他人的欣赏，增强人际良性互动；同时，学习接纳他人的欣赏，体验被表扬的愉悦感，增强自信心。

二、活动要求

（1）5到10人为一个小组，围圈坐。

（2）每人发数张可制成帽子的彩纸。

（3）每位成员轮流站或坐在团体中间。

（4）组中每人轮流给中间的人找一个优点或令人欣赏之处，写在纸上，并制成帽子送给中间的人，请中间的人将优点大声地读出来，然后戴到头上。

（5）必须说优点，态度要诚恳，努力去发现他人的长处，不能毫无根据地吹捧。

（6）参加者要用心体验：被人称赞时的感受如何？怎样用心去发现别人的优点和长处？怎样做一个乐于欣赏他人的人？

（7）最后轮流谈活动感受并由主持人做活动总结。

三、活动分享

日常交往中，听到别人对自己的赞扬肯定是最高兴的。“人性中最深切的禀质，就是被人赏识的渴望。”适时、恰当的赞美，是人际关系的润滑剂。欣赏别人是一种视角和胸怀，也是一种能力。学会欣赏，并且不要吝惜表达你的赞美。

活动2　单向交流与双向交流

一、活动目的

体会单方面交流和被迫接受信息的困难，从而强化采用互动的沟通方式进行交流。

二、活动要求

（1）请一位同学背向大家，口头描述一张事先准备好的图，不能有任何手势或动作。

（2）其他同学按照描述画图，其间不能提问，一切听从上面同学的指挥。

（3）游戏完毕后将图展示给大家看，让大家校对所画的图是否准确。

（4）请另一位同学上台做这个游戏，但这次允许大家双向交流，看结果怎样。

（5）讨论：

①当我们只能被迫单向交流时，是否感到不顺畅、焦虑和困难？为什么？

②即使是双向交流，也会有人出错，分析一下这是为什么?

③读图者有哪些有效的表达？有哪些有待改进之处?

三、活动分享

单向交流常常使人得不到及时、准确的信息。有问题不能问，出了错也不能及时知道，就会让人无所适从，从而错误丛生。单向交流可以说是无效的沟通，有点像父母训孩子、老师满堂灌的味道，最简单的理由是没有回馈，听者对说者表达的内容必有或多或少的误解。因此，在人际沟通时注意双方的互动与回馈。表达者要正面表达自己的意思，减少扭曲、伪装、防卫，体会对方的感受；倾听者要确实“听到”“听懂”“听完”，同时，在互动过程中，要澄清自己所听到的、所了解的与对方所表达的是否一致，及时、恰当地给对方回应。只有彼此之间随时保持双向交流，才能使大家的意见都得到重视，才算是成功的沟通。

◎ 思考与讨论

1. 在人际交往中，我的信条是什么?
2. 我所结交的朋友都是什么样的人?

第六章

情绪调节，快乐生活

——大学生情绪管理

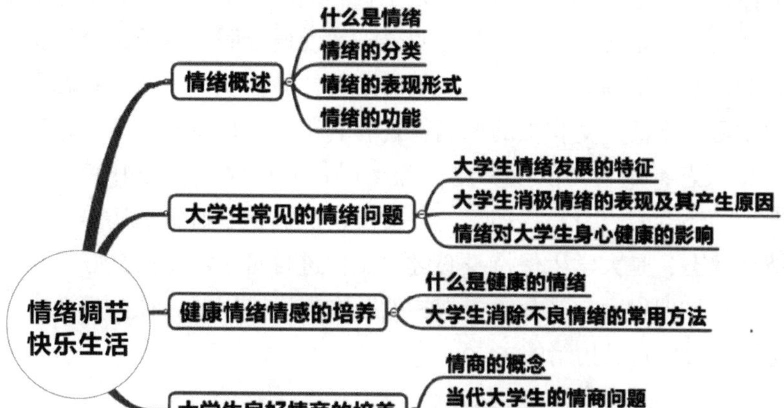

图6-1　第六章基本框架

怒不过夺，喜不过予。

——荀子

能控制好自己情绪的人，比拿下一座城池的将军更伟大。

——拿破仑

情绪是人对客观事物态度和倾向性的外在表现，是人类能够理解并产生友谊和爱情的桥梁。正是有了喜、怒、哀、乐等不同的情绪和情感体验，个体的生活才变得丰富多彩。处于青春期的大学生，有着丰富的情绪体验，情绪波动幅度大，两极分化明显——爱憎分明，但是也容易受负性事件影响，陷入情绪漩涡，产生消极的情绪体验。积极的情绪状态会对大学生的学习、生活产生积极的影响，且有利于发挥自身的潜能；相反，消极的情绪状态，则容易产生一些心理障碍，如抑郁症、恐惧症、强迫症等，严重的还会引发身心疾病，如各类溃疡疾病、心血管疾病等。积极乐观的情绪状态，是大学生保持身心健康、促进自身学习生活良好发展的客观保障，也是他们面向社会需要把握的基本态度。因此，社会生活中的每个人都要学习做自己情绪的主人。

第一节 情绪概述

一、什么是情绪

情绪，广义上包括情感，是人对客观事物的态度体验；狭义上是指有机体受到生活环境中的各类刺激时，由生物和社会需要而产生的暂时的、较激烈的态度及其体验。俗话说：“人非草木，孰能无情？”人若无情，面对五光十色的大千世界也会觉得平淡无奇；面对千变万化的社会生活也会觉得索然无味。人生在世，有生、老、病、死，有荣、辱、得、失，就有与之相应的喜、怒、哀、惧，喜怒哀惧是人类情感的不同表现形式。随着社会生活卷入的增加，各类复合情绪随之分化产生并伴随人的一生，如百感交集、悲喜交加等。

情绪情感由客观事物引起。引起情绪情感的客观事物多种多样，有外部的，也有内部的，如春光明媚、空气清新，使人感到振奋、舒畅，这是由自然现象引起的情绪情感；美好的事物令人爱慕，丑恶的现象使人憎恶，这是由社会现象引起的情绪情感；个体为事业的成功而高兴，为工作中的失误而懊悔，这是由人的行为本身所引起的情绪情感；疾病缠身，久治不愈，会使人心情不畅、情绪抑郁，这是由机体内部因素所引起的情绪情感。

情绪情感的性质是以客观事物能否满足人的需要为中介的。虽然情绪情感是由客观事物引起的，但并非由客观事物本身决定。决定个体情绪情感性质的是客观事物与个体需要之间的关系。凡能满足人的需要，符合人的愿望的客观事物，就能使人产生满意、愉快、喜悦等积极的内心体验；凡不能满足人的需要或违背人的主观愿望的客观事物，就会使人产生忧伤、不满、厌恶等消极的内心体验；与个体的需要没有什么关系的事物，也将不会引起情绪体验。因此，情绪情感是人脑对客观事物的反映，但它反映的不是客观事物本身，而是个体对客观事物的主观感受。

二、情绪的分类

（一）人类的基本情绪

在生活中，情绪可以分为喜、怒、忧、思、悲、恐、惊等多种，人类的情绪种类多种多样，尽管表现形式各有不同，但是一些基本的情绪是人类共有的，共包括四种：快乐、愤怒、恐惧和悲哀。

1. 快乐——精神的满足

客观事物满足人的需要后产生的情绪体验就是快乐。快乐是一种追求并达到目的所产生的愉悦体验。它具有正性享乐色彩的情绪，使人产生自在感、自由感和接纳感。快乐的强度与达到目的的容易程度有关。一个目标越难达到，实现后获得的快乐体验就越强烈。中医认为，喜悦可以使气血流通、肌肉放松，有益于消除疲劳。

2. 愤怒——情感的爆炸

愤怒是与快乐相反的一种情绪体验，是一种消极的情绪体验，是人的需要得不到满足或者个体的目标不能实现甚至严重受阻时所产生的一种情绪体验。中医认为，愤怒会引起肝阳上亢、肢体拘急、握持失常，是诱发高血压、冠心病、胃溃疡的重要原因。

3. 恐惧——心理的黑洞

恐惧是个体企图摆脱、逃避某种情景或事件而又无能为力时所产生的情绪体验。如人在遇到地震、海啸、空难时所产生的情绪体验，引起恐惧的根本原因是缺乏对可怕事件的处理能力。中医认为，过度或突然的惊恐会使人肾气不固、提心吊胆、神气涣散、意志不定等，继而出现耳鸣、耳聋、头眩等。

4. 悲哀——心灵的痛楚

悲哀是个体在得不到期望的、追求的东西或结果时所产生的情绪体验。如失去亲人所带来的悲伤。一般把悲哀的程度分为：遗憾、失望、难过、悲伤、悲痛。中医认为，人在强烈悲哀时，会耗散肺气，意志消沉，引发干咳、声哑、消化功能紊乱等。

在以上四种基本情绪的基础上，可以派生出众多的复杂情绪，如厌恶、沮丧、羞耻、悔恨、嫉妒、喜欢、同情等。

（二）情绪状态的分类

一般来讲，人的一切心理活动都带有情绪色彩，而且以不同的心情、激动程度和紧张状态表现出来。情绪状态是指在某种事件或情境影响下，人在一定时间里表现出的情绪反应。按照情绪发生的强度、持续时间和紧张程度，心理学家将情绪分为心境、激情和应激反应三类。

1. 心境

心境是一种微弱、平静、持续时间很长的情绪状态。心境即日常所说的“心情”。心境往往容易蒙上情绪色彩，也容易被渲染。心情舒畅的时候个体会觉得身边的一切都非常美好。山不再是“眉聚峰”，水也不再是“眼波痕”，就连下雨也是细雨蒙蒙，诗意满腹。而当个体心情烦躁时又会觉得诸事不顺，生活处处都是“坑”，心情自然不会好。心境会对个体的思维方式、理想以及人生观、价值观和世界观产生影响。同样的外部环境会造成不同的心境反应。有的人在恶劣的环境中依然保持乐观向上的心态，而有的人在艰苦的环境中常常自暴自弃，认为自己命运不好，上天对其不公。

2. 激情

激情是迅速而短暂的、强有力的情绪活动。人们常说的勃然大怒、大惊失色、欣喜若狂都是激情所致。很多情况下激情的发生是由生活中的某些事情影响所致，而这些刺激往往是突发的，个体无法控制和预测的。它时常是被矛盾激化的结果，是在原发性的基础上发展和夸张表现的结果。处于激情状态时，个体的认识活动范围缩小，控制能力减弱，对自己的行为后果不能做出正确的评价，如过激伤人等。但是激情也有积极的一面，如即兴演讲、艺术创作等常常需要激情的催化。

3. 应激反应

应激反应是出乎意料的紧急情况所引起的急速而高度的紧张情绪状态。现代社会中，由于个体卷入社会生活的程度较深，小到车祸发生、疾病产生，大到地震、火灾、新型传染性病毒的广泛传播等，都会对个体形成较大的压力。人们在生活中对应紧急情况所产生的情绪体验就是应激反应。在平静的情况下，人们情绪变化的差异不明显，而当应激反应出现时人们的情绪差异立刻显现出来。同时，应激反应的程度差别不仅限于机体和生理，在表现方式和表现结果上也具有很大差异。性格、态度和生理素质的水平决定了在特定情况下人们的应对能力以及处理结果的差异。但如果个体长期处于应激状态，持久的身心紧张就会出现一系列问题。加拿大生理学家的研究表明：长期处于应激状态会使人内部的生化防御系统发生紊乱和瓦解，身体的抵抗力低下，免疫力下降，更容易患病。所以个体不可能长期处于高度紧张的应激反应中。中医也认为，突然、强烈或长期持久的情绪刺激，超出个体的正常生理范围，常常会造成功能紊乱，气机丧失，疾病丛生。

（三）积极情绪

积极情绪是与某种需要的满足相联系、通常伴随着愉悦的主观体验，并能提高人的积极性的主观能力的正性情绪。马丁·塞利格曼将积极情绪划分为：与过去有关的幸福、与现在有关的幸福、与将来有关的幸福。弗瑞克森认为积极情绪包括快乐、兴趣、满足和爱；汤姆金斯认为积极情绪应包括兴趣、快乐；拉扎勒斯认为积极情绪包括愉快、自豪、希望、爱；艾克曼认为积极情绪包括快乐、惊讶。综上，积极情绪包括快乐、兴趣、满足、爱、自豪、希望，甚至惊讶等。

愉快的心情、平和的心态更能促使人做弹性与复杂的思考，有助于拓展思路和自由联想，有助于提高智能，所以人们把积极情绪称为心理健康的灵丹妙药。正如马克思所说：“一种美好的心情比十服良药更能解除生理的疲惫和痛楚。”

积极情绪主要有以下三方面好处：

1. 积极情绪提高主观幸福感

积极的情绪能加强个体对压力的应对能力，缓解消极情绪，增强心理弹性，丰富个体的主观幸福感，改善社会关系质量。研究发现，若女性在20～21岁的照片上多一些杜兴式微笑（即发自内心的，嘴角上扬并伴有眼周肌收缩的微笑），她们在30岁之后会体验更多的幸福。

拓展阅读

杜兴式微笑——最真实的微笑

“杜兴式微笑”是为纪念法国神经病学家杜兴·德·布伦而命名的。后来的研究表明，“杜兴式微笑”——包括颧骨和眼周部分肌肉形成的微笑才是真正的微笑。当一个人发自内心地微笑时，眼角周围的肌肉收缩，产生“乌鸦脚似的”皱纹；而假笑只牵动颧骨附近的肌肉，使嘴角向上翘。

美国加州大学的两位教授在1960年时，根据大学四年级141名女生的毕业照片做了跟踪试验。两位教授将毕业照片中那些笑容真诚的女生定为“杜兴式微笑”，将笑容做作的女生定为“泛美空姐的微笑”，然后在她们27岁、43岁和52岁时分别测试她们对生活和婚姻的满意程度。研究结果表明，“杜兴组”的结婚率高，离婚率低，对婚姻和个人的生活品质的满意程度也比“泛美组”的女生高。

2. 积极情绪使个体长寿

关于情绪状态对身体的影响，自古就有很多谚语，如“笑一笑，十年少；愁一愁，白了头”。许多研究证实：长寿老人最大的特点之一是拥有乐观情绪。美国一份对300名受试者的长期研究显示：笑会改善生理健康，爱笑或幽默风趣的人，生活更健康。

3. 积极情绪具有提高认知、缓解压力的能力

大量积极心理学的研究表明，积极情绪可以拓宽注意范围，提高认知的灵活性。研究发现：在积极情绪下，个体的注意力范围较消极情绪下的广度要大。对于个体压力的研究也表明：具有较多积极情绪的个体，其应对压力的弹性较大，也更容易从压力条件下恢复。

拓展阅读

想象愉悦情境有助于入睡

睡眠心理学研究发现，失眠患者若能想象一种愉悦、放松的情境，就很容易入睡。研究人员认为：“愉悦与轻松的画面比较引人入胜，较容易停留在脑海中。”英国牛津大学的一个研究小组对50位失眠者进行分组试验：第一组冥想宁静而轻松的情景；第二组以数数方式助眠；第三组则自行想办法入睡。结果第一组的失眠者较另两组提早20分钟入睡。可见，想象愉悦的画面有助于入睡。

三、情绪的表现形式

（一）生理变化

情绪首先引起生理系统的变化。关于生理系统变化和情绪变化谁先谁后的问题在情绪心理学领域争论很久。生理反应最敏感的表现是血液循环系统、呼吸系统、消化系统和内分泌系统的变化，最终引发人体的一系列变化。

情绪的生理反应往往表现为交感神经系统的兴奋。例如：愉快的情绪可以使个体激动，内脏和皮肤血管扩张导致脸红、潮热等；相反，恐惧和愤怒时，人的呼吸频率是正常呼吸的两倍以上，即呼吸急促；如果是突遇惊恐，还会造成呼吸中断和停止，紧张和突发的情绪还会带来身体的痉挛。当情绪处于悲伤和焦虑时，肠胃功能减退，导致食欲不佳、厌食等。当情绪紧张、惊慌、愤怒时，唾液停止分泌，口干舌燥，气息紊乱，呼吸急促，个体会感觉手脚出汗，发冷，嘴唇变白或发青等。

（二）表情变化

表情是人类情绪变化的反应器，也是情绪表达的效应器。当人的情绪发生变化时，表情也会发生相应的变化。面部表情作为人类情绪的窗口，通过眼睛、额眉、鼻颊、口唇等肌肉的变化所表现出来的各种情绪，是情绪表达的最重要的方式。一般来讲，个体在不同情绪状态下，脸上各个部位的变化特点各不相同。如，愉快时眼睛眯小、两眼闪光、额眉舒展、鼻孔扩张、嘴角上翘；悲哀时两眼无光、额眉紧缩、嘴角下拉；恐惧时两眼呆滞、鼻孔收缩、张口结舌；愤怒时两眼圆睁、双眉倒竖、咬牙切齿；厌恶时双目斜视、鼻子竖起、嘴角微撇。

（三）体态变化

人类的不同情绪还体现在体态语言上，即平时所讲的肢体语言。日常生活中，常常会发现一些人不苟言笑，无法判断他们的情绪状态，但他们的体态语提供了辨识情绪的信号。肢体语言主要是通过身体的动作来传达情绪的信息，主要是手和脚，例如在高兴和兴奋时，个体会手舞足蹈；狂喜时会捧腹大笑；悔恨时捶胸顿足；惆怅时则仰天长叹；紧张时手足无措；尊敬、虔诚时则肃立低头；气愤激动时摩拳擦掌等。人类使用的肢体语言极其丰富，学会从他人的肢体语言中识别情绪状态，是人类的一项重要技能（图6–2）。

图6–2　丰富多彩的体态语

（四）语言变化

语言是人类沟通思想的工具，同时，语音的高低、强弱、抑扬顿挫等，也是表达说话者情绪的手段。例如，一个人高兴或紧张激动时，讲话会语调高昂、节奏轻快；而悲伤时，讲话语调低沉、节奏缓慢；气愤时声音较大，音调也较高，发音清晰短促。

一般而言，人们只要观察对方的各种表情，就可以了解其主观感受和思想意图。但是，由于人类的情绪具有一定的社会性，个体可以有意识地调节或控制自己的表情，有时甚至会掩盖或隐藏真情实感。所以，在识别他人情绪时，应把生理、表情、体态和语言的变化联系起来。

四、情绪的功能

（一）适应功能

有机体在生存和发展的过程中，有多种适应方式。情绪和情感是个体适应社会的一种重要方式。情绪直接反映着人们生存的状况，是人们心理活动的晴雨表，如愉快表示处境良好，痛苦表示处境困难；人们还通过情绪和情感进行社会适应，如微笑表示友好；通过移情维护人际关系，通过察言观色了解对方的情绪状况，以便采取适当的、相应的措施等。即个体通过各种情绪、情感，了解自身或他人的处境与状况，适应社会需要，求得生存和发展。

（二）动机功能

情绪、情感是动机的源泉之一，是动机系统的基本成分。它能够激励人的活动，提高活动效率。适度的兴奋，可以使身心处于活动的最佳状态，进而推动人们有效地完成工作。同时，适度的紧张和焦虑能促使人积极地思考和解决问题。另外，情绪对于生理内驱力（drive）也具有放大信号的作用，成为驱使人们行为的强大动力。如人们在缺氧的情况下，产生了补充氧气的生理需要，这种生理驱力可能没有足够的力量去激发行为，但是个体产生的恐惧和紧张感会放大和增强内驱力，使之成为行为的强大动力。

（三）组织功能

情绪是一个独立的心理过程，对其他心理活动具有组织的作用。这种作用表现为积极情绪的协调作用和消极情绪的破坏、瓦解作用。中等强度的愉快情绪，有利于提高认知活动的效果。而消极的情绪如恐惧、痛苦等会对认知操作产生负面影响，消极情绪的激活水平越高，操作效果越差。

情绪的组织功能还表现在注意活动上，当人们处在积极、乐观的情绪状态时，容易注意事物美好的一面，其行为比较开放，愿意接纳外界的事物。而当人们处于消极的情绪状态时，容易失望、悲观，放弃理想，有时甚至产生攻击性行为。

（四）信号功能

情绪和情感在人际间具有传递信息、沟通思想的功能。这种功能通过情绪的外部表现，即表情来实现。表情是思想的信号，如用微笑表示赞赏，用点头表示默认等。表情也是言语交流的重要补充，如手势、语调等能使语言信息表达得更加明确。从信息交流的发生上看，表情的交流比语言交流要早得多，如在前语言阶段，婴儿与成人相互交流的唯一手段就是情绪，情绪的反应功能也正是通过信号交流作用来实现的。同时，操持不同语言的个体，更多地通过表情来识别对方的态度。

第二节 大学生常见的情绪问题

一、大学生情绪发展的特征

大学生正处于青春期的中后期，具有青年人共有的情绪和情感特点，如热情、活泼、思维敏捷、接受新事物快、自我意识强烈等。同时，由于大学生这一群体独特的社会地位、知识水平、心理成熟度和生理发育状况，他们的情绪、情感又具有自己鲜明的特点，总体表现为矛盾的情绪反应和强烈的情感体验。具体特点如下：

（一）稳定性与波动性并存

大学生的情绪系统日趋稳定，对于事、物、行为的情绪情感反应能持续较长时间；对他人的情绪情感依赖和联结具有一定倾向性和专一性，互相之间以此确立身份并获得心理认同和共识，如同学，恋人等。但与成年人相比，大学生的情绪情感仍不成熟，变化频率快且幅度大。考试成绩好坏、人际关系亲疏、恋爱行为成败都会使他们的情绪情感处于波动之中，在情绪的两极之间来回游走。同时，由于大学生的心理、生理和社会需求处于不平衡的发展状态，他们有时也会产生一些莫名其妙的情绪情感波动、交替，如成功后恃才傲物，失败后怨天尤人等。

（二）外显性与内隐性并存

处于青春期的大学生遇事反应强烈，对外界的刺激反应敏感、迅速，情绪情感写在脸上、言在嘴上、表现在行为中。喜怒哀乐、爱恨情仇的表现都很具体、真实，但有时大学生情绪情感的外部表现会与内在体验不一致，甚至相反，表现为情绪情感的文饰现象。

（三）冲动性与理智性并存

大学生的情绪情感具有强烈性、爆发性和易激动性的特点，即冲动性。他们可能因为不经意的玩笑或一件小事而大打出手，造成伤害。另一方面，由于大学生自我意识的发展与成熟，他们的理智感也随之增强，具有一定的自我控制能力，能够对强烈的情绪情感反应进行调适。

（四）强烈的情绪情感体验，高级情感占主导地位

大学生思维敏捷，感情细腻，需求强烈，内心经历着强烈的情绪情感体验，成功了兴高采烈，失败了痛苦不堪，悲伤时烟雨蒙蒙，生气时怒发冲冠。伴随着社会化进程的深入，大学生的社会需求和精神需要日趋强烈，情感，尤其是高级情感，在大学生内心中逐步占据主导地位。道德感、理智感、美感逐渐成为他们日常生活的主流。

（五）阶段性和层次性并存

大学生情绪和情感的发展具有阶段性和层次性的特点。一方面，随着年龄的增长、知识的积累和阅历的增加，不同年级的大学生各有特点；另一方面，同一年级的大学生由于成绩、能力等方面的差异，也表现出不同层次的情绪和情感特点，两者交织共存。

1. 不同年级的大学生情绪和情感的特点

1）低年级大学生情绪和情感的特点

刚刚跨入大学校园的新生，心中涌动着成为一名大学生的自豪感，对校园中的一切都感到新鲜、好奇，体验着走出“黑色的六月”的轻松。同时，由于没有考上更好的专业和学校或在新班级中失去中心位置，以及理想中的大学生活与现实的巨大落差等原因，许多大学生感到强烈的失望、迷茫和自卑。激烈的竞争、繁重的课程、不同的教学方法使大学生在短暂的轻松后很快感到压力和紧迫感；陌生的生活和人际环境会导致心理上的不适应，使得低年级大学生产生恋旧感，深深地思念家人和旧日同学。因而，低年级大学生情绪和情感体现出自豪感和自卑感交织、轻松感和压力感交织、新鲜感和恋旧感交织的特点。

2）中年级大学生情绪和情感的特点

中年级的大学生经过一年的调整后，已逐渐融入大学生活和学习之中，知识性情感增强，表现在专业思想渐趋稳定，自尊感和自信心得到发展。此时大学生的人际交往逐渐增多，与班级同学的感情较为密切，并建立起深厚的友谊，一些大学生还开始了对爱情的追求。中年级大学生爱好广泛，积极参加社会活动和审美活动，社会责任感、义务感、荣誉感和美感进一步发展并成熟，情绪和情感总体较为平稳。

3）高年级大学生情绪和情感的特点

高年级大学生即将告别学校，走上工作岗位，社会责任感明显增强，社会性情感日趋丰富，主要表现为更多地关心个人与社会的关系，思考人生价值和意义的倾向。毕业在即，高年级学生大多面临毕业考试、论文答辩、求职择业、恋人去向等“趋避冲突”，紧迫感和忧虑感明显，同时对母校、班级和同学产生惜别留恋之情，依依不舍。但也有个别大学生，因学习或择业中遭到挫折，产生愤怒、焦虑和紧张情绪，在冲动下做出毁坏公物、酗酒、打架斗殴等恶劣行为。特别需要注意的是，部分毕业生由于多方面的原因无法顺利毕业，学生情绪波动大，各方面的压力体验较强烈，无法面对家庭，参与学生毕业活动的底气不足，需要多方关注。

2. 不同层次的大学生情绪和情感的特点

按在校学习成绩、表现及能力，可将大学生分为优秀生、中等生与后进生三个层次，现就优秀生和后进生的情绪和情感特点做简要分析。

优秀生的独立感、自尊心和自信心较强，情绪大多积极、愉快、乐观，他们的求知欲极强，学习兴趣浓厚，能体验到获取知识和有所创造时的快乐，对班集体的责任感和荣誉感较强。

后进生的内心充满了矛盾，一方面他们想努力学习、奋发进取，甩掉落后的帽子；另一方面又常因缺乏毅力和恒心，半途而废，徘徊不前，内心常常感到苦恼、痛苦和自责，他们既有强烈的自卑感，又有一定的自尊心，最忌别人揭短，怕被人瞧不起。

二、大学生消极情绪的表现及其产生原因

（一）在学习和生活方面常见的消极情绪及表现

1. 自卑

自卑是一种因过多地自我否定而产生的自惭形秽的情绪体验。每个人或多或少都有自卑感，但如果个体的自卑程度较深，影响了正常工作和学习，就需寻求心理咨询师的帮助。大学生的自卑感主要有如下表现：

1）自我认识不足，妄自菲薄

每个人总是以他人为镜来认识自己，根据他人对自己的评价和自己与他人的比较来认识自己的长短优劣。如果他人对自己做了较低的评价，特别是较有权威的人的评价，就会影响自我认识，低估自己。心理学家发现，性格较内向的人，更多地愿意接受别人的低估评价而不愿接受别人的高估评价。在与他人比较的过程中，性格内向的人，也多半喜欢“扬短避长”，产生自卑感。同时，他（她）们喜欢反省自己，对自身的不足有较多的了解，为求自我完善，严于律己，使得自卑感加重。

2）消极的自我暗示抑制自信心

每个人面临新局面时，首先都会衡量自己是否有能力应对。性格内向的个体由于注意窄化，自我认识不足，常觉得“我不行”。消极的自我暗示又会抑制自信心，增加紧张感，产生心理负担，在学习和交往中，放不开手脚，限制能力的发挥，行为效果不佳，转而形成消极的反馈，影响后续行为，产生退缩，造成恶性循环，社会功能退化。

3）不能承受挫折

人们在遭受挫折后，可能产生各种反应，或反抗，或妥协，或固执。有的人在遭受某种挫折后，就会变得消极悲观，特别是性格内向的人，由于神经的感受性高而耐受性低，稍微受挫就会给予个体沉重的打击，增加自卑感。

2. 焦虑

焦虑属于消极的情绪，它是一种能减弱人的体力、精力，干扰人的正常活动的情绪体验，也属于不愉快的情绪。它使人烦躁不安，类似恐惧，但程度不太强烈。焦虑程度与学习效率之间的关系符合“倒U”形曲线，即随着焦虑程度的增加，学习效率也随着提高，超过一定的焦虑程度时，学习效率就会随着焦虑程度的增加而降低。大学生产生的焦虑类型主要有以下几种：

1）考试焦虑

考试焦虑是指大学生不能正确对待考试，担心考试不及格而产生过度焦虑。这类学生主要是基础比较差，学习比较吃力，对大学的学习生活不适应，赋予考试重要的权重，经常担忧考试成绩不好会退学和影响就业，使压力超过心理负荷而造成过度焦虑。同时，也有的学生成就动机太强，害怕考试达不到自己的预期而产生考试焦虑。

2）困难焦虑

有的大学生不能正视大学所遇到的学习和生活方面的困难而产生焦虑，如有的学生为

了保持自己原有的优势，千方百计和来自各方的众多“尖子生”进行竞争和比赛，结果负于强手，在心理上出现了自责、自卑和难以服气的精神压力，背着沉重而又紧张的思想包袱，也容易产生害怕失败的焦虑情绪。

3）就业焦虑

市场经济条件下，人才竞争十分激烈。教师、父母或朋友对学生的要求过高，这是造成就业心理压力的主要原因。有的学生害怕竞争，把就业视为一种精神上的“压力”。学生毕业后“啃老”也常见诸报端。

4）健康焦虑

有些学生因为长期生病而产生焦虑，还有部分学生因为网络成瘾以致睡眠不足，营养不良；同时，睡眠、身心需要的能量得不到及时的补充和缓冲，也同样会陷入焦虑之中。

3. 抑郁

抑郁是大学生中较常见的一种心理失调症，是大学生感到无力应付外界压力而产生的一种消极情绪。它是一种低沉、灰暗的情感基调，可从轻度心情烦闷、消沉、郁郁寡欢、状态不佳、心烦意乱、苦恼、忧伤到悲观、绝望。抑郁者常觉得生活没有意思，高兴不起来，心情沉重，提不起精神，做事缺乏动力，对外界的兴趣减退或消失，自信心下降。严重的则整日忧心忡忡、胡思乱想、郁郁寡欢、度日如年、痛苦难熬、不能自拔、思维变迟钝，甚至动作变迟缓，有时甚至有轻生的念头或行动。

大学生的抑郁主要有以下表现：

1）坦途无悦

面对达到的目标、实现的理想、一帆风顺的坦途，他们并无喜悦之情，反而感到忧伤和痛苦。如考上名牌大学却愁眉苦脸、心事重重，想打退堂鼓。有的学生在学习期间，经常无故往家跑，总想着休学或退学。

2）不良暗示

主要表现在两个方面：一是潜意识层面，会导致生理障碍。如患者一到学校门口、教室里，就感觉头晕、恶心、腹痛、肢体无力等，当离开特定环境回到家中，一切又恢复正常。另一种是意识层面，专往负面去猜测。如患者自认为考试成绩不理想；自己不会与人交往；自认为某些做法错误，甚至有负罪感，给别人造成麻烦；担心自己的病可能是不治之症等。

3）调换环境

患者可能在学校发生过一些矛盾，或者根本就没什么原因，但他们深感所处环境的重重压力，经常心烦意乱，郁郁寡欢，不能安心学习和生活，迫切要求教师为其想办法，调换宿舍。当真的到了一个新的地方，他们的状态并没有随之好转，反而会另有理由和借口，继续认为环境不尽如人意，反复要求改变。

4）自杀行为

严重抑郁者可能利用各种方式轻生。对自杀未果者，如果只抢救了生命，未对其进行抗抑郁治疗（包括心理治疗），患者仍会重复自杀。此类自杀包含心理病理因素和生物化学因素，患者并非甘心情愿地想结束生命，而是被疾病因素所左右，心不由己。

4. 冷漠

冷漠，指大学生在学习与生活过程中，对引起挫折的对象无法攻击，又无适当的替代对象可借以攻击时，强压愤怒情绪，表现为一种表面的冷淡和对事物无动于衷的态度。冷漠是一种复杂的行为表现方式，与大学生个体的经验有密切联系，它是大学生受挫折直接反应的一种心态。

大学生的冷漠一般表现为以下几方面：

1）角色性冷漠

部分大学生在学校或班级各项活动中不能进入预定的角色情绪，出现角色失落和角色冷漠，长期未能参与到班级活动中。

2）倦怠性冷漠

由于长期受片面追求升学率的影响，广大青少年学生在枯燥乏味的学习生活中，容易滋生疲劳、厌烦、倦怠情绪。值得注意的是，这种倦怠性冷漠情绪也会出现在优秀的学生身上，并像病菌一样传染蔓延，使得大家的生活缺乏动机和意义感，觉得干啥都没兴趣。

3）忧郁性冷漠

大学生对所处现实和自身的境遇不满，会产生严重的心理失落感，在青少年学生群体中，表现为精神萎靡，郁郁寡欢，缺乏自信。部分大学生由于所选学校或者专业与理想差距较大，不能释怀，对专业学习和大学生活产生冷漠情绪，无法自拔，长期沉沦。

（二）大学生消极情绪的产生原因

大学生之所以会产生消极情绪，既受个性、意志等内在心理因素的影响，同时也受社会、家庭等外在因素的影响。主要原因如下：

1. 达不到既定目标所产生的失败感

理想是大学生学习的主要动力，但大学生在学习和生活中往往对自己期望过高，不能正确处理理想与现实的关系，加上他们在心理上还不成熟，未形成正确的人生观，容易因失败而感到苦闷和彷徨，产生自我无能感，陷入自轻、自贱的消极情绪中。

2. 不能客观地自我归因

对自己的行为进行归因是大学生平衡心理的重要方法。按照归因理论，人们一般会对自己的行为结果从两个维度进行归因，即稳定性和内外因。许多大学生往往将自己的挫折归因为稳定的内因，即认为自己能力不行，对自己丧失信心。

3. 自尊心的丧失

自尊心是一个人对自己的尊重，相信自己的能力和肯定自己所从事工作和学习的价值。自尊心较强的学生，善于表达自己的思想，能与同伴良好相处，在学习和生活中独立性较强。而自尊心较低的学生在大部分时间里忧愁伤感，害怕参加活动，害怕遭到别人拒绝，时常感到没有人爱他们，孤独、无助、压抑。

4. 人际交往贫乏

正常的人际交往是大学生心理健康的重要指标。当前，部分大学生人际关系较差。人际关系紧张与大学生自我意识不完善，以自我为中心倾向严重有直接关系。部分大学生遇事首先从自己的角度考虑，总是希望“万物皆备于我”，往往因不善于处理各种人际关系而导致心理问题出现。当他人的看法、想法、生活习惯等与自己不一致，或自认为他人对自己不尊重时，他们甚至采取“以牙还牙”、自我封闭等不合理的处理方式。此类学生虽然表面上很要强，其实内心孤独，希望他人接纳自己，尊重自己，但是，他们却不善于接纳他人，又缺少尊重他人的意愿。

三、情绪对大学生身心健康的影响

（一）情绪对大学生健康的影响

情绪对人的身心健康具有直接影响。若能保持愉快的心境，为人开朗乐观、积极向上，则人体免疫功能活跃旺盛，减少患病的机会，有益健康。同时，良好的情绪不仅能使大学生对生活充满希望，对自己满怀自信，而且能够使他们的求知欲增强、思维敏捷、富于创造力、爱好广泛、建立良好的人际关系，促进全方位发展。

与此相反，消极的情绪对人的身心健康危害极大，在压抑、紧张、焦虑、恐惧等消极情绪的长期作用下，人的免疫系统遭到破坏，免疫能力下降，容易罹患各种传染性疾病，内脏功能也会受到伤害。许多研究表明，消极负面的情绪是身心健康的大敌。突然而强烈的紧张情绪会抑制大脑皮层的心智活动，破坏大脑皮层兴奋和抑制的平衡，使人的意识范围变窄、判断力减弱，失去理智和自制力。调查发现，大学生中常见的消化性溃疡、紧张性头痛和偏头痛、心律失常、月经失调、神经性皮炎等，都与消极情绪有关。

（二）情绪对大学生学习的影响

情绪不仅与大学生的身心健康有关，而且与大学生的潜能开发、工作效率有密切的关系。良好的情绪情感能唤醒大学生的行动力，使他们有兴趣学习、工作和运动，同时，有助于开阔思路，集中注意力，富有创造性。研究发现，精神愉快、心情舒畅、激动而轻松是思考和创造的最佳状态，是有效进行智力活动的先决条件。

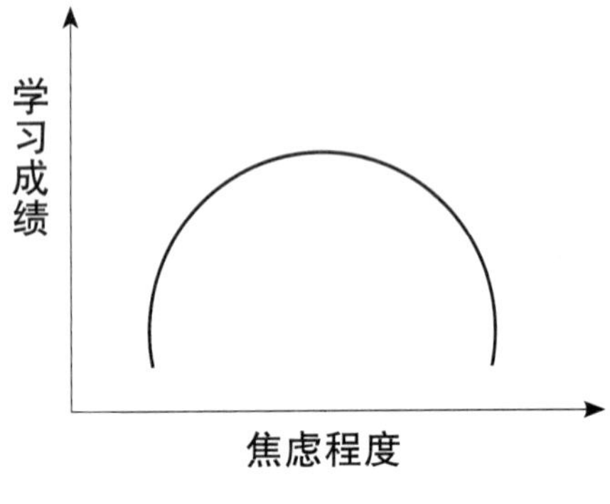

图6-3　焦虑程度与学习成绩的关系

心理学家用实验方法研究情绪与学习成绩的关系时，通常将焦虑程度与学习成绩分别作为自变量和因变量，然后采用自我评定法和生理反应法来研究它们之间的函数关系。研究结果表明，焦虑程度与学习成绩的关系呈“倒U形”，如图6-3所示。

研究发现，适度的焦虑能使大学生取得较高的学习效率，焦虑程度过高或过低，均会阻碍优异学习成绩的取得。在生活中常有这种现象：有的学生在考试时过分紧张，结果出现“晕场”现象；反之，有的学生对考试采取不以为然的态度，考试成绩也不高。

（三）情绪对大学生人际关系的影响

具有良好情绪特征（例如乐观、热情、自尊、自信）的个体，往往能够与他人正常相处，善于缩短彼此间的心理距离，使双方情感融洽。而自卑、情绪压抑、爱发怒的人，往往不能与他人正常相处，难沟通、易疏远，使人与人之间产生隔阂。

由于情绪具有感染性与传染性，因而具有良好的心态，积极而稳定、适度的情绪反应，正性情绪大于负性情绪的个体，在人群中更受欢迎，更易获得别人的赞赏，形成良好的人际关系。一位大学生这样形容宿舍的一位同学：他的情绪正如六月的天，喜怒无常，无法把握，与他相处，如履薄冰，我们时刻要受他情绪的支配与感染。大家都认为他没有用坏情绪影响其他人好心情的权利，所以大家均规避交流，尽量减少与他的交往。

与此同时，大学生在人际交往中，要注重提高自身修养，学会适度控制与调适自己的情绪，做情绪的主人，才能拥有良好的人际关系。

（四）情绪对大学生行为目标的影响

1979年，心理学家埃普斯顿在《人类情绪的生态学研究》中，介绍了他对大学生的自我观念、情绪与行为变化之间关系的研究成果。他发现，当体验到的是积极的情绪，如感到高兴、亲切、安全、平静时，大学生的行为目标也往往积极、生动，如对新经验的接受和开放、对周围人的尊重和理解、对价值和长远目标的献身精神等，都有明显增强；当体验到的是痛苦、愤怒、紧张或受威胁等消极情绪时，一部分大学生的社会兴趣下降，反社会行为增加，对新经验持审慎甚至闭锁的态度，另一部分大学生的行为并没有向消极方面转化，而是汲取教训，准备再次尝试。

埃普斯顿的实验结果表明：积极的情绪体验与积极的行为变化具有一致的关系。因此，在大学生活中要尽可能多地缔造这种关系。积极引导消极情绪，主动发现并及时宣泄，使之转化为长远目标和价值献身的精神。

（五）良好的情绪和情感对大学生身心健康的促进

大学生良好的情绪和情感是指愉快情绪多于不愉快情绪，情绪反应适时、适度，善于自我调节和控制，情绪和情感的稳定性较好。

现代心理学和医学的研究成果表明，情绪和情感对人的身心健康具有直接的影响，甚至可以说是情绪主导健康。大学生若能经常保持心情愉快、舒畅、开朗乐观，则人体免疫功能活跃，可减少疾病感染的机会，有益健康。苏联生理学家巴甫洛夫说："愉快可以使你对生命的每一次跳动，对生活的每一印象易于感受，不论躯体和精神的愉快都是如此，可使身体发展、健康。"俗语说："人逢喜事精神爽""笑一笑、十年少"，就是说愉快乐观的情绪和情感可以延缓衰老、增进健康。良好的情绪和情感不仅可以促进生理健康，更与大学生的心理发展密切相关，情绪和情感发展良好的大学生往往对生活充满热爱，对自己充满自信，好奇心和求知欲浓厚，思维活跃，富于创造性，爱好广泛，行为积极主动，乐于与人交往，并能与人建立相互信任、理解的友好关系，促进大学生提高学习、工作效率，激发潜能，实现全面发展。

（六）负性情绪对大学生身心健康的危害

所谓负性情绪，是指持续的消极情绪和过度的情绪反应，如因不幸事件引起悲伤、忧郁持续数周、数月甚至数年不能消除，或情绪反应过于激烈，均会对身心造成危害。有时即使是愉快的情绪，因反应不适度，也可能成为劣性情绪，如范进中举后狂喜致疯，就是众所周知的例子。

负性情绪对人的身心健康危害极大，在压抑、紧张、焦虑和恐惧等消极情绪的长期作用下，人体免疫功能下降，容易罹患各种身心疾病，同时内脏器官尤其是消化系统和心血管系统受到影响，易导致高血压、冠心病、消化道溃疡等。大学生中常见的偏头痛、心律失常、胃溃疡等疾病也多和紧张、压抑、焦虑等负性情绪有关。

强烈的情绪反应和持久的消极情绪还会影响到神经系统的功能，破坏大脑皮层的兴奋与抑制的平衡，使人的认识范围变窄，分析能力减弱，失去自制力，严重的甚至会引起精神错乱、行为失常和神经症等。调查表明，大学生中常见的心理障碍和疾病大多与持久的消极情绪有关，如神经衰弱的病因就与长期处于紧张、焦虑的情绪状态有直接联系。有些大学生还因无法调适、消除不良情绪，长期陷于苦闷、压抑、抑郁等状态中，感到悲观、痛苦，不仅严重地影响了学习和生活，甚至会走上轻生的道路，酿成悲剧。

第三节　健康情绪情感的培养

一、什么是健康的情绪

（一）健康情绪的标准

健康的情绪是健全人格的必要条件。什么样的情绪是健康的？这个问题似乎不好回答，因为任何一种情绪都有它的作用，既有它积极的一面，也有它消极的一面。就某种情绪状态对人的生理健康、社会生活的影响而言，个体可以从以下几个方面去观察自己的情绪状态是否健康或有利于自己的生活。一般而言，情绪的目的明确、表达适度，不带有幼稚的、冲动的特征，符合社会规范的要求，就是情绪健康的标准。情绪健康的标准有不少版本，不可能一一罗列，以下介绍两个版本，帮助大家了解健康情绪的特点。

1. 心理学家索尔指出情绪健康的8个特点

（1）独立，不依赖父母；

（2）增强责任感及工作能力，减少与外界接纳的渴望；

（3）去除自卑情结、个人主义及竞争心理；

（4）适度的社会化与教化，能与人合作，并符合个人良心；

（5）成熟的性态度，能组建幸福家庭；

（6）培养适应能力，避免敌意与攻击；

（7）对现实有正确的了解；

（8）具有弹性以及适应力。

2. 心理学家瑞尼斯等人提出的情绪健康6项指标

（1）发展出某些技巧以应对挫折情境；

（2）能重新解释和接纳自己与情绪的关系，不会一直自我防卫，能避免挫折并安排替代的目标；

（3）知觉某些情境会引起挫折，可以避开并找寻替代目标，以获得情绪满足；

（4）能找出方法，缓解生活中的不愉快；

（5）能认清各种防卫机制的功能，包括幻想、退化、反抗、投射、合理化、补偿，避免成为错误的习惯，以致防卫过度，造成情绪困扰；

（6）能寻求专家的帮助。

（二）大学生健康情绪情感的标准

大学时期是青年人心理成熟的重要时期，也是情绪丰富多变、相对不稳定的时期。随着社会地位、知识素养的提高以及所处特定年龄阶段的影响，大学生的情绪带着鲜明的特征。大学生情绪健康的基本标准如下：

1. 情绪稳定性好，善于调节和控制情绪

情绪稳定表明个人的中枢神经系统活动处于相对的平衡状况，反映了中枢神经系统活动的协调。一个人情绪经常不稳定、起伏波动大，是情绪不健康的表现。青春期的大学生正处于情绪容易激动的时期，而且易产生一些过激行为。随着年龄的增长、认识水平的提高和自我意识的发展，他们对情绪进行自我调节与控制的能力增强，既能调节情绪，又能适度宣泄，不过分压抑，使情绪的表达既符合社会要求，又符合自身的需要，能在不同的时间和场合恰如其分地表达情绪。

2. 情绪的基调是积极、乐观的

消极情绪在日常生活中无法避免，但是，从总体上讲，大学生应当能在较长时间内保持积极的情绪，如热情、乐观、愉快，对自己、对生活充满信心，这是情绪健康的重要特征。大学生积极、乐观、稳定的情绪特征表现为关心社会生活的变化，关心国际国内大事，对生活有强烈的兴趣，积极参与社会生活，乐于参加各类活动，努力克服各种困难，追求积极向上的生活目标，在奋斗中体验到生活的乐趣。如果一个大学生感到生活空虚、无聊、没有意义，对生活产生厌倦，同样是情绪不健康的表现。

3. 情绪反应适时适度

情绪健康者的情绪反应由适当的原因引起，情绪反应的强弱和引起情绪的情境相符合。既不会反应过激，也不会冷漠麻木。大学生处于青年期，青年人情绪反应的敏感性和反应强度一般高于成人，他们在遇到让人兴奋的事情，如节日庆典或球赛获胜时，更容易激动。但是，如果大学生的情绪反应既与现实不符，也与同龄人的情绪表现不符，表现出类似儿童的幼稚、冲动且缺乏控制力，则是情绪不健康的表现。

4. 高级社会情感发展良好

道德观、罪恶感、集体感、爱国主义、利他主义、理智感、美感等高级情感活动在大学时期开始对大学生的生活产生明显的影响，左右其情绪反应。如大学生确立了道德感和正义感，当出现与之不符的观念与行为时，他们通常会觉得自己犯有过错，感到痛苦，自我谴责，情绪体验痛苦。大学时期社会情感的发展决定了情感教育的重要性。大学生的社会情感在良好教育的影响下会获得充分发展，他们朝气蓬勃，勇往直前，珍视友谊，向往美好的爱情，道德感、理智感和美感的发展均趋于成熟，并在情绪生活中占据主导地位。

二、大学生消除不良情绪的常用方法

（一）积极的自我暗示

自我暗示，就是个人通过语言、形象、想象等方式，对自身施加影响的心理过程。这个概念最初由法国医师库埃于1920年提出，他的名言是“我每天在各方面都变得越来越好”。自我暗示分消极自我暗示与积极自我暗示。积极自我暗示在不知不觉之中对自己的意志、心理以至生理状态产生影响，令个体保持良好的状态、乐观的情绪和自信心，调动人的内在因素，发挥主观能动性。而消极的自我暗示则会强化人们个性中的弱点，唤醒潜藏在心灵深处的自卑、怯懦、嫉妒等，从而影响情绪。

与此同时，个体可以利用语言的指导和暗示作用，来调适和放松心理的紧张状态，使不良情绪得到缓解。心理学的实验表明，当个人静坐时，默默地说“勃然大怒”“暴跳如雷”“气死我了”等语句时心跳会加剧，呼吸会加快，仿佛真的发起怒来。相反，如果默念“喜笑颜开”“兴高采烈”“把人乐坏了”之类的语句，那么他的心里面也会产生一种乐滋滋的体验。因此，言语活动既能唤起人们愉快的体验，也能唤起不愉快的体验；既能引起某种情绪反应，也能抑制某种情绪反应。因此，在生活中遇到情绪问题时，个体应当充分利用口头语言或书面语言对自身进行暗示，缓解不良情绪，保持心理平衡。比如默想或用笔在纸上写出下列词语：冷静、三思而后行、息怒、镇定等。实践证明，语言暗示对人的不良情绪和行为有奇妙的影响和调控作用，既可以松弛过分紧张的情绪，又可用来激励自己。

（二）适度宣泄

过分压抑只会使情绪困扰加重，而适度宣泄则可以把不良情绪释放出来，使紧张情绪得以缓解。因此，遇有不良情绪时，最简单的办法就是“宣泄”。或是尽情地向至亲好友倾诉自己认为的不平和委屈等；或是通过体育运动、劳动等方式来尽情发泄；或是到空旷的山林原野，拟定一个假目标大声喊叫，发泄心中怨气。必须指出，在采取宣泄法来调节自己的不良情绪时，必须增强自制力，不要随便发泄不满或者不愉快的情绪，要采取正确的方式，选择适当的场合和对象，以免受负性情绪的反噬无法自拔。

（三）注意力转移法

注意力转移法就是把注意力从引起不良情绪反应的刺激情境转移到其他事物上去或从事其他活动的自我调节方法。当出现情绪不佳的情况时，可以把注意力转移到自己感兴趣的事上去，如外出散步、看电影或电视、读书、打球、下棋、找朋友聊天、换换环境等，在活动中寻找到新的快乐。这种方法，一方面中止了不良刺激源的影响，防止不良情绪的泛化、蔓延；另一方面，通过参与新的活动，特别是感兴趣的活动，达到增进积极情绪体验的目的。

（四）自我安慰

自我安慰可以帮助人们在大的挫折面前接受现实、保护自己、避免精神崩溃。例如，对于失恋者来说，想到“失恋总比结婚后再离婚要好得多”，便可减轻因失恋带来的痛苦。因此，当人们遇到情绪问题时，经常用“胜败乃兵家常事”“塞翁失马，焉知非福”“坏事变好事”等来进行自我安慰，能够摆脱烦恼，缓解矛盾冲突，消除焦虑、抑郁和失望，达到自我激励、总结经验、吸取教训的目的，保持情绪的平静和稳定。

（五）交往调节

某些不良情绪常常由人际关系矛盾和人际交往障碍引起。因此，当个体遇到不顺心、不如意的事，有了烦恼时，能主动地找亲朋好友交往、谈心，比一个人独处冥想、自怨自艾要好得多。因此，在情绪不稳定的时候，找人谈一谈，具有缓和、抚慰、稳定情绪的作用。同时，人际交往还有助于交流思想、沟通情感、产生共情，增强自己战胜不良情绪的信心和勇气，能更理智地去对待不良情绪。

（六）情绪升华

升华是提升不被社会所接受的动机、欲望，而使之符合社会规范和时代要求，是对消极情绪的一种高水平的宣泄，是将消极情感引导到对人、对己、对社会都有利的方向去。如一同学因失恋而痛苦万分，但他并未因此消沉，而是把注意力转移到学习中，立志做生活的强者，证明自己的能力。

（七）求助心理咨询

心理咨询的过程就是咨询师运用特定的技术手段，帮助来访者调整情绪、恢复健康乐观的情绪、促进来访者成长的过程。心理咨询作为一项专门的技术，在情绪疏导方面具有良好的效果。首先，心理咨询中的保密原则、非歧视原则不会给来访者带来人际关系的压力，特别当你感觉到没有可以信赖的人或者遇到难以启齿的问题时，可以求助心理咨询的帮助。心理咨询师会从专业的角度分析问题，给来访者最大的心理支持。

拓展阅读

情绪疏导的ACT疗法

ACT疗法即接受和委托疗法，是心理治疗中的代表性疗法之一，其核心的观点是：消极的想法与情绪贯穿人的生命始终，与其挑战它，不如坦然接受它，并集中精力追求自己所重视的人生价值。ACT疗法的主要步骤包括：

第一，接受你的情绪。“我感到痛苦，我罪有应得”“我真是愚蠢，怎么会这么做”，这些个体都会有，因为我们首先是一个凡人，所以你也需要接受你的不良情绪，允许它的存在。

第二，直面情绪。压抑和逃避不能解决问题，只会让个体陷入情绪的泥沼，难以自拔。例如，亲人去世时，允许悲伤哭泣；自己受到伤害时，允许自己愤怒。

第三，体验情绪。情绪会在个体的身体里产生不同程度的能量阻塞点。人们需要直接去感受自己的情绪。活在当下，体验当下，即感受此时此刻的情绪，你感觉到了什么？它有多强烈？

第四，认同情绪。感知情绪的最终目标是认同情绪。认同情绪是在接受情绪的基础上进一步识别情绪和容忍情绪。你的朋友激怒了你，你可能会说："我好愚蠢，为这种人而失望、生气。"你可能会更加苦恼。如果你认同这种情绪，并认为情绪产生是有原因的，你可能说："我当然会失望和愤怒，但是我们是好朋友，我会找出究竟他说了什么、做了什么，让我如此愤怒。"感到失望、生气时，什么也不要做。此刻的任务就是了解和感知自己的情绪，进而认同自己的情绪体验。

第四节 大学生良好情商的培养

一、情商的概念

情感智商最早由美国耶鲁大学心理学家萨洛维和新罕布尔什大学梅耶尔教授提出。他们用这一术语来描述人们的情绪评价、情绪表达和情绪调节及运用情绪信息引导思维的能力。随后专门从事人类行为和脑科学研究的美国哈佛大学心理学博士丹尼尔·戈尔曼在1995年出版的《情感智商》一书中，提出"情绪智力"（emotional quotient，EQ），在全球教育界掀起了一股强劲的旋风。他认为，人们首先要认识EQ的重要性，改变过去只重视IQ、认为高IQ就等于高成就的传统观念。他通过科学论证得出结论："EQ是人类最重要的生存能力"，人生的成就至多有20%可归诸IQ，另外80%则要受其他因素（尤其是EQ）的影响。教育的目标要尽力转到重视EQ上来。情绪智商包含以下五个方面的内涵：

（一）认识自身的情绪

认识情绪的本质是EQ的基石，这种随时随地认知自身感觉的能力对于了解自己非常重要。了解自身真实感受的人才能成为生活的主宰，否则就可能沦为感觉的奴隶。

（二）妥善管理情绪

情绪管理必须建立在自我认知的基础上。能控制自身情绪的人能很快走出命运低谷，较少受负性情绪的困扰，重新奔向新的人生目标。

（三）自我激励

自我激励包含两方面的意思：①通过自我鞭策保持对学习和工作的高度热忱；②通过自我约束以克制冲动和延迟满足。

（四）理解他人情绪

能否设身处地理解他人的情绪，是了解他人需求和关怀他人的先决条件，戈尔曼用同理心（empathy）来概括这种心理能力。同理心是同情、关怀与利他主义的基础，具有同理心的人常能从细微处体察出他人的需求。

（五）人际关系管理

恰当地管理他人的情绪是处理好人际关系的一种艺术。个体的人际关系管理能力意味着个体人际关系和谐（人缘好），适于从事组织领导工作。

在这五个方面中，前三个方面只涉及“自身”，后两个方面则涉及“他人”。EQ的基本内涵实际上包括两个部分：第一部分是要随时随地认识、理解并妥善管理好自身的情绪；第二部分是要随时随地认识、理解并妥善管理好他人的情绪。当前，高度信息化的生活方式无形中拉开了人与人之间的联系和交往，人际关系日趋复杂和多样，社会生活的方方面面都需要增进彼此的理解和支持，叶宝娟等指出，情绪智商具有增进积极情绪的功能，而积极情绪能够帮助个体建构持久的心理资源。同时，情绪智商正向影响大学生的生涯适应力，具有高情绪智商的个体对情绪信息进行整合的能力较强，生命意义感也较强，促进个体的生涯适应力。所以，情感智慧在现代社会中显得更为重要。

拓展阅读

软糖实验

1960年，著名心理学家瓦尔特·米歇尔（Walter Mischel）进行了一项实验。在斯坦福大学附属幼儿园选择了一群4岁的孩子，老师让这些孩子走进一个大厅，在每一个孩子面前放一块软糖，并对孩子们说：老师出去一会儿，如果你能在老师回来时还没有把自己面前的软糖吃掉，老师就再奖励你一块。如果你没有等到老师回来就把软糖吃掉了，你就只能得到你面前的这一块。在十几分钟的等待中，有些孩子缺乏控制能力，经不住糖果的诱惑，把糖吃掉了；而有些孩子领会了老师的意图，尽量让自己坚持下来，以得到两块糖。研究者对接受实验的孩子进行了长期的跟踪调查。中学毕业时的评估结果是，4岁时能够耐心等待的孩子在校表现优异，入学考试成绩普遍较好，而那些控制不住自己、提前吃掉软糖的孩子，则表现相对较差。进入社会后，那些“着急”吃掉软糖的孩子普遍不如得到“奖励”的孩子的成绩好。这项实验使人们认识到“智力在人生成就方面的作用估计有些偏高”，而对原本并不陌生的人类情感在个体成就和生活幸福方面所起的巨大作用低估了，这项实验研究引发了人们对情感智力的研究。

二、当代大学生的情商问题

（一）心理素质低，缺乏心理承受能力

中国特殊的国情和教育政策下，很多学生在中小学阶段被过度保护，家长广泛的“包办”“溺爱”抚养模式使部分处于青年中期的大学生情绪波动大、易冲动、自我控制能力较差、做事欠考虑。他们的心理发展尚未真正完全成熟，心态较浮躁，目标感强，过程体验不足，情绪不稳定，情感淡漠，难耐寂寞，遇到困难、挫折就怨天尤人，垂头丧气，牢骚满腹，悲观失望，甚至产生轻生的念头和出现轻生的行为。

（二）人际交往能力差，缺乏社会适应能力

不少学生在与人交往时，很容易以自我为中心，过多注重自己的需求，容易主观臆断，对他人产生偏见。同时，人际关系的理想化色彩较浓，对人际交流缺乏足够的心理准备——许多在学校里受到奖励的学生，在毕业以后的个人发展却落后于成绩不如他们的同学。同时，一些非常聪明的个体由于成长环境缺乏情商的培养，入学后不能赢得别人的好感，即“不会做人”，缺乏社会适应能力。相反，部分情商较高的个体在生活中很会做人，善于赢得他人的好感，周围人认为他们“有性格”“有气质”“有个性”“善解人意”“会做人”“有威信”，同学们也愿意与他们交朋友。

（三）协作精神较差，缺乏团队精神

当前部分大学生缺乏一定的谦让品质，集体观念淡薄，自我意识较强，生活中独来独往，自我利益感较重，缺乏全局意识和团队协作。在团队中不善于同他人进行合作，不能协调各方面的关系。在生活和学习中缺乏必要的互助，仅从个人角度考虑问题，存在自我中心的人格偏差。

（四）自主自立意识强，但自理自律能力较弱

当代部分大学生具有成人感、自尊感、自我表现感，他们“走自己的路，让别人去说吧！”但是，同时又希望被他人理解，渴求友谊。他们喜欢自己设计和组织各种活动，表现出很强的自主自立意识，但由于在中学时代基本上是在老师的关怀下和家长无微不至的呵护中度过的，又在同龄人羡慕的眼光下跨入大学校门。因此，自尊感特别突出，不适应独立生活，自理自律能力较差，甚至个别同学因此荒废了大学学业。极个别学生沉迷于手机、网络不能自拔，缺乏理想和目标，考试屡屡不及格，被勒令退学，美好的前程没有展开就已夭折。

（五）道德伦理观念差，缺乏责任感

绝大部分大学生明白尊老爱幼、爱护公物、遵守公共秩序、维护公共卫生、语言文明等基本社会公德，但在实际生活中并不如此行动，他们有时公德意识较差，随地吐痰、乱扔纸屑、说脏话、随意毁坏公物，不健康文明的恋爱也时有发生。

三、大学生情商的培养

拓展阅读

主观幸福感

主观幸福感（subjective well-being，SWB）主要是指人们对其生活质量所做的情感性和认知性的整体评价。决定人们是否幸福的并不是实际发生了什么，关键是人们对所发生的事情在情绪上做出何种解释，在认知上进行怎样的加工。

美国心理学家狄纳比较全面地概括了主观幸福感的三个特点：第一，个体是否幸福主要依赖于自己定的标准，而不是依赖他人或外界的标准；第二，主观幸福感不仅指个体没

有消极的情绪体验，更指主体能体验到积极的情绪；第三，主观幸福感，不是指个体对其某一个单独的生活领域评估后的体验，而是指个体对整个生活评价后的总体验。具有主观幸福感的人有五项共同点：①积极的人生观、价值观；②积极欣赏自己、悦纳自己，认为自己有不同于其他人的地方，并肯定优点；③控制感强烈，幸福感强的人能很好地控制生活事件；④乐观，幸福感强的人能从积极的角度理解问题，乐观使他们持之以恒，并获得成就；⑤社会支持良好，幸福的人有属于自己的朋友圈子，有较强的社会支持。

（一）提升主观幸福感，寻找生活中快乐的源泉

什么是幸福？怎样才能获得真正的幸福，这是每个人终生追寻的目标。每个个体发自内心的喜悦无不来自主观幸福感，内心充盈才能让个体感受到生活的意义。如何启动幸福感，不妨试试以下方法：

1. 学习正向思考

很多不良情绪来源于负向思考，而正向思考使幸福感容易启动。正向思考要求个体拥有一颗开放的内心，心胸宽大、善于面对新奇与挑战，对待事情客观公正，对人友善，肯定生命的价值，积极探索人生，学会独立自主。

2. 拥有感恩的心

感谢生命中的种种，“短暂的休憩、温馨的落日、餐桌上的佳肴、朋友的小聚”，这些平凡又不经意的瞬间，让个体体会到生活的无限美好，即使生活偶尔会陷入困境，随时保持感恩之心，会带给人无限的满足感，增加内心的幸福感。

3. 信心与希望

在竞争激烈的社会中，焦虑与恐惧如影随形，对于大学生而言，降低焦虑的最佳途径就是学习，在学习中不断提升自身的能力。自怨自艾不如奋起努力，人并不是一出生就具备应对环境的能力，个体需在不断学习的过程中提升自信，创造价值。

（二）提升情绪的自我觉知力与调控能力

拓展阅读

十种愉悦身心的实用方法

1．关注现实

做一件事情时，不要惦记着其他事情，要把注意力集中到手头的事情上来。

2．期盼一件让你快乐的事

在自己的时间计划表里增加一件自己喜欢做的，让自己快乐的事，比如看一场精彩的比赛、出游等。研究表明，人们在期待一件快乐的事情时会变得更加愉快。

3．8点上床睡觉

因为各种原因，现代人的睡眠都普遍不足，而这在不知不觉中会影响个人的情绪。所以，中午可以小憩片刻。另外一个好办法是：某一天可以晚上8点钟就上床，找一本自己喜

欢的书读一小时，然后关灯睡觉。

4. 清理一下东西

如果生活在一个杂乱无章的环境里，你很难静下心来。如果想拥有好心情，可以从清理你的桌子开始，把桌子上的东西摆放有序。

5. 做一张计划表

找一张干净的纸，将自己当天要做的事情都写下来。可以将计划做的事情分为三种类型：必须完成的、应该完成的和可以完成的。当完成某一件事情时，在前面做标记。

6. 一次只做一件事

很多人喜欢同时做几件事，表面上是“很多事”，其实效率低，容易给自己造成不必要的压力。研究发现，那些同时做几件事的人比其他人更容易发生高血压。因此，最好把精力都放在一件事上，专心致志地做。

7. 尝试“与世隔绝”的生活

尝试过一个星期“与世隔绝”的生活，不看手机，不刷微信，也不上网看新闻。在信息爆炸化的今天，给自己放个假，远离所有的媒体。到外面走一走，写写日记，或者静下来想想心事。

8. 找个安静的地方“避避风”

在喧嚣的城市里寻找一处安静的场所，然后在那里做点自己喜欢的事情。图书馆、博物馆、公园等都是不错的选择，尤其是当你心情不好的时候，到这些地方逛逛或看看书、听听音乐，瞬间会让你感觉好起来。

9. 既“群居”，又“独处”

一项对1300多人所做的研究显示，亲密朋友多的人与只有两三个朋友的人相比，血压、胆固醇含量、血糖等健康指数都远优于后者。在心情不好的时候，找亲友倾诉，一般会有很好的效果。

10. 想想生活中的收获

每天花点时间，静下心来想想自己生活中各方面的收获。例如，自己虽然不是富人，但是家庭和睦、相亲相爱，应该为此感到自豪。

情绪的自我觉知是指个体对自我感觉和体验到的情绪变化的敏锐认知，是情绪智力的核心。对大学生而言，当一种情绪出现时，可以通过自我反省，从不同角度去了解自己的情绪及情绪产生的原因，以此来提高情绪的自我监控与管理。在生活中，很多同学会出现一种强烈的情绪体验，包括莫名的烦躁、愤怒等，对于这些情绪体验的回忆与体会，会让个体清楚地了解自己的内心，进行深刻的自我剖析，帮助个体掌握情绪调节的节奏和方法。

（三）培养合理竞争意识，倡导团结协作精神

竞争是时代的要求和社会发展的必然，没有竞争，无以求生存、谋发展。大学生应当拟定恰当的目标和理想，避免好高骛远和妄自尊大，在客观的自我分析的基础上，确立自身渴望实现的竞争目标，并选择合理的竞争手段，尽力避免过多的失败和挫折，避免陷入

长期的焦虑、悲伤和不安的情绪困扰中。在个体发展过程中，大学生应该合理看待竞争与合作的关系，这两者不是截然对立的，如果只看重竞争，为了个人利益，无所不用其极，最终将成为自私自利的个人主义者，影响自身的社会适应性。若能提升自我的团队意识，可以让个人拥有更宽广的视野，以坦然的心情来面对得失成败，极大地发挥自身的潜能。

（四）提升心理耐挫能力与心理弹性

大学生心理承受能力相对较弱，因此，他们自我感觉在学习生活中挫折不少，比如，学业竞争中受挫、情感受挫、人际交往受挫、目标失败受挫、因意外刺激受挫等。他们在挫折面前，或恐慌、焦虑，或自暴自弃、回避现实，或自卑、怯懦、仇视、甚至悲观厌世而轻生等。人生不止一种旋律，正确看待自己面对的困难，认识自身的优缺点，是个体一生要完成的任务。增强自身的抗挫力，认识自己，实现自身人生的理想，拥有幸福完满的人生。

心理测试

情绪稳定能力自测

你是否经常无法控制你的情绪，容易生气或者怒对身边的人呢？来测试一下，看你是不是一个情绪稳定的人。以下测试题中每个问题都有3种答案可供选择，请你从中选择与自己实际情况最接近的一种答案。

表6-1　情绪稳定能力自测

序号	题目	是	不一定	否
1	觉得自己有能力克服各种困难	2	1	0
2	猛兽即使是关在铁笼里，你见了也会惴惴不安	2	1	0
3	如果能到一个新环境，你会如何做？	把生活安排得和从前一样	不一定	和从前相反
4	在一生中，你一直觉得你能达到预期的目标	2	1	0
5	在小学时敬佩的老师，到现在仍然令你敬佩	2	1	0
6	不知为什么，有些人总是回避你或对你冷淡	2	1	0
7	你虽善意待人，却常常得不到好报	2	1	0
8	在大街上，你常常避开你所不愿意打招呼的人	2	1	0
9	当你聚精会神地欣赏音乐时，假设有人在旁边高谈阔论，你还能专心听音乐吗？	仍能专心听音乐	不一定能专心	不能专心而感到愤怒
10	不论到什么地方，你都能清楚地辨别方向	2	1	0
11	你热爱所学的专业和所从事的工作	2	1	0
12	生动的梦境，常常干扰你的睡眠	2	1	0
13	季节气候的变化一般不影响你的情绪	2	1	0

【测试结果】

★17～26分，情绪稳定。性格成熟，能面对现实。通常能够以沉着的态度应付现实中出现的各种问题，行为充满魅力，能振作精神，有维护团结的愿望和能力。有时，也可能由于不能彻底解决生活的一些难题而自我安慰。

★13～16分，情绪基本稳定。情绪有变化，但不大，能沉着应付现实中出现的一般性问题。然而在大事面前，有时会急躁不安，不免受环境支配。

★0～12分，情绪激动。易生烦恼，通常不容易应付生活中遇到的各种阻挠和挫折，容易受环境支配而心神动摇；不能面对现实，常常急躁不安、身心疲乏，甚至失眠等。要注意控制和调节自己的心境，使自己的情绪保持稳定。

心理训练营

活动1　训练幽默乐观的游戏

情绪有正性与负性之分。有些正性情绪，如兴奋、刺激、幽默可以激发人的创造力，而许多负性情绪，如痛苦、焦虑、恐惧则会阻碍人的创造力发挥。每个人都会有因成功或失败而导致情绪波动的经历。下面这个游戏可以让你体验情绪在问题解决中的强大作用，更可以训练你的幽默和乐观的情绪。

这个游戏要求你和一些朋友一起做，而且要求你偏离你一贯的社会行为。游戏的内容是要你学动物园里动物的叫声。

下面的表格决定你要学的动物是什么。

你姓氏汉语拼音的首字母	动物名称
A～F	黄牛
G～L	老虎
M～R	喜鹊
S～Z	绵羊

现在选择一个伙伴（最好在这些朋友中挑一位不太熟悉的人作为伙伴），彼此盯着看，目光不能转移，同时用嘴大声学动物叫，至少10秒钟。

点评：

在这个简单的游戏中，你的感觉如何？你是否感到既幽默有趣，又有些尴尬？这个游戏尽管开始时会感到不舒服，很可能结束时已是笑声满堂。也许不管你模仿的动物是什么，最后你的表现都是“傻驴”一头。

你是否注意到好玩和幽默的情绪会有助于你在这个游戏中得到创造性地发挥，可能使你灵机一动，模仿出种种出人意料的叫声，获得满堂喝彩，或者逗得大家捧腹大笑？而在游戏中，感到尴尬的心理是否会使你羞于开口？假如你有幽默感，学动物叫就更容易开口。

正性乐观的情绪是创造力的催化剂。因此，在最困难的时候，不要忘记幽默可以使你保持乐观。

活动2 改变消极情绪的ABC技术

一、活动目的

运用“寻找、辨析、解决”三个部分组成的训练方法，学会用新的视野和积极的观点来面对各种消极事件，建立积极心态。

拓展阅读

合理情绪疗法——ABC理论

ABC理论：A是指诱发性事件；B是指个体在遇到诱发性事件之后相应而生的信念，即他对这一事件的看法、解释和评价；C是指特定情景下，个体的情绪及行为结果。通常人们认为，人的情绪和行为反应是直接由诱发性事件A引起的，即A引起了C。

ABC理论指出，诱发性事件A只是引起情绪和行为反应的间接原因，而人们对诱发性事件所持的信念、看法、理解B才是引起人的情绪和行为反应的更直接的原因。人们的情绪和行为反应与人们对事物的想法、看法有关。合理的信念会引起人们对事物的适当的、适度的情绪反应；而不合理的信念则相反，会导致不适当的情绪和行为反应。当人们坚持某些不合理的信念，长期处于不良的情绪状态之中时，最终将会导致情绪障碍的产生。

二、活动程序

（1）请同学们拿出一张纸，制成以下“ABC三栏目表”（见表6-1）。

（2）请你把最近生活中发生的消极事件及当时的想法和情绪体验记录在表格中。

（3）进行小组讨论，与其他同学讨论你遇到的消极事件、你对事件的看法，描述你当时的情绪体验。

（4）小组讨论后请从第二栏中找出哪些是合理的想法，哪些是不合理的想法；针对这些想法，你合理的反应应该是怎样，你当时的反应又是怎样。

表6-1 ABC三栏目表

A．情绪事件 当时发生了什么事？	B．认知 我是如何看待此事的？	C．当时的反应 我的情绪怎样？我都做了些什么？
	不合理：	不合理：
	合理：	合理：

（5）将上述表格填写完整，了解情绪引发的事件，讲述你对该事件的真实看法，究竟是哪些认知导致了你的情绪与行为反应，找出在你对事件的认知过程中哪些想法是不合理的，哪些是合理的，最终帮助你矫正不合理的认知，达到调控情绪的目标。

表格填写范例：

A．情绪事件 当时发生了什么事?	B．认知 我是如何看待此事的?	C．当时的反应 我的情绪怎样？我都做了些什么
女朋友约会迟到	不合理： 她老是这样，总是故意迟到，下次我也迟到给她看	不合理： 愤怒、伤心
	合理： 可能是她太忙了，或者有其他更重要的事情耽搁了	合理： 可以理解她，罚她请客

◎ 思考与讨论

1. 幸福的本质是什么？对我有什么意义？
2. 哪些活动给你带来快乐？哪些活动让你体会到愉悦？
3. 你通常如何调试自己的情绪，特别是消极情绪，这些方法有效吗？

第七章

谈性说爱　成长成熟

——大学生性心理及恋爱心理

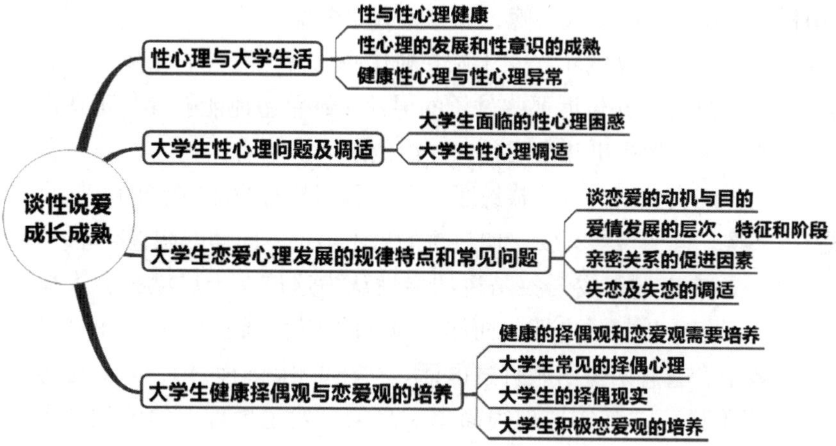

图7-1　第七章基本框架

爱情不是花荫下的甜言，不是桃花源中的蜜语，不是轻绵的眼泪，更不是死硬的强迫，爱情是建立在共同语言的基础上的。

——莎士比亚

山无棱，江水为竭，冬雷震震夏雨雪，天地合，乃敢与君绝。

——《上邪》（汉）

1974年，埃伦曾在加拿大温哥华的卡皮诺拉吊桥上做了一个有趣的实验。这条世界上最伟大的吊桥，全长137.16米，宽1.524米。从100多年前起，吊桥便以2条粗麻绳及香板木悬挂在高70.104米的卡坡拉诺河河谷上。悬空的吊桥来回摆动，既动人心魄，又令人心生惧意。

研究小组让一位漂亮的年轻女士站在桥中央，等待着18～35岁的没有女性同伴的男性过桥，并告诉那些过桥的男性，她希望他能够参与正在进行的一项调查，她向他提出几个问题，并给他留下了电话。

然后，同样的实验在另一座横跨了一条小溪但只有3.048米高的普通小桥上进行了一次。同一位漂亮女士向过桥的男士出示了同样的调查问卷。

结果呢？显然走过卡皮诺拉吊桥的男性认为这位女士更漂亮，大概有一半的男性后来给她打过电话。而那个稳固的小桥上经过的16位不知名的男性受试者中，只有两位给她打过电话。“在可怕的环境中，人们更容易动心。”埃伦说，“其实道理很简单。恐惧激发了生理上的感觉和异样，正当你不明所以的时候，遇到了一个充满魅力的对象，于是会想道：‘哦，怪不得呢！’”当人们的情绪被激发起来，例如欢笑、焦虑或恐惧的时候，更加能够发现别人的吸引力。

这个小的故事对你以及你向往的爱情生活有什么启发吗？

如果你去谈恋爱，你是选择散步呢，还是周末的时候去欢乐谷体验过山车呢？

第一节　性心理与大学生活

一、性与性心理健康

告子主张："食、色，性也"，孔子说："饮食男女，人之大欲存焉！"性是成年男女一个亘古不变的话题。从广义上来讲，性包含一切与两性互动和对立有关的议题，包括性、性别和性别角色。例如，"相夫教子"是对传统女性的性别角色定位，而"女汉子"则是当前社会对女性观念和态度的变化。从狭义上来看，"性"更多地意指男女双方亲密的情感交流和身体行为接触。

身体是心理产生和发展的物质基础，个体在身体生长发育成熟的过程中，也伴随着心理的发展过程。性心理是指在性生理的基础上，与性征、性欲、性行为有关的心理状态和心理过程，也包括了与异性交往和婚恋的心理状态。性心理健康作为身心健康的一部分，与人的身体构造、生理功能、心理素质和社会适应密切相关。

世界卫生组织（WTO）对性心理健康所下的定义是：通过丰富和完善人格、人际交往和爱情方式，达到性行为在肉体、感情、理智和社会诸方面的圆满和协调。性心理健康是人类健康不容忽视的重要组成部分，因此在大学校园开展性教育非常必要。

二、性心理的发展和性意识的成熟

随着青春期第二性征的发展以及相应的身体变化，大学生逐渐将异性作为性能量投注的有效对象。大学生试着参与到异性朋友的生活中去，开始关心异性的身体变化和穿着打扮，对异性评头论足。同时，也会关心和在意异性朋友对自己各方面的评价。异性的生理变化在一定程度上激发了大学生的好奇心和自尊感。他（她）们试着将自己与异性父母的交往模式迁移过来，以帮助自己顺利地融入校园生活，他们精心组织自己的语言，总结自己的交往模式，试图更好地理解异性，融入异性的生活中。

青春期是儿童向成人过渡的中间阶段，是"人生历程的十字路口"，它在身体结构上与儿童有别，又在心智水平上与成人不同。第二性征的发育和完成贯穿整个青春期。在此阶段，男女青年在心理方面的变化也反映在性心理领域：他们对性的意识，由不自觉到自觉；对性对象的选择，由同性转为异性；对性的兴趣，由反感到爱慕到恋爱。但由于在整个青春期中，青年人的情绪浮躁摇摆，容易变化，如果不及时引导，他们常常因为过度好奇、热情、幻想、冲动、性欲的驱使而不能自制。若再受社会上不良现象的影响，会使某些青年滋长不健康的性心理，以致早恋早婚、荒废学业，甚至触犯法律，走上犯罪的道路。因此，不论青年本人、家长或老师，均应该对青春期的性心理变化有一定了解，要依据青年性意识的发展规律培养和引导青年人的性意识，做到有的放矢。

青春期内性意识的发展一般可以分为四个时期：

1. 性抵触期

指在青春发育之初一段较短的时期，青少年总想远远地避开异性，以少女表现得尤为明显，这主要与生理因素有关。由于第二性征的生理变化，使青少年对自身所发生的剧变感到惘然与害羞，本能地产生对异性的疏远和反感。此一时期持续1年左右。

2. 仰慕长者期

在青春发育中期，男女青年常对周围环境中某些在体育、文艺、学识以及外貌上特别出众者（多是同性或异性的年长者），在精神上引发共鸣，仰慕爱戴、心向往之，而且尽量模仿这些长者的言谈举动，甚至入迷。

3. 向往异性期

青春发育后期，随着性发育的渐趋成熟，青年人对与自己年龄相当的异性产生兴趣，他们常常在外形上充当急先锋，试图通过制造新奇或玄幻来引人注目，并希望在接触过程中吸引异性关注自己不同于他人的方面。但由于青少年情绪不稳定，自我意识甚强，在与异性接触的过程中，容易引起言语理解上的冲突，常因琐碎小事而争吵甚至绝交，可能频繁地更换交往对象。

4. 恋爱期

青春发育完成，已达成年阶段，青年把情感集中寄予自己钟情的一个异性身上，彼此常在一起，情投意合，在工作、学习中互相支持，生活中互相照顾体贴，憧憬婚后的美满生活，并开始为组织未来的家庭做准备工作，这时的青年男女对周围环境的注意减少。女青年常充满浪漫的幻想，向往被爱，易于多愁善感；男青年则有强烈爱别人的欲望，从而得到独立感的满足，他们的心情往往较兴奋。

三、健康性心理与性心理异常

性欲的满足是不同年龄阶段的个体都需要施展的行为，不同的个体满足的形式不同，多数人均能正常发育为对异性的爱恋。健康性心理是指成年后将性爱指向异性，并能与异性和睦相处，伴随自身性器官和生理的成熟，有与年龄变化相一致的性欲和性反应，而且能通过正确途径满足性欲，疏导情感，度过幸福人生。同时，成年后，能正确认识和处理自己的性能量，通过合理、卫生、健康的手段升华欲望，对自己的性行为负责，逐步承担自身社会角色要求的社会责任。

大学生对性的认识还停留在好奇、探索阶段，比较片面和肤浅，也并不具备相应的心理素质以应对性行为所产生的生理和心理困惑。因此，多数学校并不鼓励大学生的婚前性行为。但是，由于青年学生性生理已经成熟，集聚在体内的性能量需要发泄，部分大学生家庭性教育不及时，以及受国外色情电影的负面影响，使得大学生也会表现出异常性心理行为。

拓展阅读

健康的性心理标准

（1）具有科学的性知识：性的解剖知识，性的安全知识。

（2）认同与悦纳自己的生理性别，即男性应具有男性意识，女性应具有女性意识，无性别认同紊乱，不怨恨自己的性别。

（3）伴随性器官和生理的成熟，有与年龄变化相一致的性欲和性反应，并能进行有理智的情感实现与控制。

（4）能正确认识和处理自己的性行为带来的后果，并能有社会道德责任感。

（5）能与同性和异性自然、和谐相处；在婚姻前提下的性生活符合男女平等、科学、卫生的原则。

第二节　大学生性心理问题及调适

一、大学生面临的性心理困惑

人到青春期，进入了一生的黄金年华，性的成熟会促使青年追求异性，组合家庭，但同时也会给青年们带来许多心理问题和令人困扰的事情。伴随着人性的全面解放，对人类性行为的认识受到普遍的重视和关心。怎样才能增进性爱和谐，如何去建立一个有利于个体健康的性心理，自然成为许多人的中心议题，人人都希望能获得美满的性生活，但这样的生活并不是在偶然交际中就可以获取的，也不是一种自然而然的现象，而是必须要借助于对人类性心理的认识和了解，尤其是对自身和异性性心理的认识。

对于大学生而言，他们刚刚度过高考紧张的学习生活，在步入大学校园的时刻，身心迎来了全面的“解放”，他们自己掌控经济、时间等资源，自己调节情感，自由选择恋爱对象，但是，由于缺乏相对应的心理训练，大学生面临着许多性心理方面的困惑，主要有以下几方面：

（一）性器官和性生理的发展与性心理尚未成熟的矛盾

大学生已经完成了性生理方面的发展，他们的第二性征在身体上体现出明显的性别差异。但是，由于缺乏与同龄人相处的经历，他们的性心理依旧停留在与异性长辈相处的阶段，缺乏明显的目标定向。他们卷入“爱情”的行为和节奏迅速，但是没有相应的心理资源支持，只顾情感的发泄和肉体快感的获得，短暂的恋爱同居可能为将来的挫折留下阴影。近些年，受西方影视作品“性解放”“性泛滥”的影响，部分大学生没有相应的知识经验，大学期间怀孕、流产常常见诸报端和高校教师的日常交流中，更有甚者，将孩子生在厕所、水房等地方，她们一方面担心父母知晓，另一方面又担心同学、老师发现，心理负担较重，此类事件造成的创伤也较大，值得注意。

（二）对恋爱的热望与对异性心理了解不深的矛盾

情感的发展是大学阶段的重要任务，学生在大学期间发展和固化道德感、理智感和美感，形成稳定的人生观和道德观。恋爱观恰恰是上述各种观点和情感的集中体现。由于脱离家庭，学生对恋爱表现出强烈的好奇心，渴望恋爱，追求异性，试图通过建立单一定向的关系来获得身心的满足，摆脱孤独感和寂寞感，憧憬美好的“双人”生活。但是，他们对异性心理的了解较少，常常表现出强烈的“自我中心倾向”，独生子女的教育环境可能使他们缺乏同理心，无法成熟地进行观点采择。恋爱动机单纯，择偶过分理想化，多是以心目中对异性的期望来要求异性。

（三）性的身心需要与社会规范和道德责任之间的矛盾

性作为一种本能，表现为强烈的“肉体欲求”。由于性生理成熟，大学生表现出对性的身体和心理的需求，他们期待形成稳定的恋爱关系，能够有一个“知心爱人”在自己遇到挫折、遭受痛苦时安慰自己、支持自己；在取得奖励、获得荣誉时和自己一起分享。但是，社会责任、道德规范又对大学生有所要求，大学是专业知识培养的重要阶段，也是多数学生结束自己学校正规教育的最后阶段，学习任务较重，一般情况下，学校和家长并不鼓励学生的恋爱行为。同时，大学生对由恋爱而引发的道德问题并没有相对成熟的认识，部分学生频繁地更换异性朋友，造成自身和对他（她）人的伤害，而自己并没有意识到这种道德责任。

（四）情感依赖较重，心理承受能力薄弱

大学生希望延续在家庭生活中父母对自身的爱护和支持，试图通过恋爱寻求一种情感上的“照顾”和依恋。因此，他们情感依赖较重，情感分化不完善，对挫折的应对能力还远远没有得到完善，内心秉承着“好心必有好报”的理念卷入情感生活，对个体差异的认识不到位，无法理解“一人之佳肴，他人之毒药”。过分理想化的关系认识导致常常将“争吵”上升为挫折来面对，放大自己遭遇到的“伤害”，常常感叹“没人能理解我”。

（五）开放的性观念和表现上文饰性的矛盾

影视和文学作品对性及恋爱的描述影响了大学生的性观念，他们常常将爱情的初级阶段——性爱作为“你爱不爱我”的最后考验，以此来将“爱”等同于“性”，将爱情的内涵窄化和目标化，希望通过发生性行为来升华自己坚贞不渝的“爱情”。另一方面，面对爱情，多数学生又表现出“忸怩”“羞涩”的“做作”。不知该如何“谈”恋爱，谈恋爱该做些什么，一起读书，还是一起逛街，抑或一起看电影？他们希望可以和自己的恋人共同完成很多事情，但是常常不知从哪里开始，最终发现有时候两个人在一起也很“无聊”。

（六）注重恋爱过程，未考虑恋爱结果

大学生普遍着眼于眼前的生活，对未来缺乏详细的规划，也没有强烈的“社会人”的责任感，考虑问题还不周全，对问题认识不足，缺乏恋爱行为的道德责任感。多数时候，大学生活的结束也是许多年轻人结束恋爱关系的开始。对于恋爱结果，他们考虑较少，甚至没有考虑，“不求天长地久，只求当下拥有”的心态较为普遍。

拓展阅读

学会拒绝性要求

对有些无承诺的性要求，要学会拒绝。每个人都有权利与义务告诉对方自己现阶段的性态度，告诉他现阶段不要发生性关系的理由。也许对方正是你的所爱，对方会给你某些诱惑，但是你是自己性爱的主人。

下面的回答可供参考：

男："你不知道你错过的是什么。"

女："是的，我知道——我错过了艾滋病、未婚怀孕、堕胎和忧虑。"

……

男："我无法控制自己。"

女："但是我可以。"

……

男："每个人都在这么做。"

女："但不是我，我不是那每个人。"

……

男："你有什么不对劲是不是？"

女："我很正常，还是让我们保持距离吧！"

……

男："你可以信任我。"

女："我是信任你，我信任你会停止对我施加压力。"

……

男："我爱你，难道你不爱我吗？"

女："我不必对你证明我的爱，如果你真的爱我，就请你尊重我。"

……

女："你是不是男人？"

男："做爱并不代表我就是男人，正因为我非常在意，所以我才不急在一时。"

二、大学生性心理调适

性能量的发泄是大学生在大学生活中必须面对的一件长期而艰难的任务。可以毫不夸张地说，学生如何处理和调解自己遇到的性能量压抑，如何应对日益纷繁变化的发泄途径，从中选择有效、有益、有用的路径是帮助学生过好大学生活的重要内容，具有切实有效的实践意义。通常，学生可以自行开展的活动包括以下内容：

（一）善于利用体育锻炼

体育锻炼是人的基本需要。通过体育活动、体育竞赛可以正面、积极地将有限的能量释放在体育场上，既锻炼了身体，又增强了班级和团队凝聚力。适度、有效、鼓励团队合作的体育活动是大学生认识新朋友、加深同学间感情、保持心情愉快的有效途径。

（二）社团艺术活动升华自身情操

无论是音乐、美术，还是武术、文学，都是人类能量压抑后的升华。所以，大学生正确地将能量投射或将情感转移到相关领域，既可激发志向，升华情操，也能够在相应领域取得更好的成绩，提升自我效能和自尊水平。

（三）学会与异性的交往

无论是学生工作，还是社团活动，大学生都喜欢男女同学搭配活动，经过与不同异性的接触和交流，可以逐步认识和欣赏异性，减少因想象而产生的羞涩和不理解，进而正确地评估自己与异性之间的互动，把握好相应的人际交往尺度和距离。同时，适当地参加诸如舞会、团体心理活动等，通过和异性进行身体接触达到系统脱敏效果，使得大学生互相之间的不熟悉和强烈渴望变得普通和自然。

拓展阅读

远离性骚扰

性骚扰是指通过利诱和威胁，将自己的性殷勤强加于他人，迫使他人屈从自己的性意志，满足其变态的性侵犯的奢望。这是一种极不道德的行为。

最容易受性骚扰的情景：

（1）在清晨或黄昏，特别是在夜间单独行走在偏僻道路的少女。

（2）独身居住或单独进入男性房间的少女。

（3）择友不慎，处事草率，结交品质恶劣的男性为友的女性。

（4）相貌迷人，举行风骚，穿着裸露，行为轻浮的女子。

性骚扰产生的原因：

（1）性骚扰主要是性欲激发的。作为女性应懂得保护自己，不要穿过于透明、裸露的服装，言行举止切忌轻浮。

（2）夜间不要走偏僻小路。夜间行路时如遇到有人尾随盯梢，要尽量与其保持一定距离，并迅速地走向有灯光处或者有行人、店铺的地方。

（3）乘公共汽车时，如果发现有成群结伙、流里流气的人蜂拥上车，最好向车的前部，靠近司机或售票员站立；不要挤在人群中间，并且要尽量避免和这些人同时在一个站下车。

（4）尽量避免单独去男性宿舍。如果向男教师请教有关学习问题，最好约上几个要好的同学一起去。单独在家时，如果有人敲门，必须先问清情况，在你认为安全时，方可让其入内。

（5）当有人对你非礼时，应想办法躲避，情况紧急时要立即呼救。现在社会风气正在好转，见义勇为、互相帮助的事情越来越多，只要你提高警惕，具有精神上的防卫术，是可以避免受骚扰侵害的。

异性交往的禁忌：

（1）不必过分拘谨。应该从心理上像对待同性那样去对待与异性的交往，该说的说，该做的做，需要握手就握手，需要并肩就并肩，任何矫揉造作和忸怩作态反而使人讨厌。

（2）不应过分随便。男女间交往过分拘谨固然令人生厌，但过分随便，诸如嬉笑打闹、你推我拉之类的举止也应力求避免。同时也要意识到，有些话题只能在同性之间交谈，有些玩笑话不宜在异性面前乱说。

（3）不可过分卖弄。在与异性交往中，如果想卖弄自己见多识广而讲个不停，丝毫不给别人插话的机会，或者在争辩中有理不让人，无理也要辩三分，都会使人反感。

（4）不能违反习俗。男女交往的方式要适合当前的社会心理。青少年男女间提倡群体交往，不提倡个别过密交往；女青少年不去男性的单身住所和不单独与男性去偏僻的地方；去异性同学的家里要事先得到对方的同意；接待异性同学来访，穿着要整齐等。

（四）升华学习目标

通过高中阶段的学习，大学生一个显著的变化是有时间、精力和经济能力来关心自己的性能量的发泄途径，部分学生经常感觉课程无聊而开始打游戏、通宵上网聊天，甚至还有部分学生在宿舍养宠物以打发时间，也有一部分同学通过旅游、泡吧等娱乐行为来排解空虚感。多数时候，学生没有将精力放在学习上的主要问题在于他们无法发现有效的目标和切实可行的计划。他们总是急于求成，不愿意通过艰苦的努力来实现较为长远的目标，而更愿意马上看到改变。依据心理发展规律和特点，不同年级的大学生应制订不同的奋斗目标，切实可行地去执行目标是发泄能量的有效途径。

第三节　大学生恋爱心理发展的规律特点和常见问题

一、谈恋爱的动机与目的

恩格斯认为，恋爱是人们彼此间以互相倾慕为基础的关系。霭理士在《性心理学》中指出，恋爱是一种吸引的情绪与自我屈服的感觉之和，其动机出于一种需要，而其目的在于获得可以满足需要的一个对象。因此，恋爱是人的自然性欲社会化的过程，其最终目的是培养男女双方的爱情，满足个体的心理需要，是情感资源的社会互动过程。即个体将对某一异性的情思发展为爱情，并将其过程导向恋爱的轨道。

爱情指成年男女对异性的爱慕和念恋，具有排他性、守一性和对象性，是人类社会情感的高级形式。阿伦等认为，爱情的精髓体现为两个自我互相联系、互相倾诉、互相认同；两个自我保持其个性，但又共享很多活动，为彼此的相同之处感到愉悦并且互相支持，从而形成关系的交叠——我中有你，你中有我。另一方面，爱情通常以正常生理和异性感情为基础，具有强烈的互相吸引力和愉悦程度，是人的自然属性和社会属性的统一。爱情是个体自我意识和性心理发展到相对成熟时自然而然产生的社会感情，受到法律和道德的制约。男女双方彼此尊重是爱情的基础，忠诚和信任是爱情的保证，专一性或排他性是爱情的核心。

那么大学生为什么要谈恋爱呢？首先是强烈的归属和爱的需要。在基本的生理需要满足之后，与他人建立持续而亲密的关系成为大学生较为普遍的情感需要。如果有一个能提供精神支持、可互相信赖的伴侣，个体就会感到被接纳和被赞许；坠入情网，人们会体会到抑制不住的愉悦。正是因为人们渴望被接纳和被爱，所以才会在恋爱方面投入时间、精力和情感。其次是从众心理。一部分同学的个人行为会成为另一部分同学产生同样行为的触发器。恋爱所激发的关系的变化、情感的卷入以及话题的转移都会对没有谈恋爱的同学造成较大的压力，获得话语权在单纯单调的大学生活中非常重要，部分同学的恋爱动机恰恰如此。最后是个体自我意识的变化。随着社会主义市场经济的深化，个体意识逐渐从国家责任和家庭义务转移到自身生活，大学生开始淡化政治意识、规避社会责任、学习动力不足，生活“枯燥、乏味、了然无趣”，恋爱行为就成为缓解闭锁、压抑精神状态的安慰剂。

二、爱情发展的层次、特征和阶段

卢家楣研究指出，爱情有三个层次和三个主要特征。三个层次从低到高依次是以性爱为主的层次、以情爱为主的层次、性爱和情爱的和谐统一。层次越高的爱情越牢固，越具有生命力。三个特点是排他与守一的统一、冲动与韧性的统一、自私与无私的统一。

爱情的心理发展阶段包括心动阶段、钟情阶段和成熟阶段。

（一）心动阶段

心动往往是恋爱的前奏，并没有建立具体的联系。当遇到的人恰恰是自己喜欢的类型，抑或有许多共同的兴趣爱好，能谈得来，更可能仅仅是因为对方的气质或长发，个体就会产生心动的感觉。心动来得迅速，诱发的因素众多，因此也并没有情感的深度卷入，仅仅是有“眼缘”——对方的外表或行为、言语打动了你。

（二）钟情阶段

由最初的感觉上升为情感的全面卷入，这就步入了钟情阶段。钟情意味着和对方有情感上的互相支持和包容，表现在行为层面就是常常希望和对方在一起，感觉到在心理上需要对方，有强烈的情感共鸣，对许多事物诱发的情感体验趋向一致，比如喜欢某一种食物、讨厌某一个人等。

（三）成熟阶段

当情感上具有了强烈的归属感后，认知开始重新评估恋爱双方亲密关系的本质。爱情不仅仅是感觉和情感的卷入，还包括对对方生活中一切方面的全面认可，客观地评价对方的优缺点，在理智层面接受对方的缺点，在情感层面也不产生厌恶感。由对个体的“盲目”爱慕发展为成熟稳定的认知、情感卷入。在人生观、价值观方面取得较多一致，在理智感、道德感、美感方面能互相促进、互相影响，逐步形成你中有我、我中有你的和谐局面。

拓展阅读

爱情三角理论

美国耶鲁大学社会心理学家罗伯特·斯坦伯格提出的爱情三角理论（triangular theory of love），认为爱情由三个基本成分组成：激情、亲密和承诺。激情是爱情中的情欲成分，是情绪上的着迷；亲密是指在爱情关系中能够引起的温暖体验；承诺指分享维持关系的决定期许或担保。激情、亲密和承诺三大元素组成了七种不同类型的爱情（图7-2）。

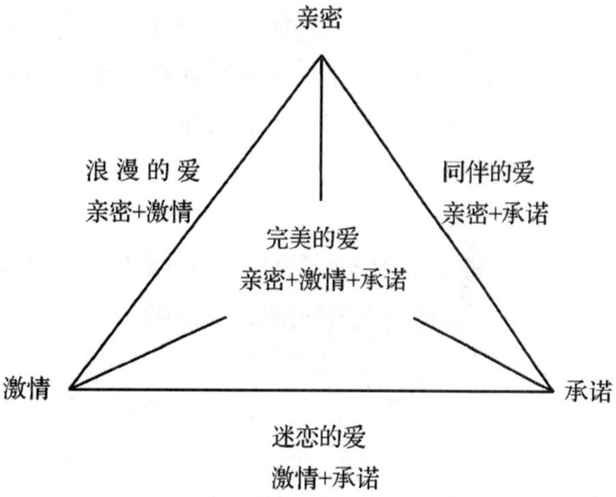

图7-2　爱情三角理论

第一种是喜欢式爱情，只有亲密，没有激情和承诺，如友谊。很明显，友谊并不是爱情，喜欢不等于爱。不过友谊还是有可能发展成爱情的，尽管有人因为恋爱不成，连友谊都丢了。

第二种是迷恋式爱情，只有激情，没有亲密和承诺，如初恋。第一次的恋爱总是充满了激情，却少了成熟和稳重，是一种受到本能牵引和导向的青涩活动。

第三种是空洞式爱情，只有承诺，缺乏亲密和激情，如纯粹为了结婚的爱情。此类“爱情”看上去丰满，却缺少必要的内容，金玉其外，败絮其中。

第四种是浪漫式爱情，只有激情和亲密，没有承诺，这种“爱情”崇尚过程，不在乎结果。

第五种是伴侣式爱情，只有亲密和承诺，没有激情，跟空洞式爱情差不多。这里指的是四平八稳的婚姻，只有权利和义务而没有感觉。

第六种是愚蠢式爱情，只有激情和承诺，没有亲密。没有亲密的激情顶多是生理上的冲动，而没有亲密的承诺不过是空头支票。

第七种是完美式爱情，包含激情、承诺和亲密。只有在这一类型中，我们才能看到爱情的庐山真面目。

三、亲密关系的促进因素

亲密关系的发展不能一蹴而就，它需要一些可靠的心理基础和行为技巧。当然，任何技巧的过度使用都会对亲密关系产生阻碍，但是，好的技巧就像润滑剂一样，会促进亲密关系的健康发展。

（一）安全型依恋

爱情不仅仅是一种选择的体验，其实更是一种生物性的驱使，其目的在于满足个体归属和爱的需要。爱情中的依恋指双方的理解，提供和接受支持，重视并享受和相爱的人在一起，如身体上的亲昵、排他性的期待，以及对爱人的迷恋。在依恋类型中，安全性依恋是亲密关系展开的心理基础，它经常表现为尊重、理解和宽容。研究表明，敏感的、反应型的母亲会让孩子对于世界的可靠性形成一种基本的信任感，她们一般会培养出安全型依恋的孩子。在童年期曾经受到过细心养育的人往往会和她们日后的爱情伴侣发展出温馨而具有支持性的感情。

（二）公平

伴侣从感情中所得到的应该和双方各自投入的多少成正比。如果两个人的所得相同，他们的贡献也应该是相同的；如果两个人都觉得自己的所得和付出成正比，公平感油然而生，否则其中一方会体验到不公平。在持续时间较长的人际关系中，比如室友或爱人之间，公平感极其重要，一个长期体验不公平感的个体是不会主动去维护一段令人难受的关系的。当然，公平感的获得并不会追求完全相同的交换，而是更随意地通过一些不同利益的交换来达到。不斤斤计较是产生公平感的基础。在婚姻中，如果双方明确要求对方该如何做时，只会破坏他们之间的关系。只有当对方自愿做出某种正向的行为时，爱情才真正发生了。研究表明，乐意在恋爱关系中做贡献的人所建立的恋爱关系的质量比回避奉献的人要好，而且有更高的个人幸福感。公平常常意味着分享和承担。Haas和Stafford（1998）指出，通过分享任务和活动来保持与对方的接近是维持长久爱情关系的最常使用的策略。

另外，长期公平原则还可以解释为什么婚姻双方的“资源”往往需要相对等。比如外表吸引力、社会地位等方面往往是匹配的。不公平感体验会导致婚姻紧张，而又进一步加强了不公平感。处于公平关系中的人们往往满意度更高，那些认为其关系不平等的人会觉得不舒服，被占便宜的一方感到愤怒，占了便宜的一方觉得内疚。但是，多数时候，“占了便宜”的人对于不公平较为不敏感。例如，大部分的丈夫会觉得他们自己做的家务比妻子认为的要多得多，即使他们仅仅是擦擦地板。

（三）自我表露

深厚的伴侣关系是亲密无间的。这种关系使人们能真实地展现自己，并且可以从中知道自己被他人接受的程度。信任取代了焦虑，使人们更容易展现自己，而不需要担心失去他人的友情或爱情。随着互相关系的深入和发展，自我表露的伴侣会越来越多地向对方展现自我，他们彼此的了解就越发深入。人们不仅喜欢那些敞开胸怀的人，而且会向自己喜欢的人敞开心扉。在进行自我表露之后，人们会增加互信和喜爱感。

拓展阅读

遇一人白首，择一城终老

他，出生于广西的一个书香世家，自幼好学，成绩优异。25岁时，他到香港谋职，做了《新晚报》的副刊编辑。

她，小他6岁，名门大户的千金小姐，是一名公务员，拿着高他两倍的优厚工资。

他32岁时还是孑然一身，一心忙于创作。报社的副主编赏识他的才华，决定把太太的侄女介绍给他。他推脱不过，于是就有了他和她的第一次相见。

见面时，他刚好患了鼻窦炎，不停地吸着鼻涕，颇有些邋遢。他只是个穷酸书生，对方却是名门小姐，身份的悬殊加上此刻自己的狼狈不堪，他只想早点告辞。她却对他满意，微笑着递过手帕让他擦拭鼻涕，让他的心中多了几丝暖意。缘于那份暖意，他和她开始了交往，大方善良、热情活泼的她让他动了心。几个月后，他做了切除鼻息肉的手术，她一直在医院守护他，照顾他的起居饮食，细心地为他擦拭伤口。出院后，他单膝跪地，深情而诚恳地说："虽然我很穷，但我会努力地写稿赚钱，嫁给我吧。"她扶起他，红着脸点了头。

于是，在相识不到9个月后，他们步入了婚姻的殿堂。婚后，她发现丈夫除了有满腹才华外，其实是个"生活白痴"。他有着文人的迂腐劲儿，对人情世故难得在意。她通透练达，处处弥补他的过失；他不修边幅，上街时穿着一黑一白的袜子，见重要人物时穿着旧西服、破皮鞋，她需要不时提点他的衣着；他丢三落四，两个人一起旅行，他的护照、钱包，甚至行李总会不翼而飞，她要分心照顾他，游玩也不能尽兴；他记性差，请人吃饭不带钱，连自家的门牌号码都记不住，怕他迷路找不到家，她会在他下班时跑到阳台上张望，看到他的身影便叫住他；他嗜肉如命，她担心他的健康，不肯让他多吃，他在家里乖乖不吃了，却常常在外面"偷嘴"，她像监工一般去查他的岗，让他成了同事眼中的"妻管严"，但被人提到畏妻一事，他的眉梢眼角都是幸福的笑意……

他完全像个不能照顾自己的孩童，处处不能让她省心。她只好辞了令人羡慕的公务员工作，专心来照顾他。在多年相伴的岁月里，她成了他的秘书、保姆、护士、管家……她为他生下3个孩子，并悉心教导、培育成才。他则潜心创作，写了35部小说，成为名满香江的大才子。

63岁时，他的名声和事业如日中天，却突然宣布"封笔"，移民澳大利亚。在这之前，他的身体已有些不适了，她不想让他积劳成疾，而澳大利亚有对他有益的医疗技术。后来的20多年里，他相继患上了糖尿病、心脏病、癌症。他本将生死看得透彻，但始终舍不下她，所以在心里祈祷：努力活着，要走在她的后头，不能让她孤独在世。偶尔，她会靠在他的肩上，他也会握着她的手。在与病魔抗争的日子里，他们共同回忆着往昔岁月，既如新婚燕尔般甜蜜，又如纯真的孩童，嬉嬉闹闹。

在他85岁那一年，他终究还是先她而去了。他因病去世的消息从悉尼传回了国内，令无数人痛惜。

他叫陈文统，她叫林萃如。他还有一个更响亮的名字——梁羽生，新派武侠小说的开山鼻祖。他的《七剑下天山》《萍踪侠影录》《白发魔女传》至今还不断地被搬上荧幕。他笔下的美人不计其数，而她是相貌平平的普通女子。但他曾说过，小说中女性人物的优点都来自她。他小说里的爱情，缠绵悱恻、悲喜交加，而他现实生活里的爱情，却是简单的执子之手，与子偕老。

他闭上眼的那一天，3个孩子哭得痛彻心扉，她平静地说："嘘，不要哭，你们的父亲走得很安详。"

她握着他的手，像他在世时一样。在她眼里，他何曾远去，他像一个孩童，只是玩累了，睡着了而已。他一定做了一个长长的美梦：那是初见时，他一脸邋遢，而她微笑着递过一方手帕；那时无论风雨天晴，只要她在阳台上喊他一声，他便能找到回家的路……在定格的画面里，一定有他牵着她的手，她靠着他的肩，在落日的余晖里，她盈盈立在他的身旁。

（摘自冰凝：《情感世界》，28~29页，原文出自《哲思》）

四、失恋及失恋的调适

（一）失恋

失恋是指恋爱关系中双方由于各种原因放弃与对方保持亲密关系的现象。失恋是大学生恋爱现象中最为常见的负性事件，在大学生寻求的心理咨询中所占的比例较高，为37.68%。李瑜（2019）在对高职院校大学生的调查中发现，在进入大学前，近七成"00后"大一新生有过恋爱经历，其中恋爱经历在2次以上（含2次）的占30%。在进入大学后3个月的时间里，感情发生变化的大一新生占23%，其中经历分手变化占三分之二。大学生失恋的原因主要包含主观和客观两方面的内容。在主观方面，性格不合、志趣不投、价值观不同、消费观有差异、对异性缺乏应有的了解和尊重、沟通模式单一、情感分享失败等均会造成大学生失恋。在客观方面，父母反对、异地相恋、毕业、第三者介入等也是失恋的重要原因。同时，随着个性化的彰显，部分大学生恋爱动机不纯，恋爱是为了解决自己的孤独感、寂寞感，甚至是改善物质生活条件等，这些多以失恋告终。

失恋所造成的一刀两断会产生一系列可以预料的结果，最初是对失去的伴侣不能释怀，然后是深深的悲伤，最后开始了情感上的分离并回到正常生活中。分离是一种心理过程，而不仅仅是一个事件。在约会的情侣中，关系越是亲密、长久，可选择的其他对象越少，分手时就越痛苦。失恋引发的消极心理常常包括心理失衡、心理困惑、心理渺茫，充满虚无感和失落感，充满了憎恶感和厌烦，内心烦恼无法排解，偏激轻生、反复报复、自甘沉沦。当然，失恋也会导致大学生的心理健康水平下降，内在强烈的心理不适导致学习无兴趣，消极低沉，甚至酗酒、暴饮暴食，并产生一定的强迫症状。

有趣的是，失恋双方所体会的痛苦程度取决于谁做出了那个决定。鲍麦斯特和沃特曼的报告指出，在数月或数年之后，拒绝别人的爱比自己的爱被拒绝能够唤起人们更多的痛苦。人们的痛苦主要来自对伤害他人所感到的内疚，来自心碎的爱人的执着所引起的不安，也来自不知该如何做出反应。丁兆叶（2020）的研究表明，大学生对待失恋态度各异，绝大多数大学生会采取比较理性的办法度过心理阴暗期，如 25.1%的人选择“不成恋人，成朋友”，18.9%的人通过投身学习、运动等转移情绪，7.3%的人通过向朋友倾诉抚平创伤，21. 8%的人会反省自己提高完善自己等。失恋可以让大学生改变一些不切实际的恋爱动机，使单纯的恋爱精神追求转为恋爱的现实思考。促使大学生重新思考男女两性的关系，避免一切盲目的行为和偏激的思想。

（二）失恋的调适

多数大学生对恋爱这一美好事件缺乏负性思想准备，尤其是在自己信心满满和充满理想与憧憬的时候。当遭遇失恋时，他（她）们感觉人生竟如此灰暗和无常，因此，失恋是青年学生遭遇的严重情感挫折之一。失恋常常带来强烈的耻辱感、情感混乱、内心沮丧、愤怒、抑郁等。因此，失恋的大学生有时会选择伤害自己的身体以减轻精神层面的痛苦。也有少数极端个体通过骚扰自己的前恋人来表达对失恋的不满，更有甚者，偏执到需要伤害对方的身体才能发泄自己的痛苦。所有这些行为都是对失恋的反应。颜笑等（2018）的研究表明，失恋的哀伤阶段分为初分手时情绪、行为反应强烈，情绪低落、行为减少或转移注意痴迷其他事情，寻找与分手者的连接，放下感情、适应和准备开始新的生活4个阶段；在分手初期男、女在反应方式上会有不同，且恋爱主动分手者在此阶段存在轻松、愧疚等情绪反应；如果分手对方找到新的男／女朋友易再次引发较强烈情感反应；因客观原因分手者其哀伤反应中对未来有明显的期待。

总之，失恋是对一种亲密关系的解离，仿佛你们双方的触角、手足伸向对方，试图将两者紧紧绑定，但是因种种原因被利刃斩断，那样的痛楚常常令人无法释怀并患得患失。理智地面对这一切对许多人都很艰难，有时候人们可能需要一些提醒，下面的问题或许会帮到你。

1. 失恋之后失去的到底是什么

失去的是一个人、一种生活、一种希望，还是自己的信心、尊严？多数个体首先体会到尊严的丧失，之后才是生活方式的改变。爱一个人会付出许多，当进入爱一种生活阶段时，失恋常常较为痛苦和难舍。

2. 失恋之后没有失去的是什么

悲痛的时候，人们更容易想到的是自己曾经失去的和被剥夺的，很少会想到可能仍然拥有的和没有失去的，而往往没有失去的东西才是更宝贵和重要的。例如，你摆脱了一个并不适合和你一起生活的人。

3. 我在失恋中获得了什么

连自己失去什么都很少去考虑，就更不会去考虑自己可能在失恋中获得什么了，而这些其实更为关键，更能够让人产生积极的想法。至少你应该从积极的层面进行细致的思考，而感情的开始和终结终究会留下很多积极的经历或其他东西。

4. 除了失恋外，我们还容易在失恋后失去什么

失去对未来恋爱的信心，或者是缺乏爱的能力，“不能爱了”。多数时候，失恋仅仅

代表了对方不适合你，没有更多的泛化意义。

5. 应对失恋的最好的办法是什么

目前看来，远离“恋人”，避免言语和情感刺激，以及等待时间冲刷记忆和自身情感经验的成熟都是最佳选择。时间和空间的隔离造成了感官刺激的减退，从而仅仅表现为精神层面的思想活动。缺乏感官刺激常常可以使人从失恋的漩涡中摆脱出来。经历过时间的洗礼和感官、思想的减退，一切都将恢复平静，若干年后，对于曾经的伤痛，人们常常一笑了之。

第四节 大学生健康择偶观和恋爱观的培养

一、健康的择偶观和恋爱观需要培养

当前社会正处于一个传统与现代交织更替转型的时期，人们强烈地感受到在性、爱情等方面出现的剧烈变化。价值判断的多元性和行为观念的多元化在一定程度上冲击以往那种爱情价值评判体系和恋爱行为的相对稳定性。爱情和婚恋是大学阶段比较现实而又普遍的问题，当代大学生在爱情婚恋观上，越来越采取了比较开放、自我、随意的态度，呈现出婚恋观的价值多元化和情爱关系形式的多样化。具体表现为：①恋爱动机呈现多元化趋势；②择偶更注意个体内在素质，注意爱情等精神需要；③秉持注重双方忠诚的同时对婚前性行为更为包容的爱情道德观。

但是，另一方面，由于大学生自身道德理性的不成熟、主体角色的不明确以及客观上社会环境的影响，以至于恋爱行为表现出种种矛盾。大学生形成良好、健康的择偶观和恋爱观至关重要。成熟的爱情意味着对差异和缺点的承认和接纳；在内心决定去爱一个人并对其做出长相厮守的承诺；爱情是可以经营的，它需要相爱的人共同去培育。因此，大学生应该逐步培养健康、积极、成熟、独立的爱情观，意识到恋爱需要妥协和接受，爱情需要经营。

拓展阅读

慎重对待婚前性行为

婚前性行为是指没有配偶的异性之间在未履行结婚登记手续的情况下发生的非单方面性行为。婚前性行为是指男女双方在恋爱期间发生的性交行为。其特点是双方自愿进行，不存在暴力逼迫；没有法律保证，不存在夫妻之间应有的义务和责任；容易产生一些纠纷和严重后果。

婚前性行为使男女大学生在性欲和其他动机方面都获得了一定满足，但“禁果”就像一个带刺的仙人球，匆匆忙忙采摘，也许会带给你满手的伤刺。婚前性行为给当事者，特别是直接给女大学生所带来的不良后果是毋庸置疑的。

妇科教授：不仅是身体受伤

现在到医院来做人流的女大学生确实不少，她们来的时候大都虚报年龄、名字。曾经有个女大学生怀孕后到我们这里做手术，后来她被男朋友抛弃，想找到当时的病历去向男朋友讨个说法，可是她来了后自己都想不起来当时用的是什么名字。大学生在身体条件上已经成熟，因此除了流产会产生并发症如不孕症等之外，婚前性行为的危害主要还表现在心理、伦理方面。

社会学家：可理解但不可取

大学生在年龄、生理上都已成熟，因此不能再单纯地说“婚前性行为”的对错。主要问题不在于这个行为是否发生，而在于应该以一个正确的态度来看待这个问题。以感情好为理由而发生婚前性行为，可以理解但不可取。对于在校学生来说，婚姻本身是不可预期的，而且作为学生，主要任务还是学习。如果事情已经发生了，女生就更应该严肃地看待这个问题，至少应该考虑这个事情在今后的幸福生活中会造成什么后果。一个女性，只有自尊、自重，才能成为一个幸福女性。

二、大学生常见的择偶心理

大量的材料和研究表明，无规则和无差异地选择配偶的社会不具有现实性，所有社会都存在关于谁同谁结婚的规范体系和具体规则。黑格尔认为，爱情对象的选择既具有心血来潮的偶然性，又带有主体方面的特殊癖性的必然性。择偶过程不是受潜意识左右，就是受经济规律或生物进化规律的支配。魏晓娟（2020）在对大学生婚恋观现状调查分析中发现，大学生的婚恋观在一定程度上反映出对传统道德观念的承继，但同时又表现出了鲜明的时代特点：择偶标准不受家庭门第、物质条件的影响，重视个体素质和能力，但同时又存在放大婚姻的工具性价值倾向；对婚前性行为态度宽容，甚至部分大学生把爱情和婚姻分离开来；大学生婚恋观呈现出传统与现代并存、择偶理想与婚姻期望相矛盾的特点。

大学生常见的择偶心理有以下几种：

（一）父母偶像理论

弗洛伊德认为，恋父和恋母情结对个体的恋爱、婚姻产生了长足的影响。个体选择和自己异性长辈性格、气质和生活方式相似的个体作为恋爱对象，是早期情结的延续。波盖特·维林对此理论进行补充后指出，大多数人容易爱上幼年时和自己亲近的父母一方或与父母相似的人。

从认知加工的角度而言，选择和自己异性长辈相似的个体，可以减少家庭中认知冲突的产生，继续延续家庭已经形成的较为成熟的生活风格和决策方式。另外，还可以在家庭事务力量对比上保持均衡，避免多对一的不良局面。

（二）同类匹配理论

人们在选择朋友，尤其是选择终身伴侣的时候，通常倾向于选择那些不仅在智力上，而且在外表上能够与自己匹配的人。即人们总是倾向于选择与自己的年龄、居住地、教育、种族、宗教、社会阶级以及价值观等相近或类似的异性为配偶。

美国社会学家古德认为："人们确实可以相信两个家庭所接受的联姻条件，往往是双方在经济上或社会上门当户对""一切择偶制度都倾向于'同类匹配'，即阶级地位大致相当的人才可结婚，这是讨价还价的产物""如果不考虑选择具有类似社会背景的人做配偶，婚姻就缺乏坚实的基础"。匹配涉及长远的公平问题，所以，门当户对依然具有很大的价值。所谓"门当户对"是指男女在择偶时要相互考虑对方家庭财产的多寡和门第的高低与自己是否相当，以及社会地位、社会声望是否适合等。

实际上，匹配现象源于心理学中的相似性吸引。即当某个人拥有与自己相同的价值观等内容时，会自然而然地产生吸引力。

（三）资源交换理论或互补需要理论

"资源交换"理论认为，人们为某一特定的异性所吸引，是由其所能提供的资源决定的，假如某一资源不足，可以提供另一种资源作为补偿，如在包办婚姻中，劳动力、彩礼和新娘的价格是最常见的交换。容颜姣好也可以被用来交换诸如社会经济地位、爱和关心以及自我牺牲等其他资源。

温奇的"互补需要"理论认为，虽然择偶同诸多因素如年龄、种族、血统、住宅的邻近、社会经济地位、教育或先前的婚姻地位等相一致，但是当择偶表现为心理需求和个人动机时，它势必是互补而非同一的。它强调在择偶时人们的主要考虑是各种需要的相辅相成，例如支配欲强的男性往往选择依赖性强的女性为偶，想被伺候的男性往往选择会伺候人的女性为偶等。

事实上，相似引发喜欢，不相似导致不喜欢，个体有一种偏好（错误的一致性偏好），倾向于认为别人与自己拥有同样的态度。当个体发现某人与自己的态度不一致时，他就会不喜欢某人。人与人在具体内容上能够互相满足，会产生强烈的人际间相互吸引，这就是互补定律。研究表明，任何一个团体，全都是性格相近的人，那么很容易造成内部的不和谐，容易发生争执。这就是因为性格相近的人需求类似，同时对一个事物产生需求的时候，大家就会产生利益冲突。

（四）男高女低择偶梯度说

"择偶梯度"即男性倾向于选择社会地位相当或较低的女性，而女性往往更多地要求配偶的受教育程度、职业阶层和薪金收入与自己相当或高于自己，也就是婚姻配对的"男高女低"模式。

三、大学生的择偶现实

（一）经常接近和互相交往密切的人

只要经常同你在一起，你会爱上任何一个与自己有着大致相同的人格特征并且会回报自己感情的人。心理学对内隐态度的研究表明，个体对特定事物的接触频率与喜爱程度之间存在密切的相关，即纯粹接触效应，也即"日久生情"。重复呈现的刺激（人或物）增强了被试者的知觉流畅性（即再现时辨认更容易），于是被试者在无意识中产生了对该刺激的喜爱，不知不觉地对对象产生了正面评价。

（二）曝光效应

那些记忆深刻的个体常常更容易获得好感。20世纪60年代，心理学家查荣茨做过这样一个实验：他向参加实验的人出示一些个体的照片，让他们观看。有些照片出现了二十几次，有的出现十几次，而有的则只出现了一两次。之后，请看照片的人评价他们对照片的喜爱程度。结果发现，参加实验的人看到某张照片的次数越多，就越喜欢这张照片。他们更喜欢那些看过二十几次的熟悉照片，而不是只看过几次的新鲜照片。即看的次数增加了喜欢的程度。

（三）外表吸引力

女性通常会选择一个相貌平平但是很热诚的配偶，而男性则更倾向于选择外貌漂亮的女性。另外，男性都认为那些腰部比臀部窄30%的女性最有吸引力——这是一种与性生育力相关的体形特征。当判断男性是否会成为可能的结婚对象时，女性也偏向于上述的腰臀比例，而且在排卵期，女性更喜欢那些具有高度男性化特征的男性。

（四）喜欢那些喜欢我们的人

对于女性而言，冒险抛弃“矜持”而去做出“勇敢”的决定非常少见。向男性表白具有双重风险：第一，被拒绝的可能性更大，男性更多的时候依赖外表来判断自己是否喜欢该女性，若外表不符合，常常会遭到拒绝；第二，男性更容易放弃这段恋爱关系。喜欢是情感的自我表露，具有原发性，因此，喜欢那些同时喜欢自己的人更有利于恋爱的发展。

四、大学生积极恋爱观的培养

（一）健康

妥善地对待自己和他人的感情，避免盲目的爱或者恨，更要妥善地对待自己的身体，不盲目地被一夜情的思想裹挟。负责任地选择自己的朋友——寻找自己的真爱，而不是人云亦云。在经营爱情的时候也要经营友情。

爱情只是生活的一部分，失恋是另外一种情感的表达方式。令人痛苦的事情也是人生的体验，而且它往往是快乐的基础。

（二）积极

爱情是互相扶持、互相鼓励，不断在学习上、工作上给予个体正能量的情感互动。大学生活过程中，学习是第一要务。没有成绩，爱情的物质基础无以为继。恋爱是以崇高的目标为导向的，单纯停留在性爱阶段的生活很容易让人厌倦、产生离弃行为。多数时候尽量放松自己，展现真实的自己，哪怕你有一些不好的想法，要善于自我表露。努力培养共同的兴趣爱好，在做出决定的时候，你要清楚地意识到，你不孤单。

拓展阅读

爱情宣言

我是女生，所以我是天使；我是男生，所以我是护卫天使的神

我们敢于恋爱，就敢于承担失恋
我们表达我们的尊重，我们也要求对等的尊重
我们有时大胆地勇往直前，该小心时就一定小心谨慎
我们追求个体的欢愉，同时我们也承担社会的责任
我们有勇气说我爱你，我们同时也有勇气说“不”
我们努力追求婚姻的幸福，但是当我们确实觉得不幸时，我们有勇气终止恶性的婚姻
我们能够在没有爱情时一个人安静地生活，我们也在有机会时努力培育我们的爱情
我们知道世间真爱难寻，但是我们始终相信世间有爱

（三）自立

自己是自己的主人——如果你能很好控制自己的话，要避免盲目地干涉对方，在情感上依赖对方。专一的爱情会带来长久的幸福，省却了很多麻烦（如失恋、恋爱、再失恋、再恋爱），在整个过程中，你常常体会到恋爱的甜蜜滋味。避免过分地沉迷于恋爱关系中，个体寻找一个伴侣，建立一种生活模式，这才是有归属的恋爱。

心理测试

成人依恋量表（AAS）（修订版）

请阅读下列语句，并衡量你对情感关系的感受程度。请考虑你的所有关系（过去的和现在的），并回答有关你在这些关系中通常感受的题目。如果你从来没有卷入情感关系中，请按你所认为的情感来回答。

请在量表的每题之后的括号里选择与你的感受一致的数字1～5。1代表完全不符合，2代表较不符合，3代表不能确定，4代表较符合，5代表完全符合。

表7-1　成人依恋量表测试题（修订版）

序号	题目	完全不符合	较不符合	不能确定	较符合	完全符合
1	我发现与人亲近比较容易	1	2	3	4	5
*2	我发现要我去依赖别人很困难	1	2	3	4	5
3	我时常担心情侣并不真心爱我	1	2	3	4	5
4	我发现别人并不愿像我希望的那样亲近我	1	2	3	4	5
5	能依赖别人让我感到很舒服	1	2	3	4	5
6	我不在乎别人太亲近我	1	2	3	4	5
*7	我发现当我需要别人帮助时，没人会帮我	1	2	3	4	5
*8	和别人亲近使我感到有些不舒服	1	2	3	4	5

（续上表）

序号	题目	完全不符合	较不符合	不能确定	较符合	完全符合
9	我时常担心伴侣不想和我在一起	1	2	3	4	5
10	当我对别人表达我的情感时，我害怕他们与我的感觉会不一样	1	2	3	4	5
11	我时常怀疑伴侣是否真正关心我	1	2	3	4	5
12	我对别人建立亲密的关系感到很舒服	1	2	3	4	5
*13	当有人在情感上太亲近我时，我感到不舒服	1	2	3	4	5
14	我知道当我需要别人帮助时，总有人会帮我	1	2	3	4	5
15	我想与人亲近，但担心自己会受到伤害	1	2	3	4	5
*16	我发现我很难完全信赖别人	1	2	3	4	5
*17	情侣想要我在情感上更亲近一些，这常使我感到不舒服	1	2	3	4	5
*18	我不能肯定，在我需要时，总找得到可以依赖的人	1	2	3	4	5

【计分方法】

本量表包括3个分量表，分别是亲近、依赖和焦虑分量表，每个分量表由6个条目组成，共18个条目。本量表采用五级评分法，其中，2、7、8、13、16、17、18题为反向计分条目，在评分时需进行反向计分转换，即1代表完全不符合，记5分；2代表较不符合，记4分；3代表不能确定，记3分；4代表较符合，记2分；5代表完全符合，记1分。

先计算3个分量表的平均分数，再将亲近和依赖合并，产生1个亲近依赖复合维度。其中，题目1、6、8、12、13、17为亲近分量表项目；2、5、7、14、16、18属于依赖分量表项目；3、4、9、10、11、15属于焦虑分量表项目。亲近依赖复合维度计算方法：亲近依赖均分=（亲近分量表总分+依赖分量表总分）÷12

【测试结果】

安全型：亲近依赖均分＞3，且焦虑均分＜3。

先占型：亲近依赖均分＞3，且焦虑均分＞3。

拒绝型：亲近依赖均分＜3，且焦虑均分＜3。

恐惧型：亲近依赖均分＜3，且焦虑均分＞3

心理训练营

活动1　认识异性

一、活动的主题和目标

1．活动主题

认识异性。

2．活动目标

通过两性之间的集体探讨，认识两性心理和行为的差异，增进互相之间的了解，学习两性沟通的技巧，为将来的恋爱和家庭组建提供理论支持。

二、活动的理论依据

荣格认为集体无意识中包含阿尼玛（男性身体中的女性基质）和阿尼姆斯（女性身体中的男性基质）。不同的个体，其集体无意识中包含的异性基质不同，在与异性相处的过程中就会存在不同的理解和交往模式。例如极端胆汁质的男性完全不认同女性的哭哭啼啼，觉得她们烦人、经常小题大做，也并不在情感上尊重女性；而具有黏液质特征的男性则非常能够像女性一样关注细节，不断通过自身体验来理解女性，认同女性的行为模式和工作方式。因此，有必要通过集体探讨使得男性能够意识到他们认同的女性形象有什么不一致的地方，谁与女性的交往模式更具有效应。对于女性而言，道理同样如此。

三、活动的内容与方式

1．热身破冰环节

通过小组分队的方式开始热身活动。常见的热身活动可以采取组合钱币或者介绍小组成员来使大家熟络起来。之后，要求大家介绍自己小组的成员并作为考核。

2．认识同性性别角色的差异和联系

将男生和女生分成两组，分别发给大家纸笔，之后，请大家写出自己对同性描述的5个词。之后，先在各自小组内讨论出现频率最高的10个词，在组内进行分享，认同的和不认同的分别阐述理由。之后，两个组混合在一起，由对方对描述的词汇进行评论，并说出自己的道理。评论要具体而且并不涉及对对方人格的评判，仅仅是一种思想层面的交锋。

3．认识异性性别角色和差异

按照同样的操作过程，大家写出自己对异性描述的5个词。之后，先在各自小组内讨论出现频率最高的10个词，在组内进行分享，认同的和不认同的分别阐述理由。之后，两个组混合在一起，由对方对描述的词汇进行评论，并说出自己的道理。

4．两性特征再认识之心理剧

通过前面的人格特质书写，使学生意识到男女两性的差异，接下来通过对不同性别的失恋朋友进行劝导的心理剧的表演来展示对刚刚探讨过的内容的练习。第一，请男生劝导失恋的同性和异性朋友；第二，请女生劝导失恋的同性和异性朋友。教师通过对劝导语言的分析以及被劝导者的切身体会来帮助大学生了解男女两性的交往模式。

【注意事项】

建议人数在20人以内，方便不同意见的及时展现，同时，建议每一位参与者都要发言，互相反馈内心的真实想法；鼓励针对问题进行辩论和讨论。教师要及时引导负面情绪的影响。

活动2　积极应对失恋

一、活动的主题和目标

1．活动主题

对失恋行为的积极应对。

2．活动目标

通过心理剧的方式，让大学生体会到失恋对人的伤害，正确认识恋爱行为这一重要事件对个体的意义和价值。

二、活动的理论依据

心理剧是一种舞台剧的形式，它通过让受治疗者扮演剧中的某一角色，并体会角色的情感和思想，从而改变自己以前的行为习惯、完成内心感情的宣泄、获得解决内心问题的方法。完整的心理剧包括脚本、导演、主角、配角、观众以及舞台和道具6要素。五个阶段分别为暖身、排练、演出、分享和点评。

班杜拉的社会学习理论认为，个体的社会化过程可以不需要亲身体验和强化，观察学习和替代性强化也会塑造个人的行为，改变个人的思想，能够从根本上改变个体。

他认为人的复杂行为主要是后天习得的。行为的习得既受遗传因素和生理因素的制约，又受后天经验环境的影响。班杜拉认为行为习得有两种不同的过程：一种是通过直接经验获得行为反应模式的过程，班杜拉把这种行为习得过程称为"通过反应的结果所进行的学习"，即直接经验的学习；另一种是通过观察示范者的行为而习得行为的过程，即间接经验的学习。

在观察学习的过程中，人们获得了示范活动的象征性表象，并引导适当的操作。观察学习的全过程由注意、保持、再现、动机等四个阶段（或四个子过程）构成。第一阶段注意过程是观察学习的起始环节，在注意过程中，示范者行动本身的特征、观察者本人的认知特征以及观察者和示范者之间的关系等诸多因素影响着学习的效果。在保持阶段，示范者虽然不再出现，但他的行为仍给观察者以影响。要使示范行为在记忆中保持，需要把示范行为以符号的形式表象化。通过符号媒介，短暂的榜样示范就能够被保持在长时记忆中。第三个阶段是把记忆中的符号和表象转换成适当的行为，即再现以前所观察到的示范行为。这一过程涉及运动再生的认知组织和根据信息反馈对行为的调整等一系列认知的和行为的操作。再现示范行为之后是第四阶段，观察学习者（或模仿者）是否能够经常表现出示范行为要受到行为结果因素的影响。行为结果包括外部强化、自我强化和替代性强化。班杜拉把三种强化作用看成学习者再现示范行为的动机力量。

三、活动的内容和方式

（一）热身破冰环节

通过小组分队的形式开始热身活动。经常采用的形式可以是体育活动之前的热身运动，诸如扩胸运动等，之后，进行小组内成员的互相介绍认识，通过考核的方式使所有个体必须去熟悉组内的同学。

（二）撰写心理剧剧本

教师可以依据日常心理咨询的案例重写大学生失恋分手剧本。运用心理学的原理将角色进行心理化的展示，让演员和观众能够深切地体会到理解角色行为所需要付出的情感努力。通过教师指导和学生排演，形成完整的心理剧，之后，组织在校学生去观看，并写作观后感。通过对失恋事件的分享达到对失恋行为的脱敏，在学生真正遭遇失恋事件时，能够回忆或者触发自身曾观察学习的案例，帮助自己渡过难关。

【注意事项】

注意心理剧排演过程中学生演员演出所展示的心理冲突是自然的、可调解的；其运用的处理方法是积极向上的，避免适得其反。

◎ 思考与讨论

1. 作为大学生，你如何看待恋爱与自我成长的关系？
2. 一旦遭遇失恋，你该用什么样的心态来应对？可运用哪些方式和手段？
3. 作为大学生，你认为怎样才能成为一个有魅力的人？你都为自己做了哪些准备？

第八章

管理压力　笑对挫折

——大学生压力管理与挫折应对

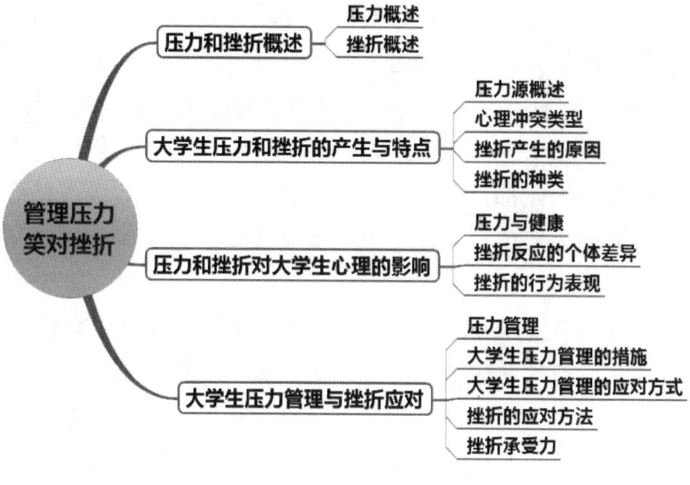

图8-1　第八章基本框架

生活就像海洋，只有意志坚强的人，才能到达彼岸。

——马克思

人们最出色的工作往往在处于逆境的情况下做出。思想上的压力，甚至肉体上的痛苦都可能成为精神上的兴奋剂。

——贝弗里奇

司马迁《报任安书》载：盖西伯拘而演《周易》；仲尼厄而作《春秋》；屈原放逐，乃赋《离骚》；左丘失明，厥有《国语》；孙子膑脚，《兵法》修列；不韦迁蜀，世传《吕览》；韩非囚秦，《说难》《孤愤》；《诗》三百篇，大底圣贤发愤之所为作也。司马迁认为，文王拘于囚室而推演《周易》，仲尼困厄之时著作《春秋》，屈原放逐才赋有《离骚》，左丘失明乃作《国语》，孙膑遭膑脚之刑后修兵法，吕不韦被贬属地才有《吕氏春秋》传世，韩非被囚秦国，作《说难》和《孤愤》，《诗》三百篇，大概都是贤士圣人发泄愤懑而作。他自己也是受宫刑而不自卑，受极刑而无怯色，完成史家巨著《史记》，被誉为“中国历史上最伟大的史学家”。

上述名人在遭遇挫折、面对压力时能克服压力而成就伟业。司马迁甚至认为，若没有这些生活事件的压力，他们可能不能完成这些巨作。在现实世界中，每个人都会面临着各种各样的压力，许多人都能化压力为动力，但是，还是有很多人在承受社会的、生理的、精神的压力时不断沉沦而无法自拔，甚至选择结束自己的生命。承受压力有这么痛苦吗？大家先来认识并了解压力。

第一节　压力和挫折概述

一、压力概述

压力（stress）又称应激，是压力源和压力反应共同构成的一种认知和行为体验。它是个体在生活适应过程中体验到的一种身心紧张状态，也指个体面对有威胁的情境或事件时做出的保护性的反应措施，它源于主客观要求与自身状态之间的不平衡，一般会通过非特异的心理和生理反应表现出来。

压力体现了环境与心理需求之间、个体需求和能力与期待之间的张力。因此，从本质上来看，压力是能量的集聚或消耗，源于个体体验到自身和现实之间的不平衡感。积极的压力给个体以力量并能提高其识别和作业的能力。例如，儿童体验到自身储备的知识有限，从而对学习产生兴趣，用以消除自身的“无知”状态。消极的压力消耗能量储备，以维护和防卫的形式增加机体系统的负担，产生负面感受和消极信念。例如，学习不努力的学生整日担心学期结束后父母、老师对成绩的责问。当个体对当前的生活状态较为满意，自身能力能够自如地应对多变的社会环境，需求、欲望和愿景均能逐步实现，常常体会到平衡感，他体验到的压力就在可控范围内。但是，有时候，压力常常会超出个体可控的范围，使得个体产生应激反应，长期处于应激反应无形中会损害个体的身体并打击个体的自我效能感，从而对生活事件产生无力感。

通常，压力源于环境或生活条件的改变。心理学家格拉斯通认为9种类型的生活变化会带来明显的压力，即：（1）就任新职、搬迁新居、转学等；（2）恋爱或失恋，结婚或离婚等；（3）生病或身体不适等；（4）怀孕生子，初为父母；（5）更换工作或失业；（6）进入青春期；（7）进入更年期；（8）亲友去世；（9）步入老年。另外，工作性质、家庭状况以及环境信息都会引发生存压力。例如，从事危险工作的个体，如矿工、出租车司机等，可能会体会到更大的工作压力。瘟疫等传染性疾病过度扩散等也会造成社会的普遍恐慌，个体较大的压力体验。

二、挫折概述

挫折是个体在从事有目的的活动时，由于遇到阻碍或受到干扰，愿望不能得到满足时产生的一种消极的情绪状态。例如，想准时赴约却遇上塞车；想顺利升学却考试失败；希望事事顺心却发现不如意常十之八九。在现实生活中，挫折总是伴随着个人的成长和发展。在一定意义上，挫折促进了人的成长、成熟。一个理性的成年人，通常会将挫折控制在一定的范围内。例如，为了避免迟到，个体会依据目的地的交通状况以及所乘坐的交通工具对出发时间提前做出预判。同时，为了避免失败，个体会选择回避那些自己并不擅长的工作领域和不熟悉的工作挑战。

挫折的概念包含三重含义：（1）挫折情境或挫折事件，导致目标不能达成的事件或情境，如考研失败、工作被炒鱿鱼等；（2）挫折认知，个体对挫折情境或事件的态度、评价和解释；（3）挫折情绪或行为，伴随挫折认知而产生的情绪变化和行为反应。上述三者中，挫折认知是核心内容，任何挫折事件或挫折情境都需要经过挫折认知的加工。同样的情境或事件，不同的认知会引起不同的行为反应。例如，同样是考试失败，有些大学生就会自怨自艾，觉得自己不够聪明，努力也无法解决问题。而另外的大学生却将考试失败作为一种动力，更加努力地投入到学习生活中，以避免再次失败。

第二节 大学生压力和挫折的产生与特点

一、压力源概述

压力源又称应激源或紧张源，是指任何能够被个体知觉并产生正性或负性压力反应的事件或内外环境的刺激。从压力性质来分类，可以分为生物性压力源、精神性压力源以及社会环境性压力源。依据压力强度来分类，可以分为一般单一性压力和叠加性压力，还有破坏性压力。其中叠加性压力又包括同时性叠加压力，如“十面埋伏”“四面受敌”；继时性叠加压力，如“屋漏偏逢连夜雨”“祸不单行”。根据个体自身认知体验的不同，压力源又可分为外源性压力和内源性压力。通常，只有当个体认知到情境或压力源具有威胁时，内心才会体验到压力。一些因素影响个体对情境的认知，例如熟悉性、可控制性和可预测性。如果情境是熟悉的、可控的，同时危险可以预测，则个体体验到的压力相对较小；而如果前往陌生环境，所从事的活动自身并不熟练，还具有一定的危险性，个体就会体验到较大的压力。因此，通常情况下，个体为了避免压力体验，会选择较为熟悉、可控的情境开展相应的活动。例如，幼儿不愿意入托，儿童不愿意转学，大学生不愿意即时表演节目，成年人不愿意调换工作等。

社会生活中，主要的压力源包括以下4种。

（一）工作（学习）压力

工作（学习）压力产生于人与工作（学习）性质之间的交互作用中，其特征是工作（学习）要求和活动迫使人偏离正常机能所产生的各种变化。工作（学习）压力源主要有3类：工作（学习）的特征和过程；工作（学习）环境和人际关系；工作（学习）要求和专业特点。例如，刑警由于需要长期面对犯罪分子，工作时间不固定，家庭生活不规律，从而导致工作压力较大；不擅长学习理科的学生被调剂录取到理科专业，学习压力较大。张月娟等发现，学习负担重、就业（升学）压力大，长期远离家人不能团聚，恋爱不顺利或失恋、考试失败等均会造成大学生较大的压力体验。研究表明，若个体长期从事高心理负荷的（学习）工作，就会表现出对工作的冷漠、不满、厌恶和回避。同时，在作业过程中要求时时警惕、高度集中注意力，工作压力大，他们对工作（学习）更加消极，而厌烦的工作（学习）态度又会引起恶性循环，使得本来就较高的工作（学习）压力显得更高，效率更差。例如，医学和工程科学等学科的学生，学习时间长、任务重、难度大，常常体会到较大的学习压力。

（二）家庭危机和紧张

1．渐发成熟性事件。指在家庭生活周期的经历中自然产生的转折点。比如结婚生子所带来的家庭负担的增加，子女上大学、留学、结婚离家后产生的空巢期。

2．消耗性事件。指时间过长的持续紧张所产生的危机性事件。比如父母久病在床，长期需要子女照料；孩子罹患孤独症，需要父母长期陪伴。

3．冲击性事件。指在短时间内发生的对家庭有冲击性的事件，人们往往无法适应。例如，家庭成员突然罹患重疾，或者遭遇伤害性事件等。

（三）环境压力

1．生态压力源。环境污染、拥挤、噪声以及疾病都会对个体形成压力。如长期的噪音环境影响大学生的学习效率和效果。

2．偶然性压力源。自然灾害，突发性灾难、传染性疾病等。家庭变故对大学生学习和生活产生影响。

3．社会压力源。舆论和流言、生活环境的改变都会形成社会压力。例如，考研面试、就业失败、退学等。

4．自我导引压力源。个体强化自身的责任和使命，理想信念较高，自我或社会责任感较强，常使自己处于压力当中。如“先天下之忧而忧，后天下之乐而乐”“能力越大，责任越大”。

（四）灾难性事件

超出正常范围的灾难性事件，可能对受害者产生长期的严重影响。经历灾难事件的幸存者表现出以下特点：对世事感觉麻木，缺乏兴趣；在记忆中和睡梦中经常重复出现灾难场面；焦虑。

对大学生而言，如何协调大学期间学习与其他活动的时间，如何管理自己的时间、金钱、情感和人际关系是最常面临的压力性事件。许多同学在大学高年级时，自责自己参与了太多学生活动，耽误了学习，使得成绩平平，无法获得教师的青睐，无法顺利通过英语等级考试，无法顺利获得深造资格或就业等。另外一些学生在人际交往方面遇到了难题，他们觉得与人交往带给自己很大的心理压力，不知如何与他人保持亲密关系，无法拒绝别人，不能克服面对众人讲话时的焦虑等。还有一些同学缺乏处理好自己的恋爱关系的能力，常常沉迷其中，欲罢不能，自责耽误了学习，但又无法像成年人一样自由恋爱，害怕失去自己的恋人等。需要注意的是，一般来讲，单一事件对个体并不会造成压力威胁，但是，若许多压力事件叠加性的发生，将会对个体产生较大的压力。如贫困生遭遇家庭变故，丧失主要的经济来源，又面临毕业就业压力等；学习困难学生遭遇恋爱失败事件等。当然，大学生活是社会生活的预演，他们所经历的一切都是为了更好地参与到社会生活中，因此，在保证学习时间的情况下，大学生可以多参与一些具有挑战性的活动，以增强压力抵抗能力，提高挫折应对水平，同时学习如何管理自己的压力水平。需要提醒大家的是，目前各高校均设置有学生心理服务中心，在压力体验较大时，可以前往心理服务中心寻求专业的帮助。

二、心理冲突类型

心理冲突（动机冲突），由于人们在采取行动时可能面临多重目标，目标的属性在性质方面常常互相矛盾，使得个体内心难以取舍，行为犹豫不决，形成心理冲突。心理冲突是造成挫折和心理压力的一个重要原因。勒温按趋避行为将常见的心理冲突分为四大基本类型。

（一）双趋冲突

双趋冲突又称接近—接近型冲突。当追求的两个目标具有同等的吸引力，使得个体无法在两者之间进行取舍时形成的心理冲突。例如，大学生又想和心仪的女生谈恋爱，又想听从父母的安排好好学习，不涉足恋爱，常常使得内心比较焦躁，无所适从。

（二）双避冲突

双避冲突又称回避—回避型冲突。两个目标对个体产生影响甚至威胁，同时又无法避开所形成的左右为难的心理冲突。例如，学生不喜欢学习某一门课程，但是又担心老师会经常点名，形成一种都想回避的冲突状态。

（三）趋避冲突

趋避冲突又称接近—回避型冲突。同一事物同时具有趋近与回避的目标，以至于个体在趋向时常常体验痛苦类的负面情绪。男性大学生常常喜欢打游戏，但是内心又时常自省：打游戏耗费精力和金钱，耽误学习，从而形成了“痛并快乐着”的尴尬局面。

（四）多重趋避冲突

在日常生活中，个体的趋避冲突常常表现为一种更复杂的形式。即当个体面对两种或两种以上的目标时，每种目标都同时具有吸引力和排斥力两种性质相反的作用所产生的心理冲突。如大学生在对深造还是工作进行取舍时，既考虑到深造需要刻苦努力而找工作相对轻松自由，又考虑到深造可能意味着更高的收入和发展平台，而当前学历工资待遇以及成长性相对较差等情况，形成双重进退两难的局面。双重或多重趋避冲突在日常生活中更加常见，对人的心理和精神的考验也更加深刻。

冲突是一种心理困境。冲突的斗争常常是个体、集体和社会各种评价相互胶着的过程，需要耗费较多的时间和心理资本。通常情况下，人们会反复衡量每个目标的优劣和轻重，同时会考虑做出抉择所面临的得失等。有时，学生会将优势和劣势分列左右来进行取舍，这一行为看似理性，但常常帮助不大。在现实生活中，个体的生活往往牵涉较广，有家庭层面的，有事业层面的，也有社会层面的。心理冲突可能来自同一层面，也可能是不同层面之间的冲突，如家庭和工作有时不能兼顾。无论是哪一层面的冲突，如果心理冲突不能很好地处理，就会产生强烈的消极情绪，精神痛苦，无力感泛滥。另外，长期的心理冲突会造成个体不平衡、不协调的心理状态，严重的心理冲突或者持续时间较长均会引发个体的心理障碍。

三、挫折产生的原因

当个体遭遇心理冲突，在对心理冲突进行抉择的过程中以及抉择后的目标获取中，个体均会遭遇到挫折。

挫折从可能变为现实需要3个条件：（1）个人所追求的目标比较迫切和重要，所体验到的压力较为强烈；（2）个人坚信目标原本可以完成；（3）在达成目标的过程中，遇到了未曾预料到的、难以克服的障碍。挫折产生的具体原因如下。

（一）客观因素

客观因素包括自然因素和社会因素。自然因素指各种非人为因素所导致的时空限制、自然灾害、意外事故和生老病死等。社会因素指个体生存的社会环境所引发的干扰或障碍。社会环境包括政治体制、社会文化历史发展水平，以及个体生活的环境，如家庭、单位、学校、社区等环境。如父母要求苛刻，孩子可能常常体验挫折感。

（二）主观因素

主观因素即内在因素，是个体自身存在的一些因素，包括生理因素和心理因素。生理因素指个体的生理属性和疾病造成的限制。心理因素指个体的心理特点和心理水平带来的影响。例如，一个完美主义者发现即使自己非常努力，很多事情的结果也并不尽如人意，常常体验到挫折感。一般来说，学习能力差的人容易在学习、工作中受挫；内向的、自卑感强的个体容易在人际交往中受挫，而且，由于归因方式的缘故，内向的个体体验到的挫折感更加强烈，他们投注的对象是自己，挫折感常常伴随着人际发展的瓶颈而出现。

四、挫折的种类

依据不同的标准，可以对挫折进行不同的分类。

（一）依据障碍的性质，可以将挫折分为外部挫折和内部挫折。外部挫折包括缺乏、损失和障壁，其中障壁指由于外界干扰，个体的目的无法实现，需要得不到满足。内部挫折包括缺陷、损伤和抑制，其中抑制是指个体从心底里禁止需要的满足。例如，由于生活早期得不到某些东西就开始不喜欢这些东西。

（二）依据挫折的性质，可以将挫折分为需要挫折、行为挫折、目标挫折和丧失挫折。

第三节 压力和挫折对大学生心理的影响

一、压力与健康

个体面对压力事件时通常会出现情绪和身体两方面的反应，即个体身心处于应激状态。应激的产生是一种典型的由心理转向生理的过程。先是由于紧张情绪的出现，使得大脑的情绪中枢处于兴奋状态，随即向内分泌系统发出指令，使肾上腺分泌出大量肾上腺素，受体血压升高、心跳加快，使肝脏分泌出大量的糖供给血液，提高血糖水平，给大脑和肌肉输送更多的能量，使反应更加机敏，更有力量。由于在应激状态下，个体能够在很短的时间内充分调动自身的全部潜能，所以常常会表现出一种超乎寻常的力量。但是超常表现仅仅是力量的短暂集中，不能持久。若长期处于应激状态导致身心常超负荷运行，引发身心疾病的风险就会增加，因此，个体需要避免长时间或频繁地进入应激情境。

同时，压力有轻重之分，适度的压力不仅对身体无害，反而有益健康；只有严重而又长期的压力，才会对身体有害。另外，个体体会到的压力大小，并无精确的客观标准，每个个体面对不同的压力件事件时，所体验到的压力依赖于个体的主观感受。如同样是恋爱失败，不同的人会形成不同的反应。即使同一个人，在不同的年龄阶段也会有不同的感受。弗兰茨·亚历山大认为，由心理冲突引发生理疾病实现的因素有3个：（1）器官缺陷理论；即生理上存在一个较其他器官虚弱的脏器，当应激因素出现时，该器官容易生病；（2）某种具体的心理冲突会降低个体的免疫系统；（3）某种危险情境的出现。因此，压力可以通过心理倾向性来影响个体的身心健康。

（一）A型人格与B型人格

A型人格指个性急躁、求成心切、不断进取、争强好胜的一种性格。典型的行为模式是一个人陷入在极短的时间里做大量的事情，同时常常主动陷入不断斗争进取的境况中。A型人格典型的特征是时间的紧迫感和竞争的敌意感。他们进取心和自信心强，富于侵略性，成就动机高，雄心勃勃，积极工作，富于挑战和竞争精神，愿意从事高强度的竞争活动，神经质，容易紧张，敏感，缺乏耐心，急躁易怒，好争执，求全责备。同时，他们时间观念强，凡事希望尽快完成，常常认为光阴不能虚度，饮食不规律，伴随抽烟、酗酒、吃辣等生活癖好。实际上，A型人格的行为特点本身并不带有价值上的判断。只是该类型的个体更容易罹患脑血管和心血管疾病。两者关系的揭示，起源于美国心脏病学家弗雷德曼等的研究。他们发现，罹患心脏病的个体性格常常较为急躁。由此，他们区分了A型和B型人格。B型人格的个体个性随和，生活较为悠闲，对工作要求宽松，成败观念淡薄，与世无争。统计显示，85%的心血管疾病都与A型人格有关，在心脏病患者中，98%都是A型人格。A型人格罹患冠心病的概率是B型人格的5倍。

（二）C型人格与D型人格

C型人格的行为模式的主要特点是：（1）过分压抑负面情绪。他们不善于表达和宣泄愤怒、焦虑、绝望等情绪，经常通过自身努力来遏制负性情绪的发泄。（2）行为退缩，害怕冲突。过分屈从，自我克制，原谅不该原谅的行为，对别人过分忍耐，姑息迁就，尽量回避各种冲突。因此，常常合作性强、回避矛盾、迁就、忍让、依赖，为取悦他人而放弃自我需要。（3）无力应付生活压力，感觉无助、无望。生活和工作没有主意和目标，不确定性多。由于对自我的过分压抑，C型人格的个体罹患癌症的风险高出正常人3倍以上。

C型人格和B型人格的区别在于，B型人格在认知上摆脱了挫折的纠缠，他们并不认为受到了他人的伤害，也不会做出回应，无须压抑。而C型人格则不然，他们表面平静似水，内心却愤怒如火，只是不表现在行为上，故意掩盖自己的不满和愤懑，这种掩盖行为又在更深的层面压制了个体的愤懑情绪，使得个体怀疑自己的能力，产生更为强烈的对自己和社会的不满。

另外，荷兰学者Denollet在1996年提出D型人格，即忧伤人格。其行为模式包括消极情感和社交压抑。消极情感主要表现为紧张、不愉快、过分担忧、悲观、易恼怒、积极情绪缺失，更关注生活事件中的负性刺激，体验到更多的压力，这种倾向不受时间和情境的影响，表现出稳定性。

社交压抑的个体常常压抑情感、表面上保持平静，但是内心深处极力控制着自我表达，言谈举止不自信，常常感到不自在，紧张和不安全。尽量回避社会交往，与人保持着心理距离，交往迟滞。在发生死亡的冠心病患者中，73%是D型人格，D型人格的病人死于心脏性疾病的风险增加了6倍。同时，D型人格是预测冠心病死亡和非致死性心肌梗死的独立危险因素之一。负性情感和压抑使得个体无法适应应激事件从而导致长期的应激状态，影响心血管系统正常的功能发挥。

（三）压力与免疫系统

压力通过改变个体的免疫系统对健康产生影响。心理学研究表明，大学生在学期末大考的一周内，免疫系统的功能较平时大为降低。但是降低的程度却因人而异：个性开放且朋友众多的学生，免疫功能降低较小；个性孤独而缺少朋友的学生，免疫系统的功能下降较多。另外的研究也表明，妻子患乳腺癌期间或妻子死于乳腺癌后一年内，丈夫的免疫系统功能均大为下降。

虽然压力降低了免疫系统的功能，但是下降的效应却具有延后的作用时间。处于压力下的个体免疫系统功能降低，但是并不因此患病，常常表现为压力缓解后一段时间才会生病。日常生活中，个体常常有这样的经历，鼓足劲干好一件棘手的事情，或者度过一段难熬的日子，常常在身心放松期间罹患疾病，表8–1所示为生活改变与压力感量表。

表8–1 生活改变与压力感量表

生活改变事项	压力感	生活改变事项	压力感
1. 配偶亡故	100	23. 子女成年离家	29
2. 离婚	73	24. 涉讼	29
3. 夫妻分居	65	25. 个人有杰出成就	28
4. 牢狱之灾	63	26. 妻子新就业或刚离职	26
5. 家庭亲人亡故	63	27. 初入学或毕业	26
6. 个人患病或受伤	53	28. 改变生活条件	25
7. 新婚	50	29. 个人改变习惯	24
8. 失业	45	30. 与上司不和睦	23
9. 分居夫妻恢复同居	45	31. 改变上班时间或环境	20
10. 退休	45	32. 搬家	20

（续上表）

生活改变事项	压力感	生活改变事项	压力感
11．家庭中有人生病	44	33．转学	20
12．怀孕	40	34．改变休闲方式	19
13．性关系适应困难	39	35．改变宗教活动	19
14．家庭添人口	39	36．改变社会活动	18
15．事业重新整顿	39	37．借债少于万元	17
16．财务状况改变	38	38．改变睡眠习惯	16
17．亲友亡故	37	39．家庭成员团聚	15
18．改变行业	36	40．改变饮食习惯	15
19．夫妻争吵加剧	35	41．度假	13
20．借债超过万元	31	42．过圣诞节	12
21．负债未还，抵押被没收	30	43．些微涉讼事件	11
22．改变工作职位	29		

二、挫折反应的个体差异

由于个体自身因素的影响，在同样的条件下，不同个体的挫折反应在认识上具有不同的特点。有人认为挫折是对自身的考验，凡成大事者，“必先苦其心志，劳其筋骨，饿其体肤，空乏其身，行拂乱其所为”。而有人却认为自己命不好、运气不好，事事不顺利，生不逢时，“既生瑜，何生亮”。同时，挫折反应在行为强度上也存在不同。有人意志坚强，越挫越勇；有人意志薄弱，一蹶不振。另外，挫折反应在时间上也有不同。如同样是面对恋人分手，有人时过境迁，淡然处之；而有人耿耿于怀，一世不忘。挫折反应的个体差异通常由以下因素引发。

（一）个体的抱负水平

抱负水平指个体对自己要求达到的目标所规定的标准。个体的自我抱负水平高，挫折感体验较强。个体的抱负水平来自内在的成就动机，成就动机强的个体对未来的期待很高，可以直面挫折，忍受挫折带来的痛苦。

（二）个体的挫折经历

挫折经历增加了挫折耐受力，对同等强度的挫折反应产生影响。一个遭受过挫折的个体，他会在认知和行为上降低同等挫折的伤害水平。

（三）个体的挫折耐受力

个体的挫折耐受力决定了个体的挫折反应，有的人挫折耐受力强，有的人挫折耐受力差。意志品质强的个体往往对挫折的耐受力较高，有时，他们会通过主动引入挫折来提升自己对挫折的耐受力，如越王勾践的“卧薪尝胆”。

三、挫折的行为表现

挫折会产生各种各样的反应，如果长期处于挫折情境或遭遇挫折事件，个体必定形成心理压力，引发生理和情绪上的变化。在遭遇挫折后，个人会在情绪上表现出消极、愤懑、悲观甚至绝望；在身体上，会表现出血压升高、心跳加速、胃酸分泌减少、各种形式的溃疡等。挫折的行为表现包括以下几种。

（一）攻击行为

挫折—攻击假说认为，任何挫折必然导致攻击行为。实际上，两者之间并不存在必然的因果联系，攻击只是挫折反应的一种。攻击通常包括两种类型：（1）直接攻击，将引发挫折的人或物作为攻击对象。（2）转向攻击，即无法直接攻击引发挫折的对象时，转而寻求“替罪羊”施以打击。日常生活中，父母可能会将在工作岗位遭遇的挫折转向对孩子的言语攻击或者体罚，而孩子则会转向对同学或者家庭作业的“攻击”，例如，故意不完成作业。

（二）退化行为

退化是个体防御机制的一种，指人们在受到挫折时所表现出的与自己年龄或身份不相称的幼稚行为。主要包括盲目轻信、固执和逆反。

（三）妥协行为

妥协是对挫折的折中反应，用来消除心理上的不平衡感，主要包括以下几种方式。（1）自我安慰。个体遭遇挫折后，找出种种理由进行自我辩解。包括“酸葡萄”和“甜柠檬”两种方式。（2）自我整饰。个体在遭遇挫折后，不将内心的焦虑、烦恼表现于外，而是将挫折心态深藏不露。（3）成因推诿。把挫折的原因归于外部，以减低自身体验到的心理压力。

（四）积极行为

挫折的经历将有助于个体对挫折的应对，有时，消极待毙并不符合个体的发展要求，因此，对挫折的应对还包括理智性反应，主要有：（1）升华，将痛苦转化为动力，通过不断努力来应对挫折；（2）补偿，一个目标受挫，就选择另一个目标作为努力的方向；（3）改变，当发现目标难以实现后，主动降低目标和抱负水平，或重新选择达到目标的方法。

第四节　大学生压力管理与挫折应对

一、压力管理

压力无处不在，随时发生。随着物质主义成为生活的“主流”，现实生活中的个体常常感觉不快乐、郁闷、焦躁、彷徨、怀疑或轻视自己，降低自己存在的价值，反复思考生命的意义。因此，认识自己的个性，对压力进行管理就显得非常重要。一个整天被压力倾轧的个体，通常无法体验到主观幸福感。因此，压力管理的核心是了解自身、认识自我。只有知道自己的爱好，按照自己的兴趣从事学习、工作和生活，才能从根本上降低压力源的作用。而大学生正处于身心走向成熟的阶段，其内在的压力体验较为强烈，对于将来的生活较为期盼，对于道路的选择，则毫无头绪，这一方面源于教育目的的异化，另一方面也源于学生自身的不成熟。通常，当面对压力时，基本的原则是遵循“3R减压法”，即放松（Relaxation）、退缩（Reduction）、重整（Reorientation）。3R原则的核心是尽量避免遭遇压力源，放松自己的情绪，适时调整目标或期望值。对已经存在的正面压力、自发压力或过度的压力要正确看待，不盲目抱怨，力求寻找到一个平衡点。

二、大学生压力管理的措施

大学生进行压力管理可以采用宣泄、咨询、引导3种方式。

（一）宣泄

宣泄是最为常用的一种压力释放方式。宣泄可采取各种办法，例如，可以在没人的地方大声呼喊，可以对着镜子默念“我很棒”，或剧烈运动、唱歌、旅游等。有研究表明，体育运动、自己动手收拾房间以及做饭等家务活对减轻压力非常有益。一个基本原则，“做有意义的事”。

（二）心理咨询

心理咨询就是向专业心理咨询人员或亲朋好友倾诉自己心中的郁闷或紧张情绪。无论被倾诉对象能否为自己排忧解难，倾诉本身就是一种很好的调整压力的方法。多数高校均配备有大学生心理健康教育中心。在遭遇挫折、需要缓解压力时，大学生可以选择心理咨询。心理咨询是专业心理咨询人员通过语言、文字等媒介物与学生进行信息沟通，以调整大学生心理或情绪的过程。通过心理咨询可以帮助大学生重新认识和应对压力，关注自己在压力状态下感觉、情绪等的变化，解决其出现的心理问题，调整心态，能够正确面对和处理压力，保持身心健康，提高学习效率和生活质量。

（三）引导

引导是辅导员或他人帮助学生改变其心态和行为方式，使大学生能正确对待压力。诸如重新确定发展目标、培养学生多种业余兴趣爱好等都是很好的引导方法。学生确立正确适当的目标，通过自身努力可以达到此目标，相关压力自然消失。而学生如果参与丰富多彩的兴趣爱好活动，当其遇到压力时可以很容易转移注意力，投入到兴趣爱好中，陶冶情操、保护身心健康，压力自然也就减轻甚至消失。

三、大学生压力管理的应对方式

个体的应对方式是指在压力情境下所采取的认知和行为的手段与策略，决定个体的应激结局。虽然学生在面临压力时都有自己惯常的解决方法，例如宣泄、倾诉，但是，在具体的学习生活中，选择何种应对方式会影响大学生将来对社会的适应。通常，人们面对压力做出的反应主要有三种，即控制式、支持式、回避式。在日常学习生活中，建议大学生在应对压力时主要采用控制式应对方式，适度采用支持式应对方式，尽量少用或不用回避式应对方式。任何时候，直面问题的本质是解决问题的最优方式，当然，直面问题常常需要更大的勇气和心理资本。研究表明，个体的应对手段受父母教育方式的影响，父母过多的保护、拒绝会导致子女消极应对方式的形成，若他们采取积极的应对方式将需要调动更多的心理资本。

（一）控制式应对方式

一种以问题为中心的应对方式，指积极主动地针对不同压力做出反应，如进行有效的时间管理等，是最优的压力应对方式。这种应对方式主要通过改变人的行为或改善周围环境，进而调整自己的情绪状态与个人、环境的关系，表现出自律性。大学生在应对压力时，可以尝试用客观、理智的方法处理事情；有效地分配时间；预先做好计划；选择性地把精力集中在某些具体问题上；将问题按轻重缓急排列并依次处理；尝试从旁观者的角度考虑事情等。同时，正确认识和对待压力，意识到压力是成功必备的条件。研究发现，个体的社会支持系统与积极应对方式显著正相关，当个体越能够意识到任何困难都不是自己一个人的事情时，他更加愿意采用积极的、控制式的应对方式。而女生由于社会卷入感强，社会支持系统较为完善，常常采用积极应对方式处理压力事件。

（二）支持式应对方式

支持式应对方式一般利用个人或社会的资源支持来对压力做出反应，如寻求压力的释放或进行压力的宣泄等。支持式的应对行为主要有：借助兴趣及消遣，比如运动、画画、散步、旅行、健身等；向理解自己的亲人或朋友倾诉等。这种应对方式的不足之处是过于依赖环境和资源，一旦支持的资源匮乏，就会导致压力适应系统的紊乱。另外，学校的辅导员和班级的心理委员要积极规划，提前布局，针对不同年级的大学生面临的不同压力进行预防性工作，可以通过邀请校友或高年级的学生进行交流，提前预判压力，形成支持性系统。

（三）回避式应对方式

这种应对方式消极地忽略或回避压力，甚至否认压力的存在，当压力慢慢累积超过一定界限后，就会造成个人的突然崩溃。回避式应对是一种以情绪为中心的应对，它并不改变人与环境的客观关系，而是调节由压力引起的情感上的不适。它最基本的策略就是转移注意的焦点，避免思考引起压力的原因。当个体认为自己对所处环境无能为力时，以情绪为中心的应对将占主要位置。常见的回避式应对行为主要有：不去考虑它；否认问题的真实性；搁置问题；降低对问题重要性的评价；避开麻烦；不再强求自己；想想有人状况还不如自己，心里舒服一些；顺其自然、平心静气等。研究表明，当面对就业危机时，部分毕业生常常采取回避式应对方式，他们躲在宿舍，不参加面试或者面试故意迟到等。同时，性格内向的大学生在幻想、合理化、自责等几个不成熟的应对方式方面得分显著较高，农村大学生更多地采取消极应对方式。值得关注的是，当大学生较多采取消极应对方式时，其手机成瘾倾向明显。显然，消极应对方式不是消解紧张，而是逃避压力，那么，压力的累积效应也越强。

四、挫折的应对策略

任何一个人都不希望遭遇挫折，但是压力在日常生活中不可避免。问题在于我们如何应对压力、如何去提高压力的应对水平。挫折对个体的身心会有很大的负面效应。大学生必须在认知、情绪和行为三个层面学会如何应对挫折，增强适应社会的能力。首先，挫折是社会生活中的正常现象，几乎每个人都无法逃避。挫折并不可怕，可怕的是人们面对挫折时的反应，一次挫折就认为自己一无是处，那个体必定无法面对纷繁复杂的社会生活。能认识到这一点，一旦遇到挫折，思想就会有所准备，不致惊慌失措。同时还应该认识到，一个人一生中经受一些适当的挫折，并不完全是坏事，因为挫折可以磨砺人的意志，提高扭转逆境、克服困难、适应社会生活的能力。其次，挫折带给人情绪上的不满足感，当挫折来临时，人们沮丧、紧张、无助，只有在情绪上不为挫折所打击，人们才不会丧失自我肯定，积极应对挫折。最后，挫折是个体在适应社会时，认知和情绪所遭受到的阻碍，目标无法完成。当挫折发生时，提升挫折耐受力才是最佳的解决方案，不受认知和情绪的影响，不产生认知失调和负性情绪。

五、挫折承受力

挫折承受力指个体遇到挫折时能够摆脱困扰以避免心理与行为失常的能力。挫折承受力是一种心理素质。要培养好的心理素质，应从积极的挫折应对开始。那些身体强壮、心胸开阔、常处逆境、有理想、有抱负、有修养的个体，对挫折的耐受力强；相反，体弱多病、心胸狭窄、娇生惯养、感情脆弱、缺乏雄心壮志的个体，对挫折的耐受力则低。

影响挫折承受力的因素包括以下几方面。

（一）生理因素

身体健康、发育正常的个体挫折承受力要好。但是，有时候，生理缺陷反而会增强个体的挫折耐受力，他们会表现出更加顽强的生命力和成就动机。

（二）认知因素

“塞翁失马，焉知非福。”个体的思维方式影响人们对周围环境信息的加工。例如，一位妈妈坚持认为“孩子应该听话，不能调皮捣蛋”，那么当孩子不听话时，她就会勃然大怒，并将自己生气归因于孩子的不听话。事实上，是自己近乎绝对苛刻的观点影响了自己，即孩子就应该无条件地听父母的话。日常生活中，如果个体能辨证、客观地看待挫折，既能看到挫折的消极意义，也能看到挫折的积极意义，就能增强自己的挫折承受力。

（三）人格因素

人格中的个性心理倾向性和稳定性对挫折承受力有很大影响。那些意志坚强的人更能承受较大的挫折。性格开朗、自信、乐观、积极向上的个体对挫折的承受力强。一项跨文化的研究结果表明，乐观者更“务实”，常使用问题关注和适应的应对策略，如利用社会支持、主动求助来解决问题，较少使用回避的应对策略；而悲观者则更倾向于采取情绪取向的应对策略，仅仅试图减少一些痛苦的情绪，倾向于逃避。多血质比抑郁质的个体更能承受挫折。有研究发现，不管压力的水平到底如何，神经质的人格特征，使人更容易经历负性情绪和忧伤，喜欢采用被动的、适应不良的应对方式，例如红楼梦中的林黛玉。而外向性使人更倾向于感受积极情绪，更倾向于采取主动的应对策略和寻求社会支持，例如红楼梦中的贾宝玉。

（四）个体经验

生活经验可以增强个体的挫折承受力。那些饱经风霜的人能淡然地面对生活中的一切，积极肯定自己已经具备的条件，知道事物的发展总有转机，挫折只是暂时的状态或阶段，一切苦难都有其终止的一刻。例如，明代大儒王阳明，一生历经坎坷，这些经历在他遭遇挫折甚至是灭顶之灾时发挥了积极的引导转化作用，“风力掀天浪打头，只须一笑不须愁”，在他遭廷杖、下诏狱、贬龙场、功高被忌、被诬谋反，受尽了命运的折磨后，王阳明在生活中仍旧一直保持积极乐观的人生态度，创立了阳明心学，成为一代宗师。

（五）社会支持系统

当个体的社会支持系统完善时，一切挫折都是“纸老虎”。当挫折来临时，人们意识到自己会有帮手，有人会关心自己，会帮忙解决自己的燃眉之急，会无条件地支持和鼓励自己，人们就会增强抵御挫折的信心，提高挫折承受力。

（六）挫折的强度和频率

挫折承受力受挫折强度和频率的影响。一个事事不顺心、总是遭遇厄运的个体可能会产生强烈的无力感，降低自尊、自信水平。同时，如果挫折的强度太大，会对很多人产生较强的打击。例如，发生大地震、洪灾、车祸、重大疾病等。

心理测试

A/B/C型人格的测量

心理学家用大量的研究证明，性格特点与疾病之间有着紧密的联系。心理学家根据是否容易患某种疾病，把性格类型分为A型性格、B型性格和C型性格。

A型性格的特点是：性格急躁，没有耐心；争强好胜，求胜心切，追求成就，有很强的事业心；动作敏捷；时间观念强；情绪容易波动；对人有戒心；缺少运动。

与A型性格相反的性格称为B型性格，B型性格的特点是：性情随和，不喜欢与人争斗；生活方式悠闲自在，不争名利；对成败得失看得较淡，不太在意成就的大小，对工作生活较容易满足；工作生活从容不迫，有条有理；时间观念不强。

C型性格是一种容易患癌症的性格，患癌症的比例较高。C型性格的特点是：多愁善感，情绪压抑，性格内向，常常克制自己的情绪。

医学研究发现A型性格是患心脏病的主要原因之一，A型性格者心脏病的发病率是B型性格者的5倍。A型性格特点会影响人的内分泌系统，引起血液中血小板数目的增加，血脂蛋白成分发生改变，血清胆固醇和甘油三酯平均浓度增高，血凝时间缩短，从而导致心脏病。虽然B型性格的人也会有相当比例的人患心脏病，但A型性格被视为心脏病的危险因素，应该引起A型性格者的足够重视。C型性格是一种有损机体免疫机能的性格，这种性格的长期影响会使机体不能充分发挥对癌症的抵抗作用，不能阻止癌细胞的繁殖。

A/B型人格的测量

以下25个问题，是用以诊断A/B型人格的问卷。请你认真阅读并选择“√（是）”或“×（否）”。

1．你说话时会刻意加重关键字的语气吗?

2．你吃饭和走路时都很急促吗?

3．你认为孩子自幼就该养成与人竞争的习惯吗?

4．当别人慢条斯理做事时你会感到不耐烦吗?

5．当别人向你解说事情时你会催他赶快说完吗?

6．在路上挤车或餐馆排队时你会被激怒吗?

7．聆听别人谈话时你会一直想你自己的问题吗?

8．你会一边吃饭一边写笔记或一边开车一边刮胡子吗?

9．你会在休假之前赶完预定的一切工作吗?

10．与别人闲谈时你总是提到自己关心的事吗?

11．让你停下工作休息一会儿时你会觉得浪费了时间吗?

12．你是否觉得全心投入工作而无暇欣赏周围的美景?

13．你是否觉得宁可务实而不愿从事创新或改革的事?

14．你是否尝试在有限的时间内做出更多的事?

15．与别人有约时你是否绝对守时?

16．表达意见时你是否握紧拳头以加强语气?

17．你是否有信心再提升你的工作绩效?

18．你是否觉得有些事等着你立刻去完成?

19．你是否觉得对自己的工作效率一直不满意?

20．你是否觉得与人竞争时非赢不可?

21．你是否经常打断别人的话?

22．看见别人迟到时你是否会生气?

23．用餐时你是否一吃完就立刻离席?

24．你是否经常有匆匆忙忙的感觉?

25．你是否对自己近来的表现不满意?

计分说明：

如果你有一半以上的题目回答“是”，那么你就有A型倾向了，希望你改变习惯，放慢自己的生活节奏。答案为“是”的题目越多，倾向越明显，反之则是B型倾向。

C型人格的测量

以下7个问题，是用以诊断C型人格的问卷。请你认真阅读并选择“√（是）”或“×（否）”。

1．你感到很强的愤怒时，是否能把它表达出来?

2．你是否不管出了什么事都尽可能把事情做好，连怨言也没有?

3．你是不是认为自己是个很可爱的、很好的人?

4．你是否在很多时候都觉得自己没有什么价值？是否常常感到孤独，被别人排斥和孤立?

5．你是不是正在全力做你想做的事？你满意你的社交关系吗?

6．如果现在有人告诉你，你只能活6个月，你会不会把正在做的事情继续下去?

7．如果有人告诉你，你的病已到了晚期，你是否有某种解脱感?

计分说明：

答案：1．是；2．否；3．是；4．否；5．是；6．是；7．否。如果有两个以上与答案相反，说明具有C型性格的特征。

——摘自张春兴《现代心理学》

心理训练营

活动1　放松训练和脱敏练习

一、活动的主题和目的

1．活动主题：压力应对方式训练。

2．活动目标：通过放松训练和压力的系统脱敏练习，让大学生体会到压力的自我疏导，正确认识和掌握压力应对的方式。

二、活动的理论依据

系统脱敏法主要是建立在经典条件反射和操作条件反射的基础上，它的治疗原理是对抗条件反射。压力是由外界刺激引起的生理心理情绪紧张，并常常转化为广泛的焦虑状态。系统脱敏法消除焦虑的原理是：当引起焦虑的刺激存在时，造成一个与焦虑不相符的反应，则能引起焦虑的部分或者全部抑制，从而削弱刺激与焦虑之间的联系。系统脱敏的基本原则是交互抑制，即在引发焦虑的刺激物出现的同时让个体做出抑制焦虑的反应，这种反应可以是虚弱，直至最终切断刺激物与焦虑的条件联系。采用放松的方式，则是鼓励患者逐渐接近压力引发的最高级，直到消除对该刺激或事件的压力。

三、场地要求

安静的室内或室外。

四、活动步骤

1．放松训练

在一个安静的环境中，慢慢地静下心来，抛开一切思维杂念。找到一张舒服的椅子或沙发坐好，尽可能使自己舒适，尽可能放松心情和身体。松开紧身衣物，脱掉鞋子，除去背包等，以减少感觉刺激。坐好，尽可能地舒适，尽最大可能让自己放松。

想象自己正处在一个风景优美的居所，躺在白色的沙滩上，柔柔的海风轻轻地吹拂着你，头上的云朵正对你微笑，海浪抚摸着你的身体，感觉舒服极了。心里感到从未有过的宁静，一切烦恼烟消云散。同时缓慢、均匀地呼吸，缓慢地呼气、缓慢地吸气。逐步放松自己身体的每一部分，从前额开始，一直向下，到脸部、颈部、肩部、胳膊、肘部、手、胸、腹部、大腿、小腿。在放松时，先使肌肉紧张20秒，然后放松30秒，注意肌肉的感觉，是一种从极度紧张突然来到过度放松的感觉。每一个部位重复2～3次，总共放松20～30分钟。

放松的具体步骤如下。

（1）以轻松的方式坐下来。

（2）先将两手臂平行抬高至胸前，握紧拳头，绷紧手部的肌肉，直到不能再用力为止。

（3）注意这时的感觉。你的肌肉会紧绷，而你的手部甚至可能会轻微地颤抖。你可能会感受到手部、腕部及下臂的张力。

（4）维持这种紧绷的状况几秒钟，然后突然放松力量。

（5）突然松开你的拳头，并抛开紧绷的感觉。你可能会感觉到您的手突然变轻松了，这时请仔细感受腕部及前臂压力疏解的感觉。

（6）注意你的手在紧绷时及压力放松时的感觉有什么不同。在放松的时候，你的手是感到刺痛还是温暖？你在紧绷时所感觉到的震颤，在放松时是否消失了？

（7）依次用此方法延伸到身体其他部位的肌肉。或者你也可以从头部开始练习，紧绷脸部的肌肉，再放松，然后依次到肩膀、双臂、双手、胸部、背部、双腿及双脚至脚趾。

2．系统脱敏训练（以高考减压为例）

当你觉得紧张时，把自己担心在高考上可能出现的情形全都列出来（如怕难题、怕考试气氛、怕自己不如别人得的分高）。然后从最轻的开始打分，按照各项依次往下排至最怕的情形0、2、4、6、8……从最轻的开始想象当时的情形，再按上面的方法自己放松，再放松，这样结合多次，一直做到最后最害怕的情形，这样害怕的事物通过放松就会慢慢地消失。这样的放松每天可做1～2次。具体操作如下。

（1）先列出一个令你感到焦虑和紧张的考试情境项目，将最轻微的写在前面，最严重的写在后面，依严重程度排列。这些项目有些是与考场的安排有关，也有些涉及你与其他人的比较。

（2）进入放松状态，你可以重复放松训练的程序，利用口诀使自己进入放松状态。

（3）进入放松状态后，想象上面列出的第一个令你感到焦虑的场景，逼真地想象它的发生，好像它正在发生一样。

（4）第二次练习，在进入放松状态后，选择第二个（比第一个更严重一点）令你感到焦虑的场景。以后每次都选择更为严重的场景，直到将上述场景全部练习一遍。

活动2　一个好汉三个帮

一、活动主题与目的

1．活动主题：一个好汉三个帮。

2．活动目的：知晓如何分析自己的心理压力，改进应对压力的防御方式和提高抗压的能力。

二、活动的理论依据

许多研究报告显示，生活事件作为心理应激因素之一，与心理障碍和心身疾病的发生、发展或转归存在着明显的相关性。根据个体的主观感受，生活事件可以分为积极、中性或消极三种性质，一般而言，只有消极性质的生活事件与心理障碍和疾病最为相关，而中性或积极性质的生活事件的致病作用却并不明显。但应激刺激的强度一方面受到生活事件本身的性质、特点的影响，另一方面更受到个体的人生观、价值观、需要、动机、个性、态度、防御方式、心理素质等因素的制约。

三、活动的内容与方法

第一个环节：个体生活事件回顾与压力测试

参加成员各自在事先准备好的彩色纸上写出以下内容：①目前自己面临的最大压力是什么？②为什么这个压力会出现？③我已经做了哪些努力？④如果有效，是什么原因？⑤如果无效，问题出在哪里？纸条上不必署名。

写完后将彩纸折叠，放在一个箱子内，每一位大学生都前往抽取不同于自己所写颜色的彩纸，打开纸条，针对纸条上的内容，为当事人做出压力分析和提出解决问题的建议，注意建议要具体、可操作、可行。

第二个环节：如何应对成长压力的角色扮演

每4人一组，其中一名规定为“焦点人物”，一位是记录员，负责记录焦点人物对调查表的回答，另外两位成员是负责解答和澄清问题的智多星。每人准备一份“个人防御方式行为分析表”（见表8-2），4个人可以轮流扮演不同的角色。将全班分成若干个小组。

结合教学内容中的挫折的行为表现和前一个活动环节中的问题由“焦点人物”进行回答；记录员对焦点人物的回答做好记录，然后将资料交回焦点人物本人；智多星对焦点人物的回答做出点评分析；4人轮流做焦点人物后，可以再进行小组讨论和经验分享。评价：个体列举的哪种行为表现的数量越多，说明其越具有采取这种防御方式的倾向。

四、注意事项

无论成员习惯以何种行为表现来应对压力，团队都应给予共情、温暖和积极关注，帮助其分析这种应对方式的得失利弊，绝对不能出现讽刺挖苦等有损自尊的现象。

表8-2　个人防御方式分析表

分 析 项 目	相应方法的数量（1~10）
1. 你采取了哪些攻击方式来解决问题	
2. 你采取了哪些倒退行为来解决问题	
3. 你采取了哪些妥协行为来解决问题	
4. 你采取了哪些积极行为来解决问题	

活动3　与消极思维辩论

一、活动主题与目的

1．活动主题：打倒消极思维这只“纸老虎”

2．活动目的：知晓如何分析自己的消极思维，通过与消极思维理性的辩论，识别消极思维存在的理据不足。

二、活动的理论依据

许多研究报告显示，乐观是应对一切压力的最有效的途径和方法，也是个体培养积极人格品质最重要的目标。当遭遇挫折事件时，乐观的人往往能够积极行动并转化压力为动力，最终摆脱压力，取得强有力的行为效果。成为乐观主义者，就要学会监测自己的想法，识别出消极想法，并学会与自己争辩，纠正歪曲或错误的想法。

三、活动的内容与方法

第一个环节：个体生活压力事件陈述

参加成员两两配对，形成小组，将压力或困难事件各自在事先准备好的彩色纸上写出以下内容：①目前自己面临的压力或困难事件是什么？②你已经采取了什么措施。

写完后将彩纸折叠，互相交换，依次询问相关内容，解释清楚负性事件。

第二个环节：与负性思维辩论

我认为我永远无法在公众面前讲话，因为它太难了，太多人会看着我，我不可能完成！

好，下面开始双方辩论。在这个描述中，哪些词语是消极的？“永远”是非常长的时间，你确信吗？为什么演讲这么困难？它是真的绝对不可能完成？还是很难完成？是整个演讲都很难，还是只有站上讲台后讲话很难？是站在陌生人面前很难，还是站在所有人面前很难？是讲陌生的内容很难，还是讲熟悉的内容很难——这就是与消极想法进行辩论的过程。

通过与消极想法的辩论，双方都会意识到，这样的想法对问题解决一点帮助都没有，它只会让自己感觉更差，并且让自己不能将精力全部投入到需要做的事情上。

所以最后，个体会做出一个纠正：我可以试着站在朋友面前演讲，只是需要多花费一些时间，可以制定一个时间表将演讲分成不同的群体，不同的内容，通过不断的尝试，直到我可以在公众面前演讲为止。这样辩论双方就完成了一次与消极想法辩论的过程。经常做这样的纠正错误思维的联系，有助于个体成为一个乐观主义者。

四、注意事项

在与消极想法进行辩论的过程中，避免将积极的内容绝对化陈述，同时要具体，避免模棱两可的回复，更要注意情绪的控制，这不是在进行针对你错我对的辩护，而是让对方意识到他的注意窄化，观念绝对，可以通过你提供的思路使得思路有一个转向。

◎ 思考题：

1. 压力的积极作用表现在哪些方面，压力的消极作用又表现在哪些方面？
2. 当遭遇压力时，你通常采取的应对措施是什么，它们有效吗？
3. 你如何看待生活中常常遭遇的挫折？

第九章

职业规划　从容就业

——大学生职业生涯规划与就业心理

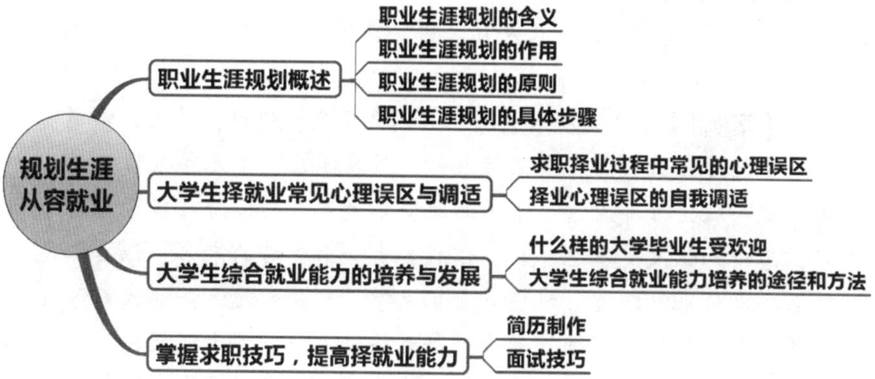

图9-1　第九章基本框架

凡事预则立，不预则废。

——《礼记·中庸》

许多事情没有做成，不是由于我们没有能力，而是将能力用错了地方。

——佚名

如果工作是快乐的，那么人生就是乐园；如果工作是强制的，那么人生就是地狱。

——高尔基

现代成功生涯研究表明，成功是有方法的，而且方法没有太多特别之处，只在于成功的人总能为自己制订更具体的目标，寻找更正确的路径，采取更坚定的行动。首先一起来分享两个案例。

【案例1】小文是从农村考出来的大学生，他说："上大学之前我对生涯没什么概念。我家住农村，信息闭塞，十几年来唯一的心愿，就是从父母那里遗传下来的对繁华大都市的期盼。我努力地学习，想借知识改变命运，我相信我会有一个美好的未来，但具体是什么样却从来没想过。现在考上了大学，却越走越迷茫。我好像没有了奋斗的目标、前进的动力。每天按时上课，不上课就待在宿舍睡懒觉，偶尔去图书馆做点作业、看看闲书。我发现像我这样的同学很多，现在我也不知道自己的未来会在哪里，也不知道将来能不能找到工作。"

【案例2】小杰学的是营销专业，自从大一第二学期学习了专业课程之后，发现自己深深地喜爱上了这个有趣并充满挑战性的专业，同时也确定了自己未来的职业发展方向。因此，性格较内向的他从大一开始就有选择性地参加社团活动来锻炼自己的组织能力和人际交往能力，并扎扎实实地学习专业基础知识，提高自己的专业技能。在大一时就跟着师兄师姐跑招聘会，向前辈们请教找工作的事情。大二，他与同学在老师的指导下参加"挑战杯"广东大学生创业计划竞赛并取得了优异成绩，同时，在有经验的师兄师姐的指导下，开始投递简历，寻找实习机会。小杰抱着学习的心态去谋求职位，他总是在投简历无果后，千方百计向招聘单位问清失败的原因，然后有针对性地学习和完善自己。他利用周末和寒暑假到公司做兼职实习，由此既能在实践中得到锻炼，获得工作经验，也能了解到相关行业对人员素质和能力的要求，自己是否具备或欠缺，从而扬长补短，不断提高自己的综合素质和能力。

在大二即将结束时，一个著名企业来校宣讲招聘，小杰获知后也赶来面试。虽然该企业招聘检测和制造岗位的工作人员，不招营销人员，但小杰很想进入该企业，该企业发展非常成熟，各个工作环节都非常规范。对于一个大学生来说，能到该企业工作无疑有利于个人成长；再者，能从制造、检测岗位做起，了解生产环节，对于今后无论是从事营销或是管理工作都会有很大帮助。因此，小杰决定先去应聘该企业的检测和制造岗位。尽管小杰并非对口专业，但面试官对小杰的学业成绩、实践经验、做事的态度、谈吐等方面都很满意，最终小杰在众多竞争者中胜出，顺利进入该公司顶岗实习。

小杰和几位同学一起被分到制造岗位。刚到新岗位初期，大家对一切都感到新鲜好奇。可随着日复一日地重复劳动，不少同学产生了厌烦情绪，想转岗或辞职；但小杰鼓励自己沉下心来，尽量将每天的工作做好做细。无论公司交代做什么事情，包括临时加班、帮加班员工订饭等一些琐碎的事情，小杰都积极、认真地完成。小杰在工作中留心观察，遇到问题虚心求教，每日总结反省。半年下来，小杰的操作技能已经非常娴熟了，他的工作能力和态度得到了公司的肯定，觉得这个小伙子勤奋、努力、认真、好学、友善、学习能力强，是棵好苗子。顶岗实习结束时，小杰顺利地和公司签下就业协议书，正式成为该公司员工，并如愿去了公司的销售部。

从以上两个案例可以看出，小文面对新的大学生活，对于职业选择和发展非常模糊和被动，而小杰对于未来的职业发展很明确，并从一开始就非常积极主动地投入到大学生活中，为将来的职业发展奠定扎实的基础。小杰求职的成功在于对自己未来职业发展做了早规划、早准备。首先在学校学习的过程中发现了自己对专业的兴趣，并且能够根据专业知识收集职业信息。当他积累了一定的职业信息的时候，又积极为自己争取实践机会。在实践中不断总结，积累经验，同时找出自己的不足，通过自我学习不断提高自身综合素质和能力，这些都是很好的职业预备。有了充分的准备，他才能够在应聘的时候打动面试官。在如愿进入公司实习后，尽管没有获得期待中的岗位，但是他也很愿意在现有的岗位上去了解职位信息，提升自己的技能。加上他勤思考，善观察，经常对于自己的工作内容和方式进行反思，这些都给他日后换岗打下了基础。

机会总是留给有准备的人。越早去了解自己，确定职业理想，积累职业知识，规划职业发展，对未来的蓝图就越清晰，更能够放手拥抱未来。

第一节 大学生职业生涯规划概述

一、职业生涯规划的含义

职业生涯规划，又称为职业生涯设计，指的是一个人主动地、自觉地对其一生中所承担的职务及其发展历程所做的预期和计划。具体而言，是指个人与组织相结合，在对一个人职业生涯的主客观条件进行测定、分析、总结的基础上，对自己的兴趣、爱好、能力、特点进行综合分析与权衡，结合时代特点，根据自己的职业倾向，确定最佳的职业奋斗目标，并为实现这一目标做出行之有效的安排。职业生涯规划是经由知己、知彼、抉择及行动等步骤，对自己的一生做系统且具体的规划。

二、职业生涯规划的作用

职业生涯活动将伴随个体大半生的时间甚至更长，职业生涯的发展状况直接影响到个体一生的发展及其心理健康状况。大学生要认识到职业生涯规划对自身发展的作用和意义。

（一）职业生涯规划有助于大学生找到长远且具体的奋斗目标

职业生涯规划能帮助大学生更好地认识自己，了解自己，明确自己的优势和劣势，合理设定具体的人生目标。明确的奋斗目标能起到内在激励的作用，使大学生化被动为主动，化消极为积极，产生主动参与学习和实践的动力，不断为实现各阶段目标和终极目标而努力奋进，不再犹豫彷徨、迷失自我、消极颓废。

（二）职业生涯规划有助于大学生正确选择适合自己的发展道路

职业生涯规划能在帮助大学生了解自己的同时，对外部环境有更充分的认识，在兼顾个人、社会、家庭等多方情况下制订适合自己的发展道路和行动计划，在职业探索和发展中少走弯路，避免盲目性。

（三）职业生涯规划有助于增强大学生自我发展的计划性

职业生涯规划有助于大学生增强自我发展的计划性，按轻重缓急安排好日常的生活、学习和工作，抓住重点，使学习、工作高效，生活充实，避免浑浑噩噩、随波逐流。

（四）职业生涯规划有助于提高大学生的综合素质和能力

职业生涯规划能够引导大学生正确认识自己的个性特质、自身当前所拥有的和潜在的资源优势，重新对自身的价值进行定位并使其持续增值，对自己的综合优势与劣势进行对比分析，采取可行的步骤与措施，发掘自我潜能，逐步提升自己的综合素质和职业能力，不断增强个人实力，为实现职业目标与理想打下坚实基础。

（五）职业生涯规划有助于大学生认识就业形势，提升成功的概率

当今社会处在变革的时代，到处充满着激烈的竞争。要想在激烈的竞争中脱颖而出并能实现自己的理想，必须设计好自己的职业生涯规划。职业生涯规划帮助大学生了解职

业、了解劳动力市场以及了解当前的就业形势，对自己所处的环境有一个清醒的认识，保持积极的心态，为将来的职业前途做好充分准备，做到心中有数，这样才能提升成功的概率。

三、职业生涯规划的原则

职业生涯规划既要贴近自己，又要贴近社会，符合社会所需，才能获得职业的成功。所以，大学生职业生涯规划应遵循以下“四择”原则：

（一）择己所爱

从事一项你所喜欢的工作，工作本身就能给你满足感、成就感，你的职业生涯也会变得妙趣横生。兴趣是最好的老师，与成功概率有着明显的正相关性。只有对所从事的职业产生了兴趣，才能将兴趣激发为敬业精神，并产生强烈的愿望和求知欲，进而有所创造，有所成就。在选择职业时，注意在考虑社会需求的前提下，在自己能够胜任的职业中，兼顾自己的兴趣爱好，珍惜自己的兴趣，择己所爱，选择自己所喜欢的职业。

（二）择己所长

任何职业都要求从业者掌握一定的技能，具备一定的能力条件。而一个人一生中不能将所有技能全部掌握，同时每个人的能力特长也有所差异，根据不同的能力特长选择不同的职业，是充分发挥个人优势的最佳体现。正可谓“骏马能历险，犁田不如牛；坚车能载重，渡河不如舟”。选择职业时要扬长避短，根据自己的能力专长选择职业，保证既可胜任工作，又能发挥个人的最大潜力进行创造性劳动，有利于取得职业成就。所以在进行职业选择时注意择己所长，充分发挥自身优势。

（三）择世所需

社会的需求不断演化，新的职业也不断产生，热门的职业也可能变成冷门。在设计自己的职业生涯时，一定要分析社会需求，目光要长远，格局要宏伟，选择未来行业或者职业，其社会需求不是短期的，而应是长久的。择世所需，就是将个人意愿和社会需要结合起来，更可能实现自己的职业理想。

（四）择己所利

职业不仅是谋生的手段，同时也是发展自我、服务社会、实现人生价值、获得幸福感的载体。发展是一个过程，任何事物的发展总是由初级向高级，由单一向全面发展，绝不能一蹴而就。在选择职业时，既不要期望值过高，也不要急于求成，要结合自身条件和现实，合理定位。择己所利，做到不囿于眼前利益，着眼于职业未来的发展和提升，实现自己美好的愿望。

四、职业生涯规划的具体步骤

据调查，面对职业生涯发展，不少同学感到非常迷茫，主要原因包括：一是对自身要从事什么工作不明确，不清楚自己能干什么，喜欢干什么，适合干什么；二是对社会不了解，不了解所学专业未来的发展前景如何，有哪些单位与自己的专业对口，专业就业状况如何，有哪些岗位适合自己。前路漫漫，不知路在何方。

《孙子兵法》说：“知己知彼，百战不殆；不知彼而知己，一胜一负；不知彼不知己，每战必败。”因此，要想获得择业就业的成功，首先必须要了解自身的特点、优点和劣势，同时还要考虑外部工作环境，如就业形势、行业发展的需求趋势及对劳动者的素质要求等。

（一）知己——正确认识自己

苏格拉底曾说：“认识你的内心，认识你自己”。大量事实证明，个性与职业成功有密切关系。选择与自己个性相匹配的职业，有利于发挥自己的天赋特长，有助于在职业中取得成功。在选择职业时，要全面了解自己的兴趣爱好、天赋能力、性格、动机、需求以及价值观等个性特征。

1. 兴趣

一份来自哈佛的研究报告表明，在1960—1980年间，哈佛商学院对1500名毕业生进行研究，根据个人的发展愿望，将其分成两组：第一组，计划先赚钱，然后做自己想做的事，共1245人，占83%；第二组，先追求自己真正的兴趣，以后财源自然会滚滚而来，共255人，占17%。20年后，两组共诞生101位百万富翁，其中，第一组只有1个人，第二组有100人。可见，将自己的兴趣与事业结合在一起的人，其事业更容易获得成功。如果一个人对所从事的工作有浓厚的兴趣，就能克服很多难以想象的困难，长时间保持高效率而不疲劳，并能发挥他才能的80%~90%；相反，对工作没有兴趣的人，面对困难很容易放弃，并且只能发挥其全部才能的20%~30%，也容易感到筋疲力尽。

兴趣是一种强大的精神力量，能推动人主动地学习、思考和探索，挖掘自身潜力，创造性地开展工作。一位知名学者在工作中发现，做同一份工作，往往业务能力强的人不如喜欢工作的人，喜欢工作的人比不上陶醉于工作的人。工作做得好的人，不一定是业务能力最强的人，而往往是陶醉于工作的人。2011年诺贝尔化学奖得主丹尼尔·舍特曼在一次和中国青少年的交流时曾说过：“如果你们中有人想要成功而不知道怎么去做，就在任何感兴趣的领域多下功夫吧。”

稳定的兴趣对职业成就有重大影响。按兴趣选择职业，兴趣会成为巨大的推动力，促使人在困境中仍然能迎难而上，不仅乐在其中，还能获得很大的成就感，并最终获得事业的成功。但是如果兴趣多变、缺乏稳定性和持久性，对一种职业发生兴趣不久，又被另一种职业所吸引，见异思迁，不断变化兴趣和职业，则会使自己总是处于职业初级阶段，影响进一步的发展。

但现实中，有时不是自己喜欢从事什么工作就能从事此类工作。因此，大学生要积极面对现实，可以先就业后择业，先生存后发展，在工作实践中发现兴趣、培养兴趣。有些时候，不喜欢是源于不了解，一旦了解熟悉，掌握了工作内容，有可能发现这正是自己的兴趣所在。如果在工作实践中始终无法适应，就积极寻找与自己兴趣相适应的工作。

2. 能力特长

能力是人们表现出来的解决问题可能性的个性心理特征，是完成任务、达到目标的必备条件。能力的强弱直接影响到人们的工作效率。能力是个人职业选择和职业成功的基础。任何一种职业，都会要求从业者必须具备相应的能力。

能力不同于专业知识和专业技能，专业知识是人类进行各种专业活动经验的总结，而专业技能则是人们在长期的学习工作中逐步形成的熟练的操作规程方式。一般来说，两者都是后天获得的。而能力则含有某些先天因素，具有天赋性。心理学把人的能力分为一般能力和特殊能力两大类：一般能力也就是通常说的智力，是指人们顺利完成各项任务都必须具备的一些基本能力，如观察力、记忆力、注意力、思考力、想象力等；特殊能力是指从事各项专业活动的能力，也可称特长，如计算能力、音乐能力、动作协调能力、语言表达能力、空间判断能力等。

要顺利完成某项工作，除要具有一般能力外，又要具有该项工作所要求的特殊能力，如从事教育工作需要有阅读能力和表达能力；从事数学研究需要具有计算能力、空间想象能力和逻辑思维能力；而从事法官工作应该具有很强的逻辑推理能力，却不一定要很强的动手能力；从事建筑工作则应有一定的空间判断能力，却不一定要良好的语言表达能力。因此，大学生在择业时，必须考虑自身能力与职业的吻合问题。下面列出了几种能力及其适合的职业：

（1）语文能力：节目主持人、记者、编辑、销售、律师、法官等。

（2）逻辑思维能力：会计、投资理财师、财务管理人员、统计人员等。

（3）空间判断能力：陆海空驾驶员、地理测绘员、室内设计师、服装设计、美术工作者等。

（4）肢体动觉能力：木工、模型制作、雕刻、缝纫、编织、体育老师、运动员等。

（5）音乐能力：歌手、演奏家、调音师、DJ、节目制作人等。

（6）人际关系能力：政治家、企业家、外交家、人事主管、销售、公关、导游、中介等。

（7）自然观察能力：动植物学家、园艺家、自然探险者、科技从业人员等。

了解自己的能力倾向及不同职业的能力要求，有助于合理选择职业和发展事业。如著名赛车手舒马赫是一位空间判断能力极强的天才，在赛车道上，能够驾驶时速为300千米的法拉利赛车灵活地在其他赛车之间穿行，是F1方程式赛车历史上首位7次夺取世界冠军的著名赛车手；而著名运动员刘翔，则被教练发现具有爆发力好，协调性好且节奏感突出的特点，符合跨栏要求，于是将其由区体校选拔至市体校，由跳高项目改练110米跨栏项目，脱颖而出，成为“亚洲飞人”。

每个人都具有一个由多种能力组成的能力系统。在这个系统中，各方面能力的发展通常是不均衡的，常常是某方面的能力占优势，而另一些能力则不太突出。如果选择的职业是自己能力方面的弱势，虽然很努力，但收效甚微。古人云“自知者明，自强者胜”，所以，要认清自己的长处与短处，扬长避短，学会“聚焦”成才，也就是要明确自己所长，并把个人的成才目标牢牢建立在自己的所长之处，同时紧追个人成才目标，发奋努力、持之以恒。

3. 性格

性格是指一个人在生活过程中形成的对客观现实稳定的态度和与之相适应的习惯化了的行为方式。这是职业个性心理品质中最核心的部分，广泛影响着人的职业态度、人际关系以及职业成就。一个人事业成功与否的关键不在于受教育程度的高低，也不在于工作经验的多寡。在外部条件已定的前提下，一个人成功的关键在于能否准确识别并全力发挥其性格优势与天赋。只有识别和接受自身的性格和天赋，寻找到适合发挥自身性格和天赋的职业，持续地使用它们，才有可能获得成功。

职业心理学的研究表明，人的性格与职业的适应性有着密切的联系，不同的职业有不同的性格要求，比如在医院从事外科的医生工作需要具备耐心、细心、极大的责任心、谨慎、果敢等性格；从事教师工作需要热忱关怀、耐心细致，胸怀宽广、客观公正等性格。同理，不同性格特征的人适宜从事的职业也不同，例如，具有外倾性格的大学生在择业时更适合于从事对内、对外交往性强的工作，如教育、公关、营销、管理性的工作等；具有内倾性格的大学生在择业时，更适合于比较深沉、细致的工作，如财会、医生、技术性工作等。

一个人的性格会影响职业的适宜度。如果性格与职业不相适应，从业者会感到被动、缺乏兴趣、倦怠、力不从心、精神紧张，又不能发挥自己的专长，会阻碍工作的成效和职业的发展；而从事的职业与性格相符合，则可激发从业者高度的责任心和承诺，发挥潜能，在工作中得心应手，更能胜任工作，容易取得职业成就，并充分享受职业与工作带来的快乐，获得更大的成就感。

4. 价值观

价值观是一个人认为在世界上什么是好的，什么值得追求，什么值得珍惜，什么值得奉献，而什么可以放弃，什么不必要认真对待。个体的价值观能够左右其生活，影响其对工作的投入，以及自身体验到的满意度、成就感和幸福感。

从价值观的角度来说，职业发展是成功还是失败的判别标准，就是个体是否得到了自己想要的生活，职业所带来的生活方式是否符合自己的价值观。如果一个人选择的职业违背了自己的价值观，他就会缺乏工作激情，不愿心甘情愿地付出时间和精力，也就难有好的工作成效，哪怕你拿着看起来很高的年薪，却感觉很痛苦；只有当你的职业选择符合你的价值观时，你才有可能珍惜它，重视它，视工作为乐趣和享受，有成就感，即使收入会相对低一些，也会感觉很快乐。

职业价值观指每种职业都有各自的特性，不同的人对职业意义的认识，对职业的好坏有不同的评价和取向。职业价值观决定了个体的职业期望，影响着个体对职业方向和职业目标的选择，决定着个体就业后的工作态度和劳动绩效水平，并决定了个体的职业发展状况。所以，大学生在进行职业生涯规划时，一定要清楚和明确自己的价值观和职业价值观。

拓展阅读

霍兰德的人格类型和职业匹配理论

美国著名心理学家和职业指导专家J.霍兰德认为职业兴趣是人格的体现，人格与职业的相互匹配，是职业满意度、职业稳定性和职业成就感的基础。一个人在其人格类型相一致的环境中工作，容易得到乐趣和内在满足，最有可能充分发挥自己的才能。他将人格分为六种类型，与之相匹配的是六大职业类型（如表9-1所示，题目见“心理测试”）。

表9-1 六大职业类型

型态	人格倾向	典型职业
现实型R	具有顺从、坦率、谦虚、自然、坚毅、实际、有礼、害羞、稳健、节俭的特征，表现为： 1. 喜爱实用性的职业或情境，以从事所喜好的活动，避免社会性的职业或情境； 2. 从事技艺性或机械性的工作，擅长动手并以“技术高”为荣； 3. 重视具体的事物，如金钱，权力、地位等	电器师、自动化技师、制图员、土木工程师等
研究型I	具有分析、谨慎、批评、好奇、独立、聪明、内向、条理、谦逊、精确、保守的特征，表现为： 1. 喜爱研究性的职业或情境，避免企业性的职业或情境； 2. 偏好对各种现象进行观察、分析和推理，并进行系统的创造性的探究	科研人员、数学、生物方面的专家等
艺术型A	具有复杂、想象、冲动、独立、直觉、无秩序、情绪化、理想化、不顺从、有创意、富有表情、不重实际的特征，表现为： 1. 喜爱艺术性的职业或情境，避免传统性的职业或情境； 2. 富有表达能力和直觉、独立、有创意、不顺从（包括表演、写作、语言），并重视审美的领域	诗人、作家、画家、摄影师、音乐、表演等
社会型S	具有合作、友善、慷慨、助人、仁慈、负责、圆滑、善社交、善解人意、说服他人、理想主义等特征，表现为： 1. 喜爱社会型的职业或情境，避免实用性的职业或情境，并以社交方面的能力解决工作及其他方面的问题，但缺乏机械能力与科学能力； 2. 喜欢帮助别人、了解别人，有教导别人的能力，且重视社会与伦理的活动与问题	教师、牧师、辅导人员、医生、导游、社团工作者等

（续上表）

型态	人格倾向	典型职业
企业型E	具有冒险、野心、独断、冲动、乐观、自信、追求享受、精力充沛、善于社交、获取注意、知名度等特征，表现为： 1. 喜欢企业性质的职业或环境，避免研究性质的职业或情境，会以企业方面的能力解决工作或其他方面的问题； 2. 喜欢从事领导他人实现组织目标或获取经济利益的活动，有领导与语言能力，缺乏科学能力	推销员、政治家、企业家、采购员、调度员等
传统型C	具有顺从、谨慎、保守、自控、服从、规律、坚毅、实际稳重、有效率、缺乏想象力等特征，表现为： 1. 喜欢传统性质的职业或环境，避免艺术性质的职业或情境，会以传统的能力解决工作或其他方面的问题； 2. 喜欢从事有条理的工作，按部就班、愿意执行他人命令、接受指挥，而不愿独立负责或指挥他人	出纳、会计、秘书、法庭速记员、成本估算员、税务员等

（二）知彼——全面认识工作世界

除了充分认识自我外，还要详细地了解工作环境，知道社会、企业需要怎样的人才和素质，清楚外部的机会与威胁，结合自身愿望和优势，以长远的目光来选择最适合自己发展的方向，制定适合自己发展的道路。

1. 了解就业形势

随着我国高等教育“大众化”“普及化”，几乎让每个想上大学的人都有了上大学的机会。毕业生数量剧增，而大学生的就业期望与社会实际需求之间的不平衡，导致某些职业岗位竞争过于激烈。另一方面，高校专业设置、培养目标与社会需求发展不相适应之间的矛盾，导致毕业生相对过剩，而不少用人单位又找不到满意人才的状况。另外，用人单位对劳动者综合能力和动手能力的要求越来越高，职业教育由于加强了动手实践能力环节，高职毕业生就业往往比本科生更具优势的情况时有出现，在2014年“全国50强就业单位”里出现不少高职院校毕业生就是很好的佐证。因此，大学生只有提前了解就业环境和就业形势，主动、及时调整自己知识结构的搭建和能力的培养，才能在将来更好地就业。

2. 了解社会需求

为了让大学生了解这一点，大部分高校每年都会举办一系列就业教育活动，如邀请用人单位的领导、人事经理、专业技术能手、专家、往届校友、家长到学校有针对性地以现实的案例对学生进行生动地教育、交流；部分高校还会邀请专业岗位上的能手给学生讲授专业知识。学生可通过积极参加这些活动来了解市场需求、所学专业与现代化生产和市场的关联、用人标准、用人趋势、本专业对应行业所需人才的标准和劳动就业方向、岗位需求、企业的工作流程与工作方式，以及管理模式等情况，明确社会、企业对所需人才自身素质和能力的要求、行业的现状和发展前景、拟就业企业所在行业的位置、企业的生产和经营等状况；还可通过和老师交流、借助互联网、参加人才交流会、招聘会、兼职工作、社会实践活动等方式，获得社会和企业的相关信息，加深对社会、企业的了解和体验。

机会总是留给有准备的人。大学生要主动地向内认识自己和向外认识工作环境，然后通过有目的地、全面地进行自我设计、自我塑造来提高自身的职业素质和职业能力，构建自己的核心竞争力，抓住时代的机遇。

（三）确立目标

通过分析自我，了解自己，认识外部环境，整合各种因素，评估其可行性之后，确立职业目标。一个人事业的成败，很大程度上取决于有无正确适当的目标。没有目标就如同驶入大海的孤舟，要不随波逐流，要不盲目“前进”。而方向一旦错了，所有的努力都可能使你离理想的彼岸更遥远。爱迪生曾经说过：成功=99%的汗水+1%的天赋。从小，老师就用这个公式教育我们努力学习。现在看来，成功=1%的方向+99%的行动，似乎更加合理。只有明确的方向才能指引你专注前进，指引你避开险礁暗石，指引你走向成功人生。所以，在进行职业生涯设计的时候，一定要制定明确的目标。

分解目标，分小步走，逐渐达到。目标可分为短期目标与长期目标，按照自己的职业生涯规划，短期目标一般为1～3年，也可以灵活安排，如一个月、一个季度、半年等；长期目标可以3～5年，也可以更长。

拓展阅读

成功，从设定目标开始

比塞尔是西撒哈拉沙漠中的一颗明珠，每年有数以万计的旅游者来到这儿。可是在肯·莱文发现它之前，这里还是一个封闭落后的地方。这儿没有一个人走出过大漠，据说不是他们不愿离开这块贫瘠的土地，而是尝试过很多次都没有走出去。

肯·莱文当然不相信这种说法。他用手语向这儿的人问原因，结果每个人的回答都一样：从这儿无论向哪个方向走，最后都还是转回出发的地方。

比塞尔人为什么走不出来呢？肯·莱文非常纳闷，最后他雇用了一个比塞尔人，让他带路，看看到底是为什么。他们带了半个月的水，牵了两峰骆驼，肯·莱文收起指南针等现代设备，只拄一根木棍跟在后面。

10天过去了，他们走了大约八百英里的路程，第11天的早晨，他们果然又回到了比塞尔。这一次肯·莱文终于明白了，比塞尔人之所以走不出大漠，是因为他们根本就不认识北斗星。

在一望无际的沙漠里，一个人如果只凭着感觉往前走，他会走出许多大小不一的圆圈，最后的足迹十有八九是一把卷尺的形状。比塞尔村处在浩瀚的沙漠中间，方圆上千公里没有一点参照物，若不认识北斗星，又没有指南针，想走出沙漠，确实是不可能的。

肯·莱文在离开比塞尔时，带了一位叫阿古特尔的青年，就是上次和他合作的人。他告诉这位青年，只要你白天休息，夜晚朝着北面那颗星走，就能走出沙漠。阿古特尔照着去做，三天之后果然来到了大漠的边缘。阿古特尔因此成为比塞尔的开拓者，他的铜像被竖立在小城的中央。铜像的底座上刻着一行字：新生活是从选定方向开始的。

一个人无论他现在多大年龄，他真正的人生之旅，是从设目标那一天开始的，以前的日子，只不过是在绕圈子而已。

为了求生存、求成功，我们必须在杂乱中建立秩序，找出一个正常的步调，确定一个目标。如果没有目标，就只能在人生的旅途上徘徊，永远到不了目的地。正如空气对于生命一样，目标对于成功也有绝对的必要。

人生往往决定于做决定的那一刻。

决定其实就是选择。你现在的生活是你几年前的选择决定的，同样，你现在的选择也会决定你大学毕业后的生活。

（四）制订行动计划

俄罗斯作家、世界著名寓言家伊凡·安德列耶维奇·克雷洛夫有句名言："现实是此岸，理想是彼岸，中间隔着湍急的河流，行动则是架在河上的桥梁"。个体在以上步骤中已经了解了"此岸"，明确了"彼岸"，为了到达"彼岸"，就要先设计"河上的桥梁"——制订具体的行动计划。比如利用多长时间学习哪些知识、掌握哪些技能、构建哪些人际关系网等。成功与收获总是光顾有了成功的方法并且付诸行动的人。职业生涯设计如果只注重目标的规划，而不付诸行动来实现，也只是一纸空谈。

（五）反复评估调整

英国有句谚语："目标写在水泥上，计划写在沙滩上。"目标应该明确，但朝着目标走的路应该随实际情况改变。职业规划是一个动态的、长久的过程，不可能一蹴而就，应根据自身行动探索的结果对自己的规划进行适当地修改及完善。其修订的内容包括：人生目标的修正；职业的重新选择；实施措施与计划的变更等。只有根据自身及外部因素不断调整的规划才合理、可行、有价值。成功的职业生涯设计需要不断地调整，不断地通过再次评估来进行修正，以配合自己前进的步伐。

"21世纪，没有危机感是最大的危机。"哈佛商学院教授理查德·帕斯卡尔的这句名言提醒我们，每个人的内心都需要适度的危机感，使自己保持进取的斗志，保持人生开放的胆量。在职业生涯的道路上，应对危机的最好办法就是未雨绸缪，早做准备，积极行动，提前构建自己的核心竞争力和危机防火墙，才能在职场上永立潮头。

第二节 大学生择就业常见的心理误区与调适

由于大学生社会阅历和经验不足，且对社会和自我的认知比较片面，同时有可能受家庭、社会等外界一些负面因素的影响，使得他们在面对择业这一人生重大问题时，出现择业理想与社会现实脱节、自我能力与社会需求脱节，个人价值与社会价值相矛盾、急于求成与脚踏实地相矛盾、渴望竞争与缺乏勇气相矛盾，同时缺乏对挫折的耐受力，导致了一些心理矛盾和心理问题的产生，部分学生存在明显的心理误区，给求职择业带来了负面影响。

一、求职择业过程中常见的心理误区

（一）自卑心理

【案例3】小玉一直以来都被自卑情绪困扰着，觉得自己成绩一般，没优点，没特长，外貌又很一般，平常在学校也极少参与集体活动，如今面对择业更加自卑，担心自己缺乏竞争力，找不到工作，于是陷入了深深的苦恼中。每次去应聘，都如履薄冰，见了面试官，手脚不知往哪儿放，头不敢抬，眼睛也不看人，本来平时能回答上来的问题，这时脑子却一片空白，还出现答非所问的现象。每次应聘回来后都很懊丧，自惭形秽，愈加自卑，结果严重影响下次面试的心态，形成恶性循环，最后完全失去了信心。

有些大学生因为自己存在某种生理、心理方面的欠缺而产生轻视自己的心理，或以为自己在某个方面或某些能力不如他人而自惭形秽，尤其在高职院校，部分学生认为专科学历太低而过低地评价自己，对择业缺乏自信心，过于怯懦、缺乏勇气，不敢竞争，在求职面试中表现为手足无措，畏首畏尾，犹豫不决，直接影响到用人单位的取舍。特别是在遭受挫折之后更易产生强烈的自卑心理，悲观失望，阻碍了自身聪明才智的发挥，形成恶性循环。

（二）自负心理

【案例4】毕业生小李口才不错，在与用人单位代表面谈时自我感觉良好。一番高谈阔论以后，当对方问他能够做什么样的工作时，他洋洋得意地回答："一个车间300人我都能够管理。"结果被用人单位毫不犹豫地拒之门外。

部分大学生在择业过程中产生了自我评价过高的心理倾向，自我感觉良好、自我评价偏高，择业期望脱离客观实际，好高骛远、自命不凡、骄傲自大，面试时夸夸其谈、海阔天空，常常挑剔攀比，提出过分的要求，给用人单位留下浮躁、不踏实的印象，使用人单位难以接受。择业失败时，又缺乏自知之明，不进行自我批评，总认为自己是对的，全是用人单位的错。在自负心理的支配下，择业定位过高，使择业目标和现实之间产生极大反差，结果高不成低不就，迟迟不能落实单位，因预期目标无法实现而产生强烈的挫折感，滋生失落、烦躁等心理现象。看到其他同学都签约落实了单位，常常牢骚满腹、怨天尤人。

（三）焦虑心理

【案例5】大学生小丽，明年毕业，学药学专业的她参加了一次人才招聘会，投了十几份简历，回到家后，很担忧，反复想有没有单位录取自己？万一没有工作怎么办？内心烦乱，导致整晚失眠，第二天感觉头疼、心慌、胸闷，这种状态持续了一周，小丽终于忍不住大哭起来。父母怕小丽承受不住心理压力，于是带着她来找心理医生。

焦虑是由于个人应付环境时毫无把握并且感受到某种威胁时的一种情绪反应。一般来说，程度适中的焦虑可调动人的积极性，变压力为动力，对工作、学习、生活均有一定的促进作用，但过度的焦虑则会对人的身心健康和工作、学习效率产生不良影响。大学生的择业性焦虑表现为面对就业前景无把握的一种内心不安的状态。引起大学毕业生过度焦虑的主要原因有：认为就业形势严峻，担心自己能否找到一个既适合自己专业特长、待遇又好的单位；担心用人单位没有选中自己；担心自己性格内向、成绩不佳影响就业；担心自己不能胜任工作岗位等。这些顾虑都会使毕业生背上沉重的思想包袱，久之便陷入过度焦虑之中，主要表现为恐惧、不安、忧虑，甚至出现某些生理反应，如失眠、心悸、胸痛等。过度焦虑若长时间不能化解，则有可能导致心理障碍或心理疾病，还会严重影响大学生主观能动性的发挥，甚至会埋没大学生的潜能，给就业带来阻碍。

（四）患得患失心理

【案例6】小袁是一所高校生物医学工程专业的毕业生，离毕业还有半年，就有不少企业来学校招人。小袁参加了好几家企业的招聘面试，由于综合能力较强，小袁陆续接到了几家企业的聘书，一时间成为同学们羡慕的对象。但是小袁却在此时犹豫不决起来，这家公司待遇高，那家公司前景好，另一家公司有很好的培训机会，可能还有更好的企业来招人……小袁开始患得患失起来，直到毕业典礼结束，他也没找到一个符合自己预期的单位。

由于不清楚自己的职业方向，不明确到底应该走哪一条路，面对择业，部分学生会产生患得患失的心理。左顾右盼，当断不断，患得患失，这山望着那山高，让一次又一次的机会与自己擦肩而过，最终导致自己求职失败。就像寓言故事所描绘的：一头饥饿的毛驴在干枯的草原上找到两堆草。可是，毛驴不知道先吃哪一堆，竟然在长时间的选择和徘徊中饿死了。很多时候，个体能得到很多很多，可是因为不知道该如何选择，最终失去了所有。而职业的选择往往也是对机遇的一种把握。

（五）依赖心理

【案例7】小王大学毕业快半年了，他没有出去参加招聘会，而是在家里等，让父母出去找门路、求关系。每当父母出去为他奔波时，他都满怀希望地等待，一旦看到父母失望的神情，他就会一头扎在自己房间里。毕业快半年了，他走出房间的时间越来越少，整天垂头丧气，情绪越来越差。“现在人这么多，没有关系到哪儿找工作！”小王总是这样对父母说，弄得一家人都跟着他发愁。

择业依赖心理是指在择业中缺乏独立意识和自主承担责任的意识，往往表现为不主动出击，消极逃避就业市场，试图依赖家人通过社会关系，或寄望于老师、学校为自己找工作，以致错过不少就业机会。如果个人依赖性过强，那么即使在别人的帮助下一时能找到工作，也难以适应今后的竞争。

（六）从众心理

【案例8】看见不少同班同学去参加A企业的面试，小华也跟着一起去，A企业正扩张，需要招一批大学毕业生，小华和几位同学顺利通过了面试，在通过面试的两周后，小华和A企业签订了入职合约。可是不久，B企业来校招聘，听同宿舍的女生说B企业好，她们都准备去面试，于是小华也跟着去面试，这次小华和舍友都被B企业录取了，看到舍友们都选择去B企业，小华也跟着选择B企业，而与A企业毁约。在B企业工作一段时间后，小华发现自己并不喜欢这份工作，觉得这份工作不适合自己，此时又听A企业的同学说在那边工作如何如何好，如何如何有发展，小华懊悔不已。

所谓从众心理，是指在求职中不考虑自己的兴趣、专业等特点，盲目听从或跟随别人的意见以及盲目寻求热门职业的心理倾向。由于受到人生经历和社会阅历的限制，大学生中的从众心理较为常见，尤其是在求职择业的关键时期。很多大学生在择业时会盲目选择热门职业，只愿意到大城市、大单位去工作，这是典型的“随大流”行为。做出这种选择的原因不是这些职位、区域适合自己或有利于自己的成长，而是这些职位“热”、区域“火”，很多人都去，我也要去。这些同学没有深入了解社会、了解各种职业，没有认真考虑自身主客观条件适合从事什么样的职业，对将来职业的发展也没有一个准确的定位。持有这种心理的毕业生容易受社会思潮和社会观念的影响，缺乏个人主见，往往脱离自己的实际状况，表现出盲目从众，而全然不顾自己的能力和现状，不知道扬长避短。所以在择业过程中，可能因此而延误或丧失根据自己实际情况有很大把握获得的就业机会；或是即便暂时顺利谋到了一份工作，但在以后的工作中很有可能遇到职业发展瓶颈。

西方有句俗语：一个人的美餐，可能是另一个人的毒药。明智的职业选择应基于个人对职业的充分认识和对自身的理性认知。如果这两方面的认识不够全面，则可能导致在职业生涯中“搭错车”，造成对生命资源的浪费。千里之行，始于足下。大学生应了解自己的职业兴趣、确定职业目标，迈出成功的第一步。

二、择业心理误区的自我调适

大学生在求职择业过程中有时陷入心理误区是比较正常的现象，可以通过自我调适，排除心理干扰，回归到正常、理性的状态。可从以下三方面进行调适：

（一）积极面对现实

国家就业形势仍然存在供需矛盾，社会为大学生提供的工作岗位不可能使人人满意。许多大学生对“市场”认识不足，对就业市场、就业形势的客观实际了解不够，就业期望普遍偏高，甚至有些不切实际。学生要正确认识当前形势，承认和接受当前所面临的现实，根据自己的实际情况和就业形势调整就业期望值，在择业时不能只考虑工作的经济收入、工作条件、地点等因素，更要考虑职业对自我发展的影响与作用，应看重职业能否帮助实现自我价值，同时充分认识、了解自己，分析个人的优势与不足，对自己做出客观的评价，合理定位自己，科学地确定择业的方向和期望值。树立注重自我职业发展、才能发挥、事业成功的职业价值观，树立正确的就业目标，理性择业，不攀比，不盲从，适合自己的职业就是好职业。大学毕业生选择职业，只有将个人的主观愿望和社会需求有机结合，才能顺利就业，实现职业理想。

（二）保持良好心态

择业过程也是供需双方互相选择的过程，保持平和的就业心态很重要。避免“势在必得”的想法，切忌盲目乐观、理想化，要有从最坏处着想、向最好处努力的心理准备；培养对自己负责的独立意识，自信、自强，勇于竞争，克服自卑、胆怯的心理。自卑是走向成功的大敌，没有应有的自信，就不可能有竞争的勇气，从而失去择业竞争的主动权。增强自信，战胜自卑是大学生自我发掘潜能的关键。面对人才市场，要积极主动，勇于竞争，抓住机遇，实现顺利就业。

择业就业的过程就是大学生认识社会和适应社会的过程，在求职过程中也许会很顺利，也许会遇到很多困难、挫折，面对择业要持有对社会理解、对自己宽容，胜不骄、败不馁的心态，把挫折看成锻炼意志、增强能力、完善自我的机会。积极心态能使人保持乐观，勇于尝试，不断努力。2010年诺贝尔化学奖获得者理查德·赫克正是持有这种“将克服困难作为生活的乐趣之一”的积极心态，使自己不受困难挫折的干扰而专注于化学世界，并享受其中，最终取得成功。

遇到挫折，不要消极退缩，也不要怨天尤人、牢骚满腹，而是要善于思考、反省，认真分析失败的原因，是主观努力不够，还是客观要求太高，是主观条件不具备，还是客观条件太苛刻，具体问题具体分析，然后采取针对性的措施，积极行动。通向成功的道路不会是平坦的，只有百折不挠、顽强拼搏，才能达到目标。

（三）及时调整情绪

遇到各种矛盾冲突时，产生不良情绪非常正常，但应及时进行调整或适度宣泄，以缓解或改善负性情绪，保持心理稳定。例如，通过体育锻炼、听音乐、郊游等积极的宣泄方式转移注意力、排解心中烦闷，放松心情，同时运用积极的自我心理暗示，鼓励自己、相信自己，帮助自己渡过难关，也可以向朋友、老师倾诉，必要时可以寻求心理医生和专家的帮助，以获得更多的情感支持和理解，获得认识和解决问题的新思路，增强克服困难的信心，以饱满的精神和积极向上、乐观豁达的态度迎接生活的挑战。

第三节　大学生综合就业能力的培养与发展

一、什么样的大学毕业生受欢迎

21世纪企业的竞争归根结底是人才的竞争，人才竞争力是构成企业竞争力的最核心部分，因而人力资源成为企业最宝贵的资源。对于大学毕业生，企业有何期望？什么样的大学生最受企业的欢迎？实践反复证明，社会需要的不仅是专业特长突出、操作技能出色的学生，同时也必须是全面素质较高的学生。据了解，单位最注重实习生的素质和能力有：①敬业精神；②协作精神；③创新能力；④专业技术能力；⑤解决问题能力；⑥善于学习的能力；⑦沟通协调合作能力。

除了具备过硬的素质和能力之外，求职单位还要求求职者拥有健康的身心、良好的思想道德，特别是职业道德，如强烈的事业心和责任感、踏实肯干和吃苦耐劳的创业精神等。因此，大学生应着重培养以下能力和素质：

（一）积极的工作态度

一个人的工作态度是决定其能否胜任今后工作的主要因素。因此，企业非常注重大学毕业生是否具有爱岗、敬业、务实等积极的工作态度，具体表现为：在工作中认真、细致、负责、勤奋努力、虚心好学，积极主动地去面对工作中的挑战、对工作有激情、肯吃苦、愿意从基层踏踏实实做起等。据了解，用人单位喜欢的工作态度具体有：准时、诚实、可靠、稳定、主动、合作、学习、幽默、乐于助人。而不喜欢的工作态度有：懒散、迟到、缺席、不忠实、不诚实、太少或太多野心、被动、不合作、没礼貌、不守规则、不尽责、适应能力差、虚假报告、精神不集中等。大学生要清楚地意识到工作态度对企业和自身发展的影响。一个人做事的“态度”，决定了他日后成就的“高度”。如本章开头案例2里的小杰，虽然专业不对口，没有过硬的专业技能，但是因为他有积极的工作态度，单位愿意给他一个机会，他自己也紧紧抓住机会接受各种锻炼，最后获得了他想要的职位。不管在任何岗位上，积极的工作态度都会给你带来“好运”。

（二）扎实的知识基础

在现代生产中，社会对复合型技术人员的需求增加，要求其既熟练掌握或精通专业技能、有扎实的专业知识基础，同时也具备相关专业或其他专业方面的知识。一方面，因为这样的大学毕业生能很快地适应环境，发挥作用。同时，专业之间的结合往往就是创新的源泉，就是企业的竞争力。因此，大学生不仅要把自己的专业读精读深，而且要跨领域、跨专业学习，考虑本专业和其他专业结合的机会。对自己专业不喜欢的同学也要想想，不能改变的专业和喜欢的专业有没有结合的机会，这样不仅可以增加学习的兴趣，还可能是一个非常好的契机。只有善于学习、不断学习，才能紧跟社会时代的脚步，适应社会不断发展的要求。

（三）较强的学习能力

不管你在学校的知识基础有多扎实，到新的工作岗位上几乎都要接受培训，接触新的知识和技巧，这是大学生快速成长和适应工作的最佳途径。只有具备较强的学习能力，才能在工作中触类旁通，遇到问题能及时看到症结所在，并能及时调动自己的知识和能力，迅速释放自己的潜能，制订出可操作的方案。因此，在大学期间养成良好的学习习惯，培养较强的学习能力，不仅是大学生在学校教育阶段顺利完成学业的必要条件，也是大学生步入职场后能够快速适应工作环境和获得职业发展的主要条件。

（四）较强的责任心

所谓责任心，就是指个人对自己、对他人、对家庭、对集体、对社会、对国家所负责任的认识、情感和信念，以及与之相应的遵守规范、承担责任和履行义务的自觉态度。而责任心强是用人单位对大学毕业生最基本的素质要求。例如在工作中，在处理一件具体事情上，责任心强可以体现在三个阶段：一是做事情之前，二是做事情的过程中，三是事情完成后出了问题时。第一阶段，做事之前要想到后果。第二阶段，做事过程中尽量控制事情向好的方向发展，防止坏的结果出现。第三阶段，出了问题敢于承担责任，勇于担当。责任心强是影响一个人在职业生涯发展中能走多远的重要因素之一。大多数用人单位在提拔员工的时候，往往选择的也是那些有所担当，勇于承担责任与压力的员工，因为这是一个成功领导者应该具备的品质。要具备这种品质需要大学生从个人的习惯和修养开始培养。

（五）良好的团队合作能力

现代社会的发展离不开团队合作，个人成长也离不开团队成员的帮助。譬如，企业的兴衰成败在很大程度上取决于其成员相互协商、相互尊重、相互凝聚的程度。所以企业非常看重大学毕业生的团队协作精神。大学毕业生也只有将个人融入团队，个人发展才会更加顺利。毕业生在校园时代可利用很多合作和实践的机会，培养团队意识和积累合作经验，必定受益匪浅。

（六）较强的人际沟通能力

现代社会，沟通无处不在。用人单位需要的是能够运用自己良好的沟通能力与企业内外有关人员接触的大学生，能够合作无间、同心同德、完成组织使命和目的的大学生。进入公司，没有良好的沟通能力，就难以很好地与他人合作共事，影响工作开展。良好的沟通能力也是大学生在面试时展现优势，走向成功的一大法宝。

（七）较强的创新意识和创新能力

很多用人单位对人才能力的需求已由过去的一般能力要求，发展到以“创新能力”为核心的特殊要求。那些善于观察，善于思考，不断探索、开拓和创新的大学毕业生是用人单位最看重的人才，因为他们永远不满足于现状，孜孜不倦地向更新、更高、更强的目标挑战，能为单位创造更大的价值，为单位发展带来更多的生机。

（八）较好的心理素质

在如今竞争激烈的环境中能否承受较大的工作压力，能否在工作中经受批评、打击，耐得住孤单、寂寞，是大学生能否在单位立足和发展的重要因素之一。心理素质的好坏，直接影响到大学毕业生能否在艰苦或不利的环境中调整自己，保持积极进取的状态。企业和社会非常欣赏勤奋、上进、肯吃苦的年轻人。大学毕业生在未来的道路上，总会碰到各种各样的困难。在学生时代就要有长期忍受痛苦的思想准备，培养自己耐得住寂寞、敢于拼搏、吃苦耐劳、经得起各种困难的考验、不断进取、百折不挠的精神，提高抗压、抗挫折能力以适应未来的社会竞争。

大学生若能积极地培养以上8种素质和能力，在毕业时，将是用人单位最为青睐的人才，也将能在职业生涯中获得良好的发展。所以，大学生要尽早有职业生涯规划意识，关注自我职业发展路径和实现路径，并争取机会着手培养自己。

二、大学生综合就业能力培养的途径和方法

大学生的综合就业能力包括职业素质和职业能力。良好的职业素质和职业能力是决定职场成败的重要因素，是职场制胜、事业成功的法宝。大学生需有意识地通过多种途径、方法来培养和提升自我职业素质和职业能力。

（一）在生活中培养

美国心理学之父威廉·詹姆斯说：“播下行为的种子，你就会收获一种习惯；播下习惯的种子，你就会收获一种性格；播下性格的种子，你就会收获一种命运。”一个人的习惯、个性并非一朝一夕形成的，而是长期行为的结果。个性习惯就是个人素质的真实写照。所以培养自己的职业素质必须从日常的生活细节及点滴做起。在生活中注意培养良好的行为，进而形成良好的习惯，最终成为自身良好的个性，自然而然就能表现出良好的素质。

（二）在课堂内积淀

扎实的专业理论知识是发展专业技能的基础。大学生可多向老师、学长学姐、前辈们请教，充分利用图书馆等校园资源，夯实专业知识，扩充专业知识面，丰富知识储备；学会自主学习和掌握科学的学习方法和思维方式，培养系统观察、分析、质疑、反思的能力和习惯。

同时，注意专业互补课程的学习。大学生往往不重视与专业无关的课程的学习，殊不知，专业互补课程恰好能让你在众多同学中出类拔萃。试想，一个普通理工科毕业生，却有较高的人文素养，是不是为他增色不少？更容易在竞争中脱颖而出？所以，理工科大学生要注重人文课程的学习，提高自己的人文素质；而文科大学生要注重理科知识的学习，培养自己的理科思维。

（三）在课堂外拓展

课外拓展是提高自身综合能力的良好途径。大学校园内经常会举办各种学术讲座、文化讲座、专题讲座，常会邀请海内外知名人士、某领域专家学者、社会各界精英到校与同学们分享他们在各自领域的体验和人生感悟。大学生应抓住机会参加，虚心聆听优秀人物的观点、见解、创业史和人生经验等，了解学校以外的大千世界，不仅可以拓宽视野，增长见识，还可以优化思维模式。

同时，竞赛可激发创新思维，是提高创新能力和解决具体实际问题等综合能力的有效途径。有条件的大学生可以争取机会多参与一些竞赛项目，不仅有利于融会贯通所学知识，提高发现问题、解决问题的能力，拓展创新能力和实践技能；同时也是考验和锻炼学生直面困难与遭遇挫折的勇气、探索问题的毅力和团队协作能力的好机会。

（四）在社团中锻炼

大学是一个小社会，各种不同的学生社团就如同一个个小企业。大学生可根据自己的兴趣和需要，有选择地参加一两个学生社团。在参与组织的活动中，体验到组织是如何运作的，同时还能锻炼自己的各种能力，如人际交往能力、沟通能力、团队协作能力、组织能力、领导和决策能力等。

（五）在实践中成长

实践出真知，实践长才干。实训、实习、兼职、勤工助学等实践活动是培养职业能力的有效途径。实训、实习过程，是运用理论、将理论和实践相结合的好机会，在实践中能更好地培养和提高动手操作能力。实习过程提供了真实的企业环境，让学生在一个真实的职业环境下，真正领会到未来工作岗位对专业技能的要求，得到了实际的训练，有助于综合素质和能力的培养、提高，是积累工作经验，提升职业能力的好办法。兼职、勤工助学不但可以减轻家庭经济负担，还可以了解社会。在社会实践中增强独立自主的能力，培养吃苦耐劳、克服困难的精神，以及服务他人的意识和责任感，是学生融入社会，获得较快成长的途径。

（六）在培训中强化

通过参加校内外的职业培训，强化专业知识，学习并掌握职业岗位所需的职业技能，获得相关职业资格证书，有助于拓宽就业范围，为职业生涯增添筹码。

对于大学生而言，具备良好的综合能力，就具备了入职的敲门砖。大学生的就业能力和职业发展，关键是在学习与实践中不断地完善自我，提升自我综合能力。

第四节　掌握求职技巧，提高择就业能力

求职过程是求职者全面展现自身综合能力的过程，求职技巧也是其综合能力的一个方面，对求职能否成功起着至关重要的作用。掌握必要的求职技巧，可以帮助求职者在求职中赢得不少先机。

一、简历制作

简历往往是招聘人员了解求职者的第一个途径。一份好的简历，可以在众多求职简历中脱颖而出，给招聘人员留下深刻的印象。编制简历须注意以下技巧：

（一）简单厚实

制作简历要讲究形式简单、内容厚实。把握简历的标准——简而有“力”，字字有

声。简单是指页数不要多，建议一两页纸就够了，最多不要超过3张。内容厚实是指简历内容要丰富，要把自己的教育背景、工作经验、能力优势都一一表达清楚，突出自己的过人之处，用事实和数字说明自己的强项。对自己值得骄傲的经历和技能，应详尽描述，自信但不自夸，文字表达和词语使用要准确精练。

（二）有针对性

制作简历要有针对性，单位不相同，文化自然有差异，简历制作要针对你所应聘的单位的职位需要，突出自己的技能与能力。应聘不同单位、不同职位一定要用不同的简历。

（三）真实可靠

近几年，人们对求职过程的诚信度越来越关注。一些大学生为了迎合招聘条件，简历“注水”现象比较严重，如在“工作经验”中添加子虚乌有的打工经历，把别人的荣誉证书和成果改头换面复印，转瞬间成为自己的“辉煌经历”，“在校期间担任的主要职务”中个个身居要职等。假的真不了，就算没有人揭穿，你也很难瞒骗火眼金睛的招聘者，你的简单、真诚或许会感动招聘者，为你赢得一个机会，但是造假欺骗一定是让人厌恶的，就算侥幸被录用，你也必须为你的谎言不断圆谎，总处在忐忑不安中。而且俗话说得好，日久见人心。一旦被发现，就有可能让你名声扫地。无数案例告诫我们，只有诚信，才能获得双赢。为了你简历的“厚实”，你可以从一入学就尽早规划，开始积累，毕业时你必定有沉甸甸的成果展示给他人。

二、面试技巧

面试是由主试人与应试者当面交谈，或要求应试者现场操作以考查其综合素质与能力的一种方式，普遍运用于大学生就业活动中，是大学生应聘过程中关键的一步。用人单位通过面试，考查应试者的专业水平、实际工作能力、应变能力、协调能力以及人品性格等，是当前招聘单位广泛采用的遴选人才的主要方式。招聘人往往十分重视面试，许多用人决定就是在面试过程中做出的。所以，求职者在面试中恰当地运用求职技巧非常重要。

（一）微笑——彰显涵养

微笑是社交的黏合剂，它使你显得和气、乐观而自信，真诚的微笑会使你处处受欢迎，因为每个人都乐于与和气、快乐的人一起共事。面试时面带微笑、亲切和蔼、谦虚有礼、有问必答，会增进你与面试官的沟通，提升你的外部形象和应聘成功率。

（二）自我介绍——2～3分钟秀自己

自我介绍是应试者与主试人建立互动关系的第一步。在2～3分钟的简短陈述中，主试人将会对应试者的精神面貌、表达方式、对工作的渴望程度等进行初步判断，形成第一印象。在做自我介绍时要简单明了，突出重点，体现能力、特长。不要单纯罗列参加了哪些工作实践和活动，而是要介绍在实践工作和活动中自己学到了什么，对此有何看法和体会，从而体现你是个对待工作认真、善于思考总结、有思想的人。同时，注意不要夸大其词，否则很容易露出破绽，留下不好的印象。

有位公共关系学教授说过这样一句话：“每个人都要向孔雀学习，两分钟就让全世界记住自己的美”。自我介绍也是一样，只要在短时间内让考官了解自己的能力、特长就已足够，千万不要画蛇添足。

（三）倾听——全神贯注

全神贯注地听对方说话，始终保持饱满的精神状态，专心致志地注视着对方，脑子里要设法撇开其他事情，将注意力集中在对方说话的内容上。在对方谈话的过程中，要不时发出表示听懂或赞同的声音、动作。如果一时没有听懂对方的话或有疑问，不妨用婉转诚恳的语言提出不明确的部分，请对方做进一步的解释，这样既能弄清问题要点和实质，又能让对方在心理上觉得你听得很专心，对他的话很重视。要确认提问内容，切忌答非所问。要认真琢磨对方讲话的重点，必要时可以进行复述，如“我同意您刚才所提的……”。重复对方强调的问题，往往会促进情感的融通。

（四）应答——思考5秒钟

仔细聆听对方的问题，审慎回答，不要太简略，切忌只回答“是的”“好”“对的”“没问题”等无法使内容更生动的字句，要完整并举实例说明，但要避免冗长。回答问题前认真思考5秒钟。这样做，除了可以对要表达的内容稍做组织外，重要的是显示出你很重视对方提出的问题，表现出了尊重和认真。

（五）致谢——真诚

面试结束时，无论得到怎样的答复，如被顺利录取，得到梦寐以久的工作机会，或者只是得到一个模棱两可的答复：“这样吧，××先生/小姐，我们还要进一步考虑你和其他候选人的情况，如果有进一步的消息，我们会及时通知你的。”或是遭到拒绝，都应该对用人单位面试人员表示感谢，多谢给予面试的机会，多谢其在面试过程中给予的令自己获益的观点，然后礼貌地说再见，最好以握手的方式道别，离开办公室时，应该把刚才坐的椅子扶正到刚进门时的位置，再次致谢后出门。经过前台时，要主动与前台工作人员点头致意，或说“谢谢你，再见”之类的话。这样既表现出应有的礼仪，又表现出自己杰出的人际关系能力。当用人单位最后考虑人选时，能增加自己入选的砝码。

拓展阅读

求职实验

家纳特·史坦芬格做过这样一个实验：要求4名前来求职的人，要一边做自我情况报告的录音，一边用小型的锅煮牛奶。

第一位求职者声称自己学习成绩优秀，而且有出色的社会活动能力。他在报告最后特意提到牛奶煮得很好。

第二位求职者的报告内容与第一个人相差无几，但他在报告的最后说，他不小心碰翻了锅，牛奶也煮糊了。

第三位的情况和前面两位不同。他说自己的学业很糟糕，而且社会组织活动能力不怎么样，但他的牛奶煮得相当棒。

第四位的自我报告和第三位相似，并且牛奶也煮得差劲。

史坦芬格认为，所有求职者都可以归于上述四类人之中：第一类人，十分完美，毫无欠缺；第二类人，非常完美，略有欠缺；第三类人，欠缺，有小长处；第四类人，毫无长处。

表面上看来，似乎第一类人成功的概率应该更大，但现实的天平却常常倾向于第二类人。因为人毕竟还是现实的，都会有或大或小的毛病，不可能做到面面俱到。同时，一个人如果锋芒毕露，会让老板觉得你华而不实或者故意做作，甚至还担心浅水养不住你这条大鱼。所以，如果你是十分出色的人才，在求职时，大可不必去掩饰个人的一些小毛病，有意无意地卖点“傻”，学点笨，使人觉得亲近，更容易让人接受。

心理测试

测试1　职业兴趣自我测评

职业兴趣测评最早由霍兰德提出，但并不完全符合中国国情，我国学者陈社育参照他的理论框架，研制了“RCCP通用职业匹配测试量表”，将职业兴趣类型分为六种：现实型（R）、研究型（I）、艺术型（A）、社会型（S）、管理型（E）、常规型（C）。一般来说，完全属于某一种典型类型的人并不多，大多数人除了主要地表现为某一种兴趣类型外，还可能同时具有另外一种兴趣类型的特点，这样两两交叉就形成了36种职业兴趣类型，如表9-2所示。

表9-2　36种职业兴趣类型表

	现实型（R）	研究型（I）	艺术型（A）	社会型（S）	管理型（E）	常规型（C）
现实型（R）	RR	IR	AR	SR	ER	CR
研究型（I）	RI	II	AI	SI	EI	CI
艺术型（A）	RA	IA	AA	SA	EA	CA
社会型（S）	RS	IS	AS	SS	ES	CS
管理型（E）	RE	IE	AE	SE	EE	CE
常规型（C）	RC	IC	AC	SC	EC	CC

表中RR、II、AA、SS、EE、CC为典型类型，其余都是综合类型。各种类型及其相匹配的职业

类型如下：

典型现实型（RR）：适合进行明确的、具体的、按一定程序要求的技术性、技能性工作，如机械操作人员、电工技师、技术工人。

研究现实型（IR）：适合具有一定科技含量的技术或技能性工作，如计算机编程人员、工程技术人员、质量检验人员。

艺术现实型（AR）：适合需要一定艺术表现的技术或技能性工作，如雕刻、手工刺绣、家具和服装制作。

社会现实型（SR）：适合与人打交道较多的技术或技能性工作，如出租汽车驾驶员、家电维修人员。

管理现实型（ER）：适合需要一定管理能力的技术或技能性工作，如领航员、动物管理员。

常规现实型（CR）：适合常规性的技术或技能性工作，如计算机操作人员、机械维护人员。

典型研究型（II）：适合需要通过观察、分析而进行系统的创造性活动的科学研究工作和理论性工作，如数学、物理等学科的研究人员、学术评论者。

现实研究型（RI）：适合侧重于技术或技能性的科学研究工作，如机械、电子、化工行业的工程师，化学技师，研究室的实验人员。

艺术研究型（AI）：适合艺术研究方面的工作，如文艺评论家、艺术作品编辑、艺术理论工作者。

社会研究型（SI）：适合社会科学研究方面的工作，如社会学研究人员、心理学研究人员。

管理研究型（EI）：适合管理研究方面的工作，如管理学科研者、管理类刊物编辑。

常规研究型（CI）：适合常规性的研究工作，如数据采集者、资料搜集人员。

典型艺术型（AA）：适合需要通过非系统化的、自由的活动进行艺术表现的工作，如演员、诗人、作曲家、画家。

现实艺术型（RA）：适合运用现代科技较多的艺术工作，如电视摄影师、录音师、动画制作人员。

研究艺术型（IA）：适合具有探索性的艺术工作，如剧作家、时装艺术大师、工艺产品设计师。

社会艺术型（SA）：适合侧重于社会交流或社会问题的艺术工作，如作家、播音员、广告设计、时装模特。

管理艺术型（EA）：适合需要一定管理能力的艺术工作，如节目主持人、艺术教师、音乐指挥、导演。

常规艺术型（CA）：适合常规性的艺术工作，如化妆师、花匠。

典型社会型（SS）：适合需要更多时间与人打交道的说服、教育和治疗工作，如教师、公关人员、供销人员、社会活动家。

现实社会型（RS）：适合具有一定技术性的社会性工作，如护士、职业学校教师。

研究社会型（IS）：适合需要做些分析研究的社会性工作，如医生、大学文科教师、心理咨询人员、市场调研人员、政治思想工作者。

艺术社会型（AS）：适合具有一定艺术性的社会工作，如记者、律师、翻译。

管理社会型（ES）：适合需要一定管理能力的社会工作，如工商行政人员、市场管理人员、公安交警。

常规社会型（CS）：适合常规性的公益事务工作，如环卫工作人员、工勤人员。

典型管理型（EE）：适合需要胆略、冒风险且承担责任的活动，主要指管理、决策方面的工作，如企业经理、金融投资者。

现实管理型（RE）：适合具有一定技术或技能的管理工作，如技术经理、护士长、船长。

研究管理型（IE）：适合需侧重于分析研究的管理工作，如总工程师、总设计师、专利代理人。

艺术管理型（AE）：适合与艺术有关的管理工作，如广告经理、艺术领域的经纪人。

社会管理型（SE）：适合与社会有关的管理工作，如销售经理、公关经理。

常规管理型（CE）：适合常规性的管理工作，如办公室负责人、大堂经理、领班。

典型常规型（CC）：适合严格按照固定的规则、方法进行重复性、习惯性的劳动，并具有一定自控能力的相关工作，如出纳员、行政办事员、图书管理员。

现实常规型（RC）：适合需要一定技术或技能的常规性工作，如档案资料管理员、文印人员。

研究常规型（IC）：适合需要经常进行一些研究分析的常规性工作，如估价员、土地测量人员、报表制作人员、统计分析员。

艺术常规型（AC）：适合与艺术有关的常规性工作，如美容师、包装人员。

社会常规型（SC）：适合需要更多时间与人打交道的常规性工作，如售票员、营业员、接待人员、宾馆服务员。

管理常规型（EC）：适合需要一定管理能力的常规性工作，如机关科员、文秘人员。

以下就是测试量表，请你根据对每一题的第一印象作答，不必仔细推敲，答案没有对错之分，根据与实际情况的符合程度来判断，与实际情况相符合的得2分，不符合的得0分，难以回答的得1分。对于有些你没有机会从事的工作，你可以在假设的情形下做出判断。在做完从现实型到常规型共108道题后，再分类统计各自总分，填入后面的成绩登记表，并依次完成类型确定过程。

表9-3　职业兴趣自我测评

类型	序号	题目	相符合	难以回答	不符合
现实型	1	你曾经将钢笔全部拆散加以清洗并能独立地将它装起来吗?	2	1	0
	2	你会用积木搭出许多造型吗?或小时候常拼七巧板吗?	2	1	0
	3	你在中学里喜欢做实验吗?	2	1	0
	4	你对一些动手较多的技术工(如电工、修钟表、印照片、织毛线、绣花、剪纸等)很感兴趣吗?	2	1	0
	5	当你家里有些东西需要小修小补时,常常是由你来做吗?	2	1	0
	6	你常常偷偷地去摸弄不让你摸弄的机器或机械(如打字机、摩托车、电梯、机床等)吗?	2	1	0
	7	你是否觉得身边有一把镊指钳或老虎钳等工具,会给你提供许多便利?	2	1	0
	8	看到老师傅在做活,你能很快地、准确地模仿吗?	2	1	0
	9	你喜欢把一件事做完后再做另一件事吗?	2	1	0
	10	做事情前,你经常害怕出错,而对工作安排反复检查吗?	2	1	0
	11	你喜欢亲自动手制作一些东西,从中得到乐趣吗?	2	1	0
	12	你喜欢使用锤子、斧头一类的工具吗?	2	1	0
	13	如果掌握一门手艺,并能以此为生,你会感到非常满意吗?	2	1	0
	14	你曾经渴望当一名汽车司机吗?	2	1	0
	15	小时候,你经常把玩具拆开,把里面看个究竟吗?	2	1	0
	16	你喜欢修理自行车、电器一类的工作吗?	2	1	0
	17	你喜欢跟各类机械打交道吗?	2	1	0
	18	你亲手制作或修理的东西经常令你的朋友满意吗?	2	1	0
研究型问题	1	你对电视或单位里的智力竞赛很有兴趣吗?	2	1	0
	2	你经常到新华书店或图书馆翻阅图书(文艺小说除外)吗?	2	1	0
	3	学生时代你常常会主动地去做一些有趣的习题吗?	2	1	0
	4	你对一件新产品或新事物的构造或工作原理感兴趣吗?	2	1	0
	5	当有人向你请教某事物如何做时,你总喜欢讲清内部原理,而不仅仅是操作步骤吗?	2	1	0
	6	你常常会对一件想知道但又无法详细知道的事物想象出它将是什么或将怎么变化吗?	2	1	0
	7	看到别人在为一个有趣的难题争论不休时,你会加入进去或者独自一人思考,直到解决为止吗?	2	1	0
	8	看推理小说或电影时,你常常分析推理谁是罪犯,并且这种分析时常与最后结果相吻合吗?	2	1	0

（续上表）

类型	序号	题目	相符合	难以回答	不符合
研究型问题	9	你喜欢一些需要运用智力的游戏吗？	2	1	0
	10	相比而言，你更喜欢独自一人思考问题吗？	2	1	0
	11	你的理想是当一名科学家吗？	2	1	0
	12	你经常不停地思考某一问题，直到想出正确的答案吗？	2	1	0
	13	你喜欢抽象思维的工作吗？	2	1	0
	14	你喜欢解答较难的问题吗？	2	1	0
	15	你喜欢阅读自然科学方面的书籍和杂志吗？	2	1	0
	16	你能够做那种需要持续集中注意力的工作吗？	2	1	0
	17	你喜欢学数学吗？	2	1	0
	18	如果独自在实验室里做长时间的实验，你能坚持吗？	2	1	0
艺术型问题	1	你对戏剧、电影、文艺小说、音乐、美术等其中的一两个方面较感兴趣吗？	2	1	0
	2	你常常喜欢对文艺界的明星品头论足吗？	2	1	0
	3	你参加过文艺演出、绘画训练或经常写写诗歌、短文吗？	2	1	0
	4	你的朋友经常赞扬你把自己的房间布置得比较优雅并有品位吗？	2	1	0
	5	你对别人的服装、外貌以及家具摆设等能做出比较准确的评价吗？	2	1	0
	6	你认为一个人的仪表主要是为了表现一个人对美的追求，而不是为了得到别人的赞扬或羡慕吗？	2	1	0
	7	你觉得工作之余坐下来听听音乐、看看画册或欣赏戏剧等，是你最大的乐趣吗？	2	1	0
	8	遇到有美术展览会、歌星演唱会等活动，你常常去观赏吗？	2	1	0
	9	音乐能使你陶醉吗？	2	1	0
	10	你喜欢成为人们注意的焦点吗？	2	1	0
	11	你喜欢不时地夸耀一下自己取得的成就吗？	2	1	0
	12	你喜欢做戏剧、音乐、歌舞、摄影等方面的工作吗？	2	1	0
	13	你能较为准确地分析美术作品吗？	2	1	0
	14	你爱幻想吗？	2	1	0
	15	看情感影片或小说时，你常禁不住眼圈红润吗？	2	1	0
	16	当接受一项新任务后，你喜欢以自己独特的方法去完成它吗？	2	1	0
	17	你有文艺方面的天赋吗？	2	1	0
	18	与推理小说相比，你更喜欢言情小说吗？	2	1	0

（续上表）

类型	序号	题目	相符合	难以回答	不符合
社会型问题	1	你常常主动给朋友写信或打电话吗？	2	1	0
	2	你能列出五个你自认为够朋友的人吗？	2	1	0
	3	你很愿意参加学校、单位或社会团体组织的各种活动吗？	2	1	0
	4	你看到不相识的人遇到困难时，能主动去帮助他，或向他表示你同情与安慰的心情吗？	2	1	0
	5	你喜欢去新场所活动并结交新朋友吗？	2	1	0
	6	对一些令人讨厌的人，你常常会出于某种理由原谅他、同情他甚至帮助他吗？	2	1	0
	7	有些活动虽然没有报酬，但你会觉得这些活动对社会有好处，就积极参加吗？	2	1	0
	8	你很注意你的仪容风度，这主要是为了让人产生良好的印象吗？	2	1	0
	9	大家公认你是一个勤劳踏实、愿为大家服务的人吗？	2	1	0
	10	旅途中你喜欢与人交谈吗？	2	1	0
	11	你喜欢参加各种各样的聚会吗？	2	1	0
	12	你很容易结识同性朋友吗？	2	1	0
	13	你乐于解除别人的痛苦吗？	2	1	0
	14	对于社会问题，你很少持中庸的态度吗？	2	1	0
	15	听别人谈“家中被盗”一类的事，很容易引起你的同情吗？	2	1	0
	16	你通常不喜欢一个人独处吗？	2	1	0
	17	在工作中，你喜欢听取别人的意见吗？	2	1	0
	18	和一群人在一起的时候，你经常能找到恰当的话题吗？	2	1	0
管理型问题	1	当你有了钱后，你愿意用于投资吗？	2	1	0
	2	你常常能发现别人组织的活动的某些不足，并提出建议让他们改进吗？	2	1	0
	3	你相信如果让你去做一个个体户，一定会成为富裕户吗？	2	1	0
	4	你在上学时曾经担任过某些职务（诸如班干部、课代表等）并且自认为干得不错吗？	2	1	0
	5	你有信心说服别人接受你的观点吗？	2	1	0
	6	你对一大堆的数字感到头疼吗？	2	1	0
	7	做一件事情时，你常常事先仔细考虑它的利弊得失吗？	2	1	0
	8	在别人跟你算账或讲一套理由时，你常常会换一个角度考虑，并发现其中的漏洞吗？	2	1	0
	9	你曾经渴望有机会参加探险吗？	2	1	0
	10	你认为在管理活动中以个人的意志影响别人的行为是很必要的吗？	2	1	0

（续上表）

类型	序号	题目	相符合	难以回答	不符合
管理型问题	11	如果待遇相同，你宁愿当一名商品推销员，也不愿当一名机关办事员吗？	2	1	0
	12	当你开始做一件事后，即使碰到再多的困难，你也执着地干下去吗？	2	1	0
	13	你总是主动地向别人提出自己的建议吗？	2	1	0
	14	你更喜欢自己下了赌注的比赛或游戏吗？	2	1	0
	15	和不熟悉的人交谈对你来说毫不困难吗？	2	1	0
	16	和别人谈判时，你不愿放弃自己的观点，是吗？	2	1	0
	17	在集体讨论中，你不愿保持沉默，是吗？	2	1	0
	18	你不愿意从事虽然工资少，但是比较稳定的职业，是吗？	2	1	0
常规型问题	1	你能够用一两个小时坐下来抄写一份你不感兴趣的材料吗？	2	1	0
	2	你能按领导或老师的要求尽自己的能力做好每一件事吗？	2	1	0
	3	无论填报什么表格，你都非常认真吗？	2	1	0
	4	在讨论会上，如果不少人已经讲的观点与你的不同，你仍然会发表自己的观点吗？	2	1	0
	5	你常常觉得在你周围有不少人比你更有才能吗？	2	1	0
	6	你喜欢重复别人已经做过的事情而不喜欢做那些要自己动脑筋摸索着做的事情吗？	2	1	0
	7	你喜欢做那些已经很习惯了的工作，同时最好这种工作责任心小一些，工作时还能聊聊天、听听歌曲吗？	2	1	0
	8	你经常能够将非常琐碎的事情整理好吗？	2	1	0
	9	你总留有充裕的时间去赴约会吗？	2	1	0
	10	对别人借你的和你借别人的东西，你都能记得很清楚吗？	2	1	0
	11	你喜欢经常请示上级吗？	2	1	0
	12	你喜欢按部就班地完成要做的工作吗？	2	1	0
	13	对于急躁、爱发脾气的人，你仍能以礼相待吗？	2	1	0
	14	你是一个沉静而不易动感情的人吗？	2	1	0
	15	你喜欢把一切安排得整整齐齐、井井有条吗？	2	1	0
	16	你经常收拾房间，保持房间整洁吗？	2	1	0
	17	你办事常常思前想后吗？	2	1	0
	18	每次写信你都要好好考虑，写完后至少重复看一遍吗？	2	1	0

请你将上述六个部分答题结果的得分填入表9-4中。

表9-4　成绩登记表

类　型	得　分
现实型	
研究型	
艺术型	
社会型	
管理型	
常规型	

如果你在某一部分的得分明显高出其他部分，说明你属于该种典型类型的人。一般来说，综合性的兴趣特征在生活中居多数，那么怎么确定自己的综合特征呢?

首先，列出得分较高的两个兴趣类型的代号（　　）（　　）。将得分最高的兴趣类型代号的字母填入第一个括号。例如，你是现实型，则填入（R），将得分较高的兴趣类型代号，从高到低依次填入空格。如果第二个特征是I，则填入（R）（I）。

据此可知，这位测试者的兴趣特征是现实研究型。然后，就可以依据这个类型代号在前面所列的职业兴趣类型中进行查阅，从而得知自己的主要职业兴趣。

测试2　价值观探索

价值观的理清是自我探索的重要课题之一，下面所列的哪些价值观在主导你的行为和想法，符合自己情况的在括号中打钩。

（1）审美性。具此价值观者，很重视美感。希望自己做出来的东西都能带有一些美感和艺术气息，追求美感的呈现，不喜欢丑陋、呆板的事物。（　　）

（2）工作环境。具此价值观者，选择工作时，会特别注意该工作所提供的工作环境。喜欢在安静舒适的环境下工作，会避免去从事室外与嘈杂的工作；也会尽量去经营自己的工作环境，使它更舒适而适合工作。（　　）

（3）威望。具此价值观者，较看重自己的尊严与威望。希望所从事的工作能给他带来较好的名声，也希望能因此获得别人的尊重和肯定，希望从事相对社会地位较高的职业，如大学教授、人民代表、政治人物等。（　　）

（4）利他主义。具此价值观者，有较明显的理想性格，工作的目的是为了造福人群，喜欢从事能够帮助别人的工作，希望因自己的付出让社会更加美好。（　　）

（5）自主性。具此价值观者，能安排自己该做的工作，很有主见。别人的意见通常只是仅供参考，坚持己见是常有的事。（　　）

（6）挑战性。具此价值观者，喜欢面对不同的挑战，宁愿失败也不愿意守旧，喜欢向自己的极限挑战，不断超越自己的成就。（　　）

（7）工作中的人际关系。具此价值观者，重视与同事和上司的关系。喜欢在工作中认识很多朋友，更希望自己在工作中的人际关系能够和谐。除了工作时间外，也喜欢和同事来往交

流。好的同事关系能带来较大的满足，而不佳的同事关系，则会影响工作效率，甚至影响生活。（　　）

（8）经济报酬。具此价值观者，工作的目的在于获取报酬，重视财富的积累，收入的高低常会有意无意地影响他对工作的选择。（　　）

（9）成就。具此价值观者，较看重工作中的成就感，希望能有成功突出的表现，也会因为一项工作完成了而获得满足。喜欢从事能够看到具体成效的工作。（　　）

（10）遵德守法。具此价值观者，重视工作的正当性。不会做不正当的、不符合法律和道德的事情，更不希望他的工作造成对他人的直接或间接的伤害。（　　）

（11）心灵成长。具此价值观者，希望能在工作中促进自我成长，并通过工作认识各种不同个性、不同生活背景的人。（　　）

（12）变异性。具此价值观者，希望他的工作是多姿多彩、富有变化的，不喜欢每天做同样的事，更讨厌呆板、单调，期待工作中每天都能遇到新鲜事。（　　）

（13）稳定性。具此价值观者，较重视工作的稳定性而不是冒险性。不希望经常调换工作，希望捧着铁饭碗，不会被裁员，也很少想要换工作。（　　）

（14）实现性。具此价值观者，其工作的目的在于能够表达自己的想法和看法，喜欢能表现自我风格的工作，更希望能将个人理念通过工作来实现。（　　）

（15）对组织及工作的影响力。具此价值观者，希望能对所在的机构有所影响，喜欢领导别人一起工作时的能力感，若自己无力改变组织中不合理的现状，会有比其他人更深的挫折感。因此，常是组织中最有影响力的领导者。（　　）

（16）升迁及个人发展。具此价值观者，较重视工作的长期发展，在考虑选择工作时，会对升迁、进修、在职训练机会较多，或长期发展趋势看好的工作优先考虑。（　　）

（17）专业发挥。具此价值观者，希望在工作中发挥所学，因此，一份适合自己个性、兴趣的工作是很重要的；而在工作中能够展现个人能力、发挥专业特长就能带来满足。（　　）

（18）自我充实。具此价值观者，对于工作的附带效益较重视。希望工作能使他获得更多的知识、扩大眼界，喜欢动脑筋想新的点子。（　　）

（19）生活安逸。具此价值观者，最重视能过安逸的生活，不希望从事太辛苦的工作，也不喜欢因工作而让生活过得太紧张，认为工作应该要轻松、愉快，过得去就好了。（　　）

（20）休闲时间。具此价值观者，较重视假期，希望有较多较长的假期，无法接受忙得几乎没有休假的工作，也不希望工作会妨碍他自由自在的生活。（　　）

说明：你所选择的项目，就是你平时很看重的个人生涯价值观。

心理训练营

活动1　生涯幻游活动

一、活动目的

（1）澄清自身的期待与价值；

（2）对未来给予期待与规划。

二、活动需要

（1）安静的场所。

（2）A4白纸和彩笔。

三、活动步骤

结合音乐欣赏，通过幻游的团体活动，带领学生进入心象视觉空间，并鼓励学生能在活动中表达自己的梦想，同时愿意与人分享。最后协助学生借助活动探索自己未来希望的生活形态，并且共同讨论实现梦想的具体步骤。

步骤一：进行“生涯幻游”

（1）请学生尽可能地放松并闭上眼睛。

（2）请学生跟着老师的指导语，进入自己“四十年后的某一天”，然后跟着音乐做自由联想，享受这美丽的一天。

（3）睁开眼睛，随着音乐，用画笔来表达自己目前心中的感受或刚才幻游时的心象图。（严禁同学说话，破坏情绪）

步骤二：分享

（1）小组内交流自己的画，并找出最符合自己的意境的画。

（2）挑选出最有代表性的几幅画。

（3）请选择此画的学生发表其选择此画的原因，再请原创者描述画中意境。

（4）请同学思考：“是否喜欢这样的生活？为什么呢？”“对那时的自己，有没有什么话想对他/她说？”

（5）写一封信给未来的自己。（课后）

生涯幻游指导语

请你轻轻地闭上眼睛，做几个深呼吸，深深地吸气，再慢慢地呼出来；自然地吸进来，慢慢地呼出去，自然地吸进来，慢慢地呼出去，自然地吸进来，慢慢地呼出去……放轻松……放轻松……尽可能放松，使自己能舒服地坐在椅子上……现在，闭上眼睛并完全松弛自己……舒缓你的呼吸……看看身体有哪些地方还紧张……有的话，请放松……放松……放松……

现在，我们一起坐上时光隧道机，一起来到未来世界，现在是2060年（40年后），算一算你现在几岁？……想一想你现在的容貌有变化吗？……现在来到四十年后的某一日……新的一天你刚醒来。几点了？……你在哪儿？……你听到什么？……闻到什么？……你还感觉到什么？……有任何人与你一起吗？……谁？现在，你已起床了。接着，你准备下床。请你尝试去感觉脚趾头接触地面那一刹那的温度，是凉凉的？……还是暖暖的？……经过一番梳洗之后，你来到衣柜前面，准备换衣服上班。今天你要穿什么样的衣服上班？……穿好衣服，你看一看镜子，你还需要做什么吗？你的情绪如何？……然后你来到了餐厅，早餐吃的是什么？……一起用餐的有谁？……你跟他们说了什么话？……

吃完早餐，你关上家里的大门，准备前往工作的地点。你回头看一下你家，它是一栋什么样的房子？……然后，你上班了，搭乘什么样的交通工具上班？……有人和你在一起吗？……谁呢？……当你走时，注意周遭的一切……你到目的地了，你在何方？这地方像什么？……请注意，你对这地方的感觉是什么？……在这儿，你要做什么工作？……旁边有哪些人与你一起工作？……有的话，与你是什么关系？……你要在这儿逗留多久？……今天你还想去别的地方吗？……在这一天中，还想做什么？……

现在，你回家了，今天是什么日子？……到家时，家里有哪些人欢迎你？……晚餐的时间到了，你会在哪里用餐？……跟谁一起用餐？……吃什么？……吃饱饭后你想做什么？……现在的感觉又是什么？你与别人分享你做的事吗？……你准备去睡觉了……回想这一天，你感觉如何？你希望明天也是如此吗？……你对这种生活感觉如何？……

10分钟后，我们将慢慢地回到这里，回到学校，回到我们的班级。现在，我从10开始倒数，当我数到0的时候，请你睁开眼睛。好，10—9—8—7—6—5—4—3—2—1—0……请睁开眼睛，请你不要说话，用画笔把刚才的旅途心境与感受彩绘出来。

活动2　30天改善计划

时常听一些同学说："我真的很明白设定目标的重要性，但是具体实施过程中经常因种种原因扰乱原有的计划，最后往往不了了之。"确实，许多未知的因素是存在的，并影响着目标执行步骤，所以个体的成功不能一蹴而就，只能一步步走向成功。所谓切实可行的计划，就是自行确定的每个月的配额活动清单。马上建立一个"30天改善计划"，它能提高你的效率，同时充实承担责任的条件与实力。

一、活动目的

建立新的良好习惯，控制和消除旧的消极性习惯。

二、活动步骤

在下列五个方面填入你一个月内必须做到的事情，一个月后再检查一下进度，并重新建立新的目标。

1．从现在起要改掉这些习惯

（1）不按时完成各种事情。

（2）消极性的词语常挂在嘴边。

（3）作息时间无规律。

2．从现在起要养成这些习惯

（1）每天早上醒来都对自己说些激励的话。

（2）睡前把第二天的事计划好。

（3）任何场合尽量赞美别人。

3. 用这些方法来增加自己的学习工作效率

（1）在最高效的时间做重要的事情。

（2）每天都安排一定的运动、休闲、机动时间。

（3）经常静静地思考，包括改善学习和工作的方式方法。

4. 用这些方法来改善同学之间的关系（建议举例）

（1）尊重自己周围的每一个人。

（2）认真聆听他人的意见，努力了解他人的观点及其支撑的理由。

（3）对于他人为自己所做的事，哪怕是小事也要表示更大的谢意。

5. 用一些途径来修养自己的个性

（1）阅读一本励志书籍。

（2）每周花两小时阅读本专业的杂志。

（3）结交几个朋友。

完善自我，便是塑造自身生存的能力。当你看到一个处处都高人一等的风云人物时，立刻提醒自己，那不是天生的，是由许许多多严格的自我控制和修养造就的。建立新的积极性习惯，同时根除旧的消极性习惯，正视修养过程。而在这一修养过程中，计划目标就起着灯塔的作用。

◎ 思考与讨论

1. 你想成为什么样的人?
2. 你想过什么样的生活?
3. 要实现自我理想，你现在该做些什么?

珍爱生命　积极人生

——大学生生命教育与心理危机应对

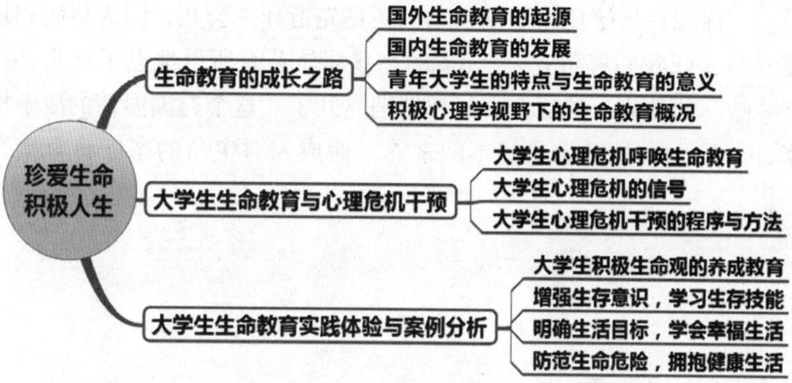

图10-1　第十章基本框架

有时我想，要是人们把活着的每一天都看作是生命的最后一天该有多好啊！这就更能显出生命的价值。

——海伦·凯勒

应该笑着面对生活，不管一切如何。

——尤利乌斯·伏契克

一位在英国留学的记者记录了自己和一个英国同事及同事6岁的女儿去农场玩的片段。当时正巧有只猪妈妈在生产小猪。女孩第一次见到这种场景，激动异常，一个劲儿问这问那。她妈妈把她带到一边，蹲下来，轻声说：“你现在情绪比较激动，咱们还是先走开一会儿，因为猪妈妈现在需要安静，让我们尊重它。”6岁的小孩居然若有所思地点了点头，比画了个“嘘”的动作，然后牵着妈妈悄悄离开了。这个充满温情的故事提醒大家，尊重生命是做人最基本的素养，而成人对生命的态度将直接影响孩子。

第一节　生命教育的成长之路

《国家中长期教育改革和发展规划纲要（2010—2020年）》明确提出“坚持以人为本，全面实施素质教育是教育改革发展的战略主题，要重视安全教育、生命教育、国防教育、可持续发展。”生命教育第一次被纳入国民教育的重大主题。生命教育是帮助学生认识生命、尊重生命、珍爱生命，促进学生主动、积极、健康地发展生命，提升生命质量，实现生命意义和价值的教育。生命意义的追寻是人类生存的基本动机，而能否发现个体独特的生活目标与存在的生命意义，常常与心理健康问题密切相关。

一、国外生命教育的起源

美国的杰·唐纳·华特士是第一位倡导生命教育的人。1968年，他在美国加州创建“阿南达村”“阿南达学校”，开始倡导和践行生命教育思想。美国现有的生命教育体系大致分为品格教育、迎向生命挑战的教育、情绪教育三部分，通过因地制宜的方式成立专业协会，出版专业性及普及性的书籍和杂志，并通过网络、影视作品等方式传播。

最早明确“生命教育”概念的是1979年在澳大利亚成立的“生命教育中心”，该中心现已发展为联合国“非政府组织”（NGO）的一员，致力于“药物滥用、暴力与艾滋病”的防治。日本于1989年修订的新《教学大纲》中针对学生自杀、杀人、浪费、破坏环境等日益严重的现实，也明确表示以尊重人的精神和对生命的敬畏的观念来定位道德教育的目标。近年，日本提出了“余裕教育”的口号，就是针对现在日本青少年脆弱的心理和自杀事件而提出的生命教育内容之一，旨在通过宣传教育让青少年认识到生命的美好和重要，勇敢面对挫折，珍惜生命。

英国的生命教育中心创立于1986年，旨在防止药物滥用。1990年，生命教育课程伴随着公民教育一起产生和发展，在推进的过程中形成了以公民教育课程为核心并辅以个人、社会和健康教育的所谓“全人”课程体系。2002年，纳入国家和学校正规教育课程，将生命教育渗透在历史、地理、英语、艺术等与生命教育课程内容、背景、教学和学习方式相近的科目。

二、国内生命教育的发展

20世纪80年代，我国台湾学者开始对生命教育展开研究。1996年前后，台湾地区校园一再发生暴力与自杀案件，引起教育部门的高度重视并开始在学校开设生命教育课程。台湾地区以全人教育为理念，坚持“为何而活”和“如何生活”两个方向，要求以正面、积极的人生观、安身立命的价值观、调和个体的知、情、意、行，围绕个体与自身、个体与他人、人与自然三个维度实施生命教育。

中国香港特别行政区对生命教育也予以极大关注。其生命教育从宗教的角度开展，内容涉及宗教教育、公民教育、伦理、德育等二十几个科目，建设了“宗教与人生——优质生命教育的追寻”等网站，取得了一些成果。相关部门也提出“生命教育教师培训”，显示了教育行政单位对生命教育的重视。

中国大陆地区在生命教育方面的教学和研究起步较晚，首先是在中小学进行了推广和实施，并且取得了一定的进展。目前在辽宁、上海、湖南、福建等地的中小学已经开设了生命教育课程，并开始进行生命教育实验。如2004年12月27日，辽宁省启动了中小学生命教育工程，制定了《中小学生命教育专项工作方案》，要求使中小学生身心能够得到充分自由、和谐的发展，培养学生成为充满活力、具有健全人格、具有创新能力的一代新人。2005年3月1日，上海市正式公布了《上海市中小学生命教育指导纲要（试行）》，尝试建立学校、家庭、社会资源共享的生命教育体系；2005年10月17日，湖南省也颁布了《湖南省中小学生命与健康教育指导纲要（试行）》，对中小学生进行专项教育。

在大学生中开展生命教育，目前还是一个比较新的领域。2003年4月8日，湖北省召开了“防止高校学生自杀专题会议”，这是全国首次以“防止大学生自杀”为主题的大型会议，体现了高校对大学生生命的关注。2006年5月19日，“青少年生命教育全国高校巡回演讲”在北京拉开序幕。2005年“感动中国”第一人、荣获中国宋庆龄基金会“生命教育爱心大使”称号的洪战辉同学在北大做了以“受助、自助、助人、助己——当代大学生自主自强、创造精彩人生”为主题的精彩演讲。目前，珍惜生命的教育正开始以多种形式进入大学校园，走进大学生的生活。2008年4月22日，大学生生命教育研究暨《生命教育大学生读本》编写会在武汉大学召开，就如何教育大学生理解生命的内涵、激发大学生热爱生命、提升生命价值展开讨论，并一致认为生命教育已成为我国高校大学生思想政治教育的一个崭新而重要的课题。2008年，云南省率先在全国提出在各级各类学校学生中开展生命教育、生存教育、生活教育（简称“三生教育”），把帮助和引导大学生正确认识生命、生存和生活的意义，提高综合素质作为教育目标。此后其他省份的部分高校也相继开设了生命教育课程。在机构的建设方面，以北京师范大学为依托，成立了北京师范大学生命教育研究中心，建立了中国生命教育网、中国青少年生命与健康网等网站，出版了《守护孩子的生命》《生命教育读本》《生命教育教材》以及《大学生生命教育》等书籍。2010年7月，《国家中长期教育改革和发展规划纲要（2010—2020年）》发布，意味着“生命教育”取得了国家“准生证”，并由此翻开了中国生命教育崭新的一页。

三、青年大学生的特点与生命教育的意义

青年大学生正处在个体生命成熟的关键阶段，但同时又是思想容易波动、情绪易冲动的阶段。目前，大部分大学生是积极、乐观向上的，但随着信息技术的发展，以及受“拜金主义”“功利主义”和多元化社会思潮的影响，一部分大学生的生存能力、耐挫能力令人担忧，情感冷漠与心理脆弱等问题也日益凸显。近年来由大学生心理问题引发的校园危机事件进一步凸显了对学生开展富有针对性的生命教育的必要性和迫切性。对大学生施行生命教育，教育引导学生对生命和死亡等人生命题进行深刻的思考，培养他们积极、乐观

的心态，不断提高他们应对人生挫折、战胜困难的勇气和能力，积极构建系统、完整的大学生生命教育体系已经成为高等学校人才培养目标中的重要内容之一。

四、积极心理学视野下的生命教育概况

目前大学生的生命教育课程存在以下几个方面的问题：第一，课程教育体系比较零散，缺乏系统性；第二，教育方式以告知教育甚至是灌输式教育为主，把学生作为被动的接受者的情况居多；第三，在教育的价值取向上，传统的生命教育以问题为导向，主要是针对大学生中存在的自杀、他杀、吸毒、艾滋病、严重心理问题等负面事件而采取的预防性或者干预性的措施，却忽视了个体自身所固有的某些实际或潜在的积极品质和积极力量的激发。积极心理学倡导用一种积极的心态、一种欣赏的眼光去看待人类的潜能、动机以及研究人类的幸福生活等要素。美国心理学家克里斯托弗·彼得森呼吁：“心理学不仅要关注疾病，也要关注人的力量；不仅要修复损坏的地方，也要努力构筑生命中美好的东西；不仅要致力于治疗抑郁痛苦的创伤，也要致力于帮助健康的人们实现人生的价值。”

2014年，全国生命教育年会以“生命教育与公民教育”为主题，契合了积极心理学的思想，生命教育为幸福人生奠基，是公民教育的动力和目标；而公民教育则是生命教育的拓展、丰富和深化。平和乐观的心态有益于人的健康长寿得到了越来越多的证实。远离偏执与极端的思维，是成熟公民品格的重要特征。因此，在构建大学生生命教育课程体系的同时，要融入积极心理学的思想，注重个体积极的主观体验，包括幸福、愉悦、感激和成就等爱的体验，让学生感受到生命源于爱；注重积极的个人特质的培养，包括个性力量、天分、兴趣和价值观等，让学生思考提高生存能力的元素；注重积极与包括家庭、学校和社会等机构的合作，培养学生提高生活质量的能力。

第二节　大学生生命教育与心理危机干预

【案例1】出差在外地的毕业设计指导老师给学生发短信提醒他抓紧完成毕业设计。学生给老师回信的内容是：悄悄地我走了，正如我悄悄地来。我挥一挥衣袖，作别西天的云彩。生命短暂，爱我所爱，做我所做，无惧无悔。时不待我，我没有多少时间了。每个人都会死，早晚而已。我已清楚地看见，在这一瞬我放弃了所有的懦弱和恐惧。我知道了现状，我已不必苦苦等待那个必然会来临的节日。我只想无忧无虑地和同学度完最后的美丽时光。静静的、静静的……谢谢老师的关心，论文对我来说已不重要，毕业对我来说已无所谓。我要去完成未完成的心愿，以减少我的不甘和遗憾。论文的事非常抱歉。我希望老师一定要为我保密，让我正常地、开开心心地走完学生时代的最后时光。谢谢老师，不必为我担心，也不必找我，有事勿扰。默默地，默默地。我希望人生无憾。

【案例2】2013年3月31日下午，某医科大学的林森浩将剧毒化学品二甲基亚硝胺原液投入宿舍的饮水机内，黄洋从饮水机接水饮用后出现呕吐症状，隔天下午去医院就诊，经检验肝功能受损，多器官功能衰竭，黄洋经抢救无效而死亡。

【案例3】2015年3月9日下午，杭州某高校，一位男生因为向心仪的女生表白遭拒，一时心情沮丧，就从学校连接两幢教学楼的天桥栏杆上（约四层楼高）跳下，导致脊柱出现损伤，手部、腿部有几处骨折，后被送医院救治，所幸暂无生命危险。

【讨论与分享】以上案例带给你哪些思考？当你的行为可能危及自己和他人生命的时候，你能做点什么让自己平静和理性一点？

一、大学生心理危机呼唤生命教育

心理危机是指当一个人面对的困难情境无法采用先前处理问题的方式及其惯常的支持系统来应对时，就会产生暂时的心理困扰，即心理危机。心理危机的潜在含义在于个体所面对的情境超越了个体自身的能力。一般根据危机的来源将心理危机分为发展性危机、存在性危机、境遇性危机和障碍性危机。发展性危机是指在人的正常成长和发展过程中，急剧的变化或转变所导致的异样反应。对大学生来说，新生入学不适应、考试不及格、不喜欢所学专业、大学毕业没有找到工作等，都可能导致发展性危机。比如，第一次被别人追求，当看到第一封情书的时候有可能吓得不知道怎么应对，不敢对任何人说。但随着我们慢慢长大，会有很多新的经验，可以应对发展性的危机。境遇性危机是指个人面临着无法预测和控制的超常事件时出现的危机。这些事件通常是随机的、突然的，具有灾难性和震撼性的。例如，各种自然灾害或人为灾难，遭强暴、受性虐待，失业、失学，亲人死亡，身患不治之症等。比如2008年5月发生在我国四川的“5·12”汶川大地震给民众造成的心理危机就是境遇性危机，2020年在全球蔓延的新型冠状病毒引起的肺炎等等，这些危机带给人们的心理应激反应，包括了焦虑、烦躁、恐惧、害怕、疑病，老怀疑自己被感染、强迫，反复想疫情问题、抑郁、悲观等。这种危机发生突然，影响面广，影响程度深，影响时间长，需要进行及时有效地干预。存在性危机是指伴随着重要的人生问题，如关于人生的目的、人生价值、责任、独立性、自由和承诺等问题上的困惑而出现的内部冲突和焦虑。生和死是人生的基本课题，作为一个人活在世上，一定会考虑和探索自己存在的价值和意义。比如有的大学生可能有一种压倒性的持续的空虚感、生活无意义感，这种空虚的感觉永远无法以有意义的东西来弥补。障碍性危机是指大学生因严重精神疾患引起的心理危机。

日益增多的大学生心理危机事件，严重影响了学生正常的学习和生活。大学生对生命的态度，对高校和社会的稳定形成巨大的压力。纵观大量的学生心理危机个案，不难发现，由于家庭、学校以及社会对生命教育的缺乏，一些大学生在遭遇困难和挫折后，往往自暴自弃，选择过激行为来“解脱”自己。特别是20岁出头的大学生，正是情感比较脆弱的时期，一旦遇到挫折，难以理性对待，一时冲动导致了生命之花过早凋谢。因此，针对大学生身心特点开展切实有效的生命教育是预防和干预大学生心理危机的内在需要，是保障个体生命的可靠路径，也是提升大学生生命质量的必然要求。

二、大学生心理危机的信号

心理危机的干预对象主要是存在心理危机倾向与处于心理危机状态的学生。他们一般表现为情绪剧烈波动或认知、躯体、行为等方面有较大改变，暂时不能应对或无法应对正常的生活模式。对存在下列因素之一的学生，应作为心理危机干预的高危个体予以特别关注。

1. 心理危机的高危个体

（1）情绪低落、抑郁、不与家人或朋友交往者；

（2）过去有过自杀企图或行为者，经常有自杀意念者；

（3）存在诸如失恋、学业失败、躯体疾病、家庭变故、人际冲突等明显的动机冲突或突遭重挫者；

（4）家庭亲友中有自杀史或自杀倾向者；

（5）人格有明显缺陷者；

（6）长期有睡眠障碍者；

（7）有强烈的罪恶感、缺陷感或不安全感者；

（8）感到社会支持系统长期缺乏或丧失，感到自己无能，看不到“出路”者；

（9）有明显的精神障碍者；

（10）存在明显的攻击性行为或暴力倾向，或其他可能对自身、他人、社会造成危害者。

2. 自杀“可能”的信号

自杀者采取行动前或多或少会出现一些信号（明示或暗示），能否成功捕捉到这些信号，便是预防自杀的关键。

（1）言语信号。言语信号最容易识别，但又容易被忽视。有的人已经明确表示自己想自杀，但容易被误解，认为说自己想死的人不一定会真的自杀。还有一部分自杀者留下遗书传达信息。当发现这类行为时，应当立即采取必要的措施加以预防。案例1中学生的短信已经向老师明示了自己的自杀意图，作为敏感的教育工作者应该在第一时间捕捉到这一信息，并及时启动心理危机干预程序。

（2）行为信号。个体出现突然的、明显的行为改变，比如中断与他人的交往，或危险行为增加，如频繁出现意外事故。有的自杀者会在采取行动前向亲友告别，或向他们诉说一些类似于遗嘱或道歉的话，或将自己心爱的物品赠送他人，甚至将自己的钱财转交给他人。

（3）认知信号。自杀者认为痛苦的状况是无法逃避、无法忍受、无止境、无助与无望的，感到疲劳，没有力量坚持下去，找不到生命的答案。

（4）情绪感受信号。个体流露出无助、无望的情绪情感。长时间的抑郁情绪突然好转并不见得是一种康复的表现。当想自杀的人不再犹豫并下定决心要采取自杀行动时，他会因为找到了解脱的办法而体验到放松的感觉，所以长期抑郁的人突然情绪好转更应引起警惕。

三、大学生心理危机干预的程序和方法

危机干预是一种特殊的助人方式。它集中地使用一系列心理治疗的策略与技术，目的在于帮助陷于危机中的人（求助者）有效地应付危机，迅速地摆脱困境，使其心理功能恢复到危机前的水平，并在这一过程中发展壮大自我。

咨询面谈、电话危机热线、心理治疗是危机干预的不同服务形式。

一般情况下，大学生心理危机事件的爆发会有一个潜伏期，未雨绸缪，采取防范措施，减少大学生心理危机事件的发生，将可能发生的危机事件在萌芽状态进行干预非常有必要。危机一旦发生，需要注意程序和方法，临时的忙乱反而会造成次生危害。

（一）危机中及时进行干预

心理危机发生后，学校要立即启动大学生心理危机处理应急预案，对危机进行干预。干预者及时迅速地支持和干预，将在很大程度上影响危机的发展演变。因此，有效进行危机干预是帮助大学生渡过危急时刻的重要手段。

大学生心理危机干预可以包括以下主要内容：

（1）迅速检查和评估危机个体的危机程度。采取适当的方法评估个体行为、情感和认知方面的情况，以判断危机个体的严重状况，把对危机个体自己和他人的生理和心理危险降到最低，以确保危机个体和其他人的安全。

（2）从危机个体的角度探索和确定问题。在危机干预中认真倾听，同危机个体进行沟通和交流，提供共情、真诚与接纳，以尊重友好的态度让危机个体感受到支持和帮助，让他在有安全感的氛围中宣泄各种情绪，表达自己，使失衡的心理状态尽可能恢复平衡。

（3）帮助危机个体选择解决问题的方法。处于危机状态中的个体经常是思维不灵活或封闭了周围的资源，当危机个体恢复到危机前的平衡状态后，帮助个体从不同角度和途径思考解决问题的方式，创设更加广泛的解决问题的机会，选择改变自己应对压力的行为方式和思维模式，使个体在危机中成长。需要注意的是，让危机个体根据自己的能力和实际情况选择新的方法，而不是别人替他做选择，一味地替危机个体解决问题只会降低个体的自立能力和独立性。因此，除非危机个体完全丧失认知能力，否则危机干预者应以引导、启发的方式使个体认识到解决危机的途径。

（4）要得到危机个体的承诺和保证。为了实现危机个体所选择的新方法，需要通过书面形式形成保证和承诺，如让个体写出计划实施的各个步骤并复述解释计划。

（二）危机后的干预和总结

危机干预机制中一个很重要的步骤是后干预，它包括了心理治疗和心理辅导，如果危机个体的精神状况严重的话，需要及时联系家长，征得同意后转到精神专科医院治疗，帮

助危机个体恢复创伤前的认知情感和行为的社会功能水平，减少以后长期的心理风险，使危机个体可以用一种健康适当的方法处理损失，结束危机造成的影响。对于由精神专科医院治愈复学的学生应加强跟踪和反馈，了解其思想、学习、生活等方面的情况，掌握其心理健康状况。

危机是个体成长的机遇，就大学生心理危机干预而言，危机结束之后的总结是帮助大学生从危机中成长的至关重要的一环，干预者要善于利用时机，对危机发生的原因、危机处理方式及个体的经验教训进行认真而系统的总结，同时，对危机干预工作者自身的工作情况进行总结也是不可缺少的一环。

第三节　大学生生命教育实践体验与案例分析

一、大学生积极生命观的养成教育

大学生生命教育是指根据大学生个体身心特点和当前社会发展的需要，有目的、有计划地开展自我教育和生命实践教育。一方面侧重于学生积极生命观的养成教育，真正将生命独特观、生命敬畏观、生命品质观和生命责任观内化为个人的思想；另一方面从学校、家庭和社会三个层面积极构建包括生死教育、生存教育和生活教育三位一体的大学生生命教育网络体系，实现从观念到行为实践的密切融合，促进个人与环境的有机统一。事实上，有效开展大学生生命教育工作，就是做好心理危机干预的预防工作。预防比起干预工作耗时长，见效慢，却是一项基础工程，可以为学生的生命安全筑起一道隐形的防护堤。

（一）树立生命独特观

（1）幸运概率1：来到这个地球的幸运概率是1/∞。

（2）幸运概率2：成为人的幸运概率大概是1/30 000 000。

（3）幸运概率3：成为你的幸运概率大概是1/600亿。

人的肉体到精神都有不同于其他生命的特殊性。时间的一维性也决定了人的物质生命对每个人来说只有一次。人的生命的独特性突出表现在人与人之间的差异，无论在相貌特征、个性品质、人生道路以及实现人生价值的方式方面都具有多样性。正如世界上没有两片相同的叶子一样，每个人都是这个世界上的独特个体。有的学生因为自己没他人漂亮、成绩没他人优异、家庭没他人富裕而不满，甚至产生了怨恨父母、嫉妒同伴的思想，恰恰忽略了生命的独特性。无论自己有什么样的缺陷，都是无可取代的生命奇迹。作为大学生个体，要树立生命独特性的观念，真正学会尊重自己和他人的差异，悦纳自己的一切。

（二）树立生命敬畏观

生命起源于爱，爱把人类带到这个世界。“生命是爱情的结晶”，正是基于两性间的爱慕、尊重和理解，个体才来到人间；正是在父母的陪伴、呵护和照顾下，儿童才茁壮成长。生命是脆弱的，但因为有了爱，所以它也是坚强的。对待生命，人类要心怀敬畏，无论是自己的，还是他人的。人本主义心理学家艾瑞克·弗洛姆曾经说过：“尊重生命、尊重他人也是尊重自己的生命，是生命进程中的伴随物，也是心理健康的一个条件。”曾有一则报道称有一周姓女子三番五次跳楼，消防单位10次救援，至少已经花掉100万元社会成本。一个女子两年内自杀10次，大家可能说她是在“折腾”。但是消防单位对该女子进行的10次救援，却一点儿也不是“折腾”。因为对于生命，每一个人都应心存敬畏。

（三）树立生命品质观

生命品质的高低取决于个体把自己的生命放在一个怎样的位置。有人常常将自己置身于受害者的角色，认为生活的所有困难都非常不幸地降临到自己的头上，自己是世界上最不幸的人；也有的人，虽然身处的环境比较恶劣，但依然保有积极乐观的心态，在现有的条件下不断努力，让有限的生命更加宽厚。这是两种截然不同的生命品质观，自然也就形成了两种截然不同的生存状态。前者看到的是自己失去的，而后者更多看到的是自己所拥有的。有人曾经问霍金：“卢伽雷病已将你永远固定在轮椅上，你不认为命运让你失去太多了吗？”他始终保持着微笑回答：“我的手指还能活动，我的大脑还能思考，我有终生追求的理想，有我爱的人和爱我的亲人和朋友，对了，我还有一颗感恩的心……”人们深受感动的并不是他曾经的苦难，而是他对生命品质孜孜不倦的追求，以及在直面苦难时所表现出的坚守、乐观和勇气。因此，虽然生命的长度有限，但是生命的广度还有无限扩大的空间，要靠个体积极地去拓展。

（四）树立生命责任观

生存的反面是死亡，人们如何看待死亡往往也决定了人们如何生存。英国著名剧作家莎士比亚的《哈姆雷特》中有句名言：“生还是死，这是一个值得思考的问题”。可见，死亡对人类而言向来是一个严肃而又沉重的话题。人的生死绝非个人之事，而是与家庭、社会密切相关。自杀对个体也许是一种解脱，可是对亲人和社会无疑是巨大的伤害。维克多·弗兰克在《活出意义来》中说：“一个人一旦了解他的地位是无可替代的，自然容易尽最大心力为自己的存在负起最大的责任。他只要知道自己有责任为某件尚待完成的工作或某个期盼他早归的人而善自珍重，必定无法抛弃生命。”生命不仅属于个体自己，也属于家庭和整个社会。所以个体在珍惜自身生命的同时，也是在履行对家庭和社会的责任。

二、增强生存意识，学习生存技能

（一）生存教育的内涵

生存教育是指通过开展一系列与生命保护和社会生存有关的教育活动和社会实践活动，向受教育者系统传授生存的知识和经验，有目的、有计划地培养学生的生存意识、生存能力和生存态度，树立科学的生存价值观，促进个性自由全面健康发展，实现人与自然和谐统一的过程。联合国教科文组织于1972年在其专著《学会生存——教育世界的今天和明天》中提出了生存教育的理念，并认为，“教育的使命，正是为了准备未来，使教育对象学会生存。”生存教育思想很早就在国外引起普遍关注，美国、日本、德国等国家，把生存教育纳入其国家体育课程中加以强调。

中国古代社会虽然早就有“自古英雄多磨难，从来纨绔少伟男”的生存教育思想，但作为完整的课程与教育体系践行的还比较少。尤其是目前受到家长过度呵护的学生，如同温室里的花朵，抗挫折与劳动能力减弱，更应该加强生存能力的培养和教育。大学生中开展类似的生存教育课程也非常少，仅有的军训生活也因为安全的考虑而降低了难度和要求。

（二）大学生生存教育的内容

大学生生存教育包括安全教育，还包括在灾难发生时，人们能根据事故现场做出判断，运用自救逃生的基本知识和技能，规避风险，脱离现场，自救救人。通过生存教育提高人们对地震、海啸、泥石流、龙卷风、雪崩等自然灾难和火灾、交通事故、突发公共卫生事件、恐怖事件等社会灾难的应急能力，使人们掌握防灾救灾的常识和技巧，还要学习实践人工呼吸、心肺复苏、伤口包扎，亲手使用灭火器、缓降器等急救工具，逐步提高自救互救技能，提高生存能力，防灾救灾，自救救人，切实减少灾害、事故的发生，有效降低灾害、事故造成的损失。

（三）学习生存技能，增强自救与救人能力

1. 常态生存技能

常态生存技能指的是大学生在正常的、自然的生存环境下，照顾自己、延续生命的能力。曾有新闻报道说“女大学生快递脏衣服给老妈洗”，反映的正是常态生存技能的欠缺。还有一些大学生不会买车票、飞机票，不会看地图，不会辨别方向，不会识别简单的诈骗伎俩，未掌握乘坐交通工具起码的安全知识，不懂得安全用电，不懂得基本消防常识与急救常识等，都属于常态生存技能缺乏的表现。

家庭、学校和社会都肩负着重要的生存技巧教育责任。首先，家长的溺爱是导致学生常态生存技能弱化的重要原因。由于家庭的娇生惯养、过度溺爱，导致一些学生从小就衣来伸手，饭来张口，基本生活自理能力严重不足。因此，家长应该树立正确的教育理念，强化孩子的独立意识，培养他们的动手能力，主动训练孩子承担一定的家庭生活任务，不断提高自理能力。其次，作为学校，通过专门的讲座向学生普及消防、急救等知识，增强自救能力。比如在大学中组建大学生专业防减灾应急救援社团，聘请专业人士形成宣讲团队，对社团成员进行不同层次的培训，通过普及和培训让学生了解并掌握灾害中的自救、互救技能，培养他们减防灾意识和能力，使得最基础的志愿者也能依据GPS寻人、火灾迅猛前扑救、安全绳索逃生等基本技能。在不危及自身安全的前提下，让学生在力所能及的范围内以更专业的身份在校内或周边社区发挥作用。开设大学生安全知识课程，通过学分制的方式让学生掌握基本的安全知识，或者开设《急救与自救》选修课，进一步提升大学生的生存技能。第三，作为社会，应加强大学生生存技能的宣传和报道，引导和教育学生学习利用相关知识自救与救人。

拓展阅读

紧急情况下如何自救与救人?

1）止血

目的是降低血流速度，防止大量血液流失，导致休克昏迷。具体方法如下：

（1）先转移到安全或安静的地方，检查伤势，判断清楚出血性质，如动脉出血、静脉出血、还是毛细血管出血。

（2）可直接用手指压在出血口上或出血的供血动脉上进行止血。

（3）对四肢受伤出血的，使用腰带、领带、证件带、粗布条、丝巾，也可将自己衣服撕成条状代替，在大臂上1/3处和大腿中间处进行绑扎止血。

2）烧伤急救

（1）用大量洁净的水清洗伤口，除非伤口烧黑、变白或太深。

（2）不要直接用冰敷在伤口上。

（3）不要刺破水泡。

（4）轻轻除下戒指、手表、皮带或者紧身衣服。

（5）用干净、无黏性的布盖住伤口。

3）休克急救

（1）避免伤者过冷或过热，利用毛毯或大衣保暖。

（2）若无骨折，将伤者双脚抬高30cm左右。

（3）不要给伤者饮水或者喂食。

（4）留意伤者的清醒程度。

（5）向救护人员报告。

4）呼吸受阻的急救

如果伤者胸部受伤，出现呼吸障碍，维持胸腔压力与外界大气压的压力差，是保障呼吸能够顺畅的关键。具体方法如下：

（1）可使用身份证或其他非吸水性卡片贴住身体压住伤口。

（2）也可以使用保鲜膜类的薄膜，撕下约20cm×20cm大小，贴住伤口，用胶带固定住上、左、右三个边，留出下方，以便让伤口流出的血水排出。

（3）也可以张开手掌紧贴身体压住伤口。

5）心肺复苏

（1）一拍、二按、三呼叫。抢救者将伤员仰卧，立即拍打其双肩并呼叫，也可以同时压人中穴并呼叫。如没有反应，判定此人神志丧失。

（2）心脏按压。一旦发现病人心脏停搏，就需要按照先心脏按压30次—开放气道—人工呼吸20次的步骤反复操作进行心肺复苏。心脏按压步骤：暴露按压部位，在胸骨中、下1/3交界处；先让伤者仰卧，背部垫上一块硬木板，或者将伤者连同床褥移动到地上，救助者跪在伤者身旁，双手叠加，十指相扣，以下方一手掌根部接触按压部位，双臂位于患者胸骨的正上方，双肘关节垂直；以髋关节为支点，身体重量垂直下压，压力均匀，不可冲击式按压，抬起时，手掌根部不能离开按压位置；按压时观察伤者面部反应。

（3）开放气道。观察伤者嘴和咽喉中是否有异物，并设法排除，抬下颌角使呼吸最有效。

（4）人工呼吸。抬下颌角使呼吸道畅通无阻；如果受伤者仍不能呼吸，则进行人工呼吸。常用的人工呼吸方法主要有：口对口人工呼吸、口对鼻人工呼吸、仰卧压胸法或俯卧压胸法人工呼吸等。其中以口对口人工呼吸最有效。口诀是：头部后仰向后推，紧托下颌向上提；深吸口气嘴对嘴；有时需嘴对鼻；注意捏鼻把气吹，每分钟16~18次。

2. 非常态生存技能

非常态生存技能指的是大学生在非正常的生存环境下，突破生存困境，重获自由与生命的技能。比如，在遭遇地震、海啸、泥石流、龙卷风、雪崩等自然灾难，遭遇抢劫、强奸、恐怖袭击等暴力事件，以及遭遇物质极其匮乏、环境窘迫等特殊情况下的求生能力。有媒体报道称西安交通大学组织学生开展“只带10元钱，度过2天1夜的”城市生存训练计划，以增强学生的求生技能。学生普遍反映城市生存训练磨炼了他们的意志，让他们更加坚韧。

拓展阅读

面对女大学生频繁遇害事件，大学生应该注意什么？

第一，知识就是力量。女性要加强对相关知识的学习，比如观看各类法制节目，增强防范意识。

第二，女性出行应该乘坐公共交通工具出行，不要贪图便捷乘坐黑车。不要与陌生人拼车，乘坐出租车时坐在司机的后面，每次乘车尽量记住汽车的车牌号。要有一种自我保护的意识，比如说手机快没电的时候，不能让周围人知道；或者说你去了一个地方，如果没有太大把握的时候，一定要事先告诉家人你在什么位置，如果长时间无法联系，家人可以采取适当的措施。

第三，如果真的遭遇到危险情况，又当如何自救呢？

（1）尽量保持沉默，不要激怒犯罪分子，一旦遇到行人立即呼救。

（2）第一时间通过电话报警，也可以通过短信告知家人报警，不能让犯罪分子夺取通信工具。杭州曾经有一个聪明的女车主，她在出事以后，按了110键，她没有跟警方直接对话，但是车上所有的话都被110听到了，110很快就锁定汽车的线路，迅速救出女车主。如果你外出上车后发现危险的话，尽快拨好110，然后无需跟110对话，只要让110听到全部对话就可以增加解救的机会。

拓展阅读

突发重大公共卫生事件下的身心安顿法

焦点解决短期咨询：聚焦于自己过往应对危机的成功经验

【焦点解决短期咨询（简称SFBT）由沙泽尔夫妇创立，该方法重视当事人内在所拥有的心理资源，以便快速找到解决问题的方法。】

“疫情究竟什么时候才会过去？”“面对肆虐的疫情，我该如何调整自己的心态？”

我相信，每个处在疫情之下的人，大概都会为这两个问题或多或少感到茫然。从理性的角度来说，未来永远是不确定的，思考未来并不会让所有人乐观起来，反而还可能让有些人变得悲观无助。因此，沙泽尔给出了一种不同寻常的思考方式，以帮助我们度过心理上的危机。

“假设疫情已经结束了，你是如何渡过难关的？”

回答这个“假设问题”，首先要想象疫情结束的场景，这种积极想象令人愉悦，寻找解决方法也就变得轻松起来。

此外，沙泽尔还认为，每个人都有内在的资源以应对危机。他让人聚焦于自己曾经成功应对危机的经历，比如帮当事人自己回忆2003年是如何战胜非典的，这样一方面增强了当事人的自信心，另一方面让当事人从以前自己的成功经验中找到应对当下危机的有效方法，而不必外求。

积极心理学：聚焦于为自己建立正向的思维

【积极心理学以美国心理学家马丁·塞利格曼为代表，积极心理学专门研究人心理现象中的积极一面。】

“遭遇这么大的灾难，真是倒霉呀！”

我们每日会摄入很多关于疫情的负面信息，似乎是这些负面信息让我们容易变得消极起来。其实，人不仅是被疫情所困扰，更是为自己对疫情的解释所困扰。

不同的人有不同的解释风格（又称归因风格）。当我们把疫情解释为长期的、必然的、不可控时，人一定会变得消极，而一旦把疫情解释为暂时的，偶然的，可控时，人就会自动变得积极起来了。

此外，积极心理学中的感恩训练也有助于调整心态，比如花一点时间，在睡前写出五件让你感恩的人或事。这种感恩训练可以让人带着幸福睡去。坚持长期练习，人对生活和人际关系的满意度都会大幅提升。

三、明确生活目标，学会幸福生活

【案例4】小芳从小就是一个典型的乖乖女。她在上大学以前，几乎所有的时间都用在学习上面，不注重与人交往。因为成绩好，一直是家长和老师的骄傲，其他同学也很羡慕小芳，以她为榜样。然而，上大学以来，小芳发现自己的优势消失了。很多同学都是各个学校的尖子生，再想让成绩名列前茅不是很容易。而且，周围同学的能力都很强，不仅学习好，还能在各种活动中崭露头角，小芳感到了压力和自卑，怀疑自己存在的价值。

【讨论与分享】小芳存在着哪些发展的困惑？你有和小芳同样的困惑吗？

人是自然生命和价值生命的双重存在，无论是自然生命的发育完善，还是价值生命的成长都离不开教育。苏霍姆林斯基曾经说过，教学大纲、教科书规定了给予学生的各种知识，但是没有规定给予学生最重要的一样东西，就是幸福。当前教育最大的问题是：为了孩子未来的幸福，而不惜牺牲现实的幸福；为了结果的幸福，不惜牺牲过程的幸福。在这种教育理念下成长起来的学生，往往到了大学阶段也没有感受到父母或者老师们所许诺的“幸福”。其中生活目标的缺失是最突出的表现。在高考重压的包围下，无论是学生本人还是家长、学校和社会，都将考上大学作为学生个人的生活目标。而一旦进入了大学，既往的生活目标就随之消失了。所谓的“幸福”被没有考到理想的学校、没有选到心仪的专业、没有碰到好的老师、没有遇到投缘的同学这些抱怨填满。为了个体现实的幸福，而不是未来的幸福；为了真实的幸福，而不是缥缈的幸福，生命教育理应包含生活教育，生活教育则应突出如何教人活在当下，如何过得更幸福。

所谓活在当下，就是专心做好眼前事，用心珍惜眼前人，将外界的嘈杂纷扰放到一边。在面对天灾人祸、挫折困难时保持良好的心态，让心灵获得安顿、滋养和成长。活在当下，既不去追忆过去的荣耀，也不悔恨过去的过错，更不去盲目地憧憬未来，活在幻想中，而是脚踏实地，好好把握珍惜今天，珍惜现在。对于大学生而言，活在当下就是要培养知足常乐的心态，积极营造良好和谐的人际关系，要乐观应对当前遇到的困难和挫折，要脚踏实地做好眼前事，做好大学生活规划。

（一）培养知足常乐的心态

鼓励咨询创始人琳·洛特曾在书中表示：每个人都可以成为“我本俱足”的状态，这种状态下每个人都已经足够好了。也就是说在我们出生的时候，我们就已经足够好了，这就是我们本来的样子，我们只需要爱自己本来的样子就可以了。换句常见的话说就是知足常乐，悦纳自己。实践也不断证明知足常乐是提升幸福感的有效方法。大学生的学习压力、就业压力以及情感方面的压力普遍存在，这是无法回避的生存现实。但是无论周围的压力如何，个体始终要抱着知足常乐的心态。知足常乐不是不思进取，也不是故步自封，更不是自我放纵。知足常乐体现在对自我的悦纳和肯定，个体不会因为的成绩差就认为自己一无是处，也不会因为自己的家庭条件差，就认为自己低人一等，甚至连自己的个头比别人矮就连说话的底气都略显不足。当个体真正悦纳自己的时候，即使清楚地知道自己的不足，也会一样拥抱生命，珍惜生命。

（二）建立良好和谐的人际关系

阿德勒曾说过：“一切烦恼都来自人际关系。”这里的人际关系，并不是通常意义上理解的人际关系，而是广义的人际关系，是指每个人都是人类中的一分子，个体无法脱离人群、社会独自生存，而人类的一切烦恼都来自如何看待自己和他人的关系，其中包含了纵向和横向两种关系模式。纵向的人际关系认为人与人之间有高低等级之分，竞争关系成为主导，而横向的人际关系认为人与人之间是平等的，合作关系成为主导。生活中每个人都有自卑感，健康的自卑感不是与别人比较，而是和“理想的自己”比较，同样，健康的“追求优越性”不是要压倒别人，而是让自己不断向前迈进。横向关系让世界不再是一个危险的地方，个体最大的对手是突破自己，而不是战胜别人。因此，大学生在思想上树立横向人际观，在行动中要学会多交友，多与充满希望、积极向上的人交朋友，可以获得他们带给自己的正能量，同时用自身的正能量去影响周围的人。当一个人能积极地投入到帮助他人、贡献社会的时候，个体就会产生更多的价值感和归属感，个体对生命的态度将会变得更加积极和乐观。

（三）培养积极有效的应对压力方式

阿德勒说：“发生了什么不重要，重要的是我们如何看待他。”当危机事件发生的时候，有的人认为自己是不重要的，自己无力应对，被压力所裹挟，导致出现自伤、伤人等不良后果。但是有的人认为自己可以应对，危机是可以控制和改变的。因此选择了积极地应对，并尽可能给普通的生活事件赋予积极的意义，对各种生活事件进行积极的再评价，主动寻求解决问题的方法，采取理性的行为方式，并善于从逆境中吸取教训。在积极地应对下，压力反而变成了动力。除了以上的解决问题的方式外，积极应对压力还可以采取向朋友、家人、专业的心理咨询机构倾诉等寻求外界帮助的方式。

（四）脚踏实地做好眼前事

大学生在日常的学习和生活中常常心浮气躁，不能静下心来认认真真地做事情。这样往往导致其对大学生活的体验过于表面化，缺乏对大学生活的认同感。因此，脚踏实地做好眼前事，不要好高骛远，不要总是为未来的就业压力唉声叹气，或者闷闷不乐。根据活在当下的生活理念，未来的压力自然在未来考虑，现实的问题处理好了，未来的压力自然会解决。因此，“好好读书，读好书；好好做事，做好事”应该成为大学生生活教育的倡导。

四、防范生命危险，拥抱健康生活

（一）预防意外怀孕与不安全性行为

【案例5】某大学在校学生李某与张某（化名）在恋爱后选择了同居生活。然而，伴随着同居生活而来的，是“血淋淋”的现实。两年内李某做了8次人工流产，最终导致终身不能再孕。

【讨论与分享】在爱与性的冲突中，你有怎样的选择呢？相爱的前提是什么？

大学生同居一直是社会所关注的焦点问题。相比前些年公众如洪水猛兽般的口诛笔伐，如今社会对大学生未婚同居的包容度增加不少。但是，随着婚前性行为年龄的提早，大学生堕胎现象日益增多。2016年中国计划生育协会发布的《大学生性与生殖健康现状调查报告》显示，超过两成的大学生有过性行为，在有过性行为的人群中，11%曾有过怀孕经历，9.9%的人有过人工流产经历。报告指出大学生群体知晓率较高的避孕途径为安全套（95.3%）、紧急避孕药（71.4%）和安全期避孕（54.3%）；不足半数的调查对象知晓男（女）性绝育、体外射精等途径，宫内节育器的知晓率仅为32.1%；仅有1.4%的调查对象表示没有听说过任何避孕途径。本次调查共有360人报告自身或伴侣有过人工流产经历，占发生过性行为的调查对象的9.9%，其中，有“重复人工流产”经历的约占四分之一，7.8%的调查对象曾经历“超过3次人工流产”。因此开展大学生性教育，预防意外怀孕和不安全性行为的同时，还要加强恋爱观的教育，培养负责任的价值观和婚恋观。

（二）节制上网，拒绝沉迷

互联网的普及和应用对人类的生产和生活产生了深远的影响，人们在享受网络带来的便捷性、愉悦性与丰富性的同时，也遇到了一些问题，比如过度使用网络产生的类似酒瘾、毒瘾等不可自拔的上瘾行为。学生是最容易发生网络成瘾问题的群体之一，由于经济以及身体的自由，大学生成为网络成瘾的高危人群。不少大学生因整日沉迷于网络的虚拟世界而荒废学业，在损害个体身心健康的同时也给学校、社会和家庭带来了严重危害。精神动力学派认为任何成瘾行为的背后都与亲密关系的缺乏有关系。大学生沉迷网络可能是因为在现实生活中无法满足对亲密关系的需要。比如与父母的疏离，无法与他们建立连接，于是渴望在虚拟的网络世界获取更多的连接，满足自己对亲密关系的需求。

因此，在面对网络，尤其在移动终端日新月异的发展形势下，如何保持对网络的节制不仅仅对大学生是一种挑战，对全社会都是一种挑战。首先从自己的情感需求和亲密关系上寻求满足，可以重新建立与父母的连接，这对于思想尚不成熟的大学生，尤其是早期与父母的关系比较隔离的个体而言无疑是有难度的。但是一旦意识到了要改变，改变就已经发生。第二，在实际的行动中，设立具体的使用手机和网络的计划，将严格按照使用时长放置手机。将可能影响个体学习的软件统统卸载。第三，积极参与更多有益于身心的文体活动，培养多方面的兴趣。比如开展形式多样的体育运动，以及参加学校丰富多彩的社团活动，保持与外界较为密切的联系。

（三）珍爱生命，远离毒品

毒品是指鸦片、海洛因、吗啡、大麻、可卡因、冰毒以及国家规定管制的其他能够使人成瘾的麻醉药品和精神药品。吸食（包括注射）毒品或欺骗、容留、强迫他人吸食毒品以及非法从事制毒、贩毒已成为全世界的社会公害，每个大学生都不可染指，要充分认识其危害性。目前我国高校毒品预防教育相对滞后，提高大学生对毒品的鉴别能力和防范能力刻不容缓。

据国家禁毒办统计数据，2015年5月底，全国35岁以下吸毒人员共计186.1万人，占吸毒人员总数的58.3%，较上一年增长2.7%，其中18岁以下未成年人有3.7万名，占吸毒人员总数的1.2%，较上一年大幅增长81.5%。截至2018年底，我国现有吸毒人员240.4万名，占全国人口总数的0.18%，首次出现下降。2018年，全国新发现吸毒人员同比减少26.6%，其中35岁以下人员同比下降31%。青少年毒品预防教育显现了成效，但是禁毒的形势依然非常严峻，对青少年包括大学生开展毒品的预防教育还需要进一步巩固。

近年来我国高校里的恶性事件频发，学生生命困顿现象已经日益引起相关教育部门的高度重视。无论是对危机事件的干预还是提升大学生的积极心理品质都急需高校进一步完善生命教育体系。总之，当前大学生生命教育体系中重点解决的问题主要有：大学生的生命教育要教什么，大学生的生命教育开展的有效途径是什么。针对第一个问题，生命教育首先是培养学生的生命质量与生命尊严意识，并将其作为自觉的价值追求；其次，生命教育要培养人的整体观，引导大学生将个体生命的存在与发展放在生命世界的关系之中，充分意识到每个生命本身都与周围生命个体、所处环境密切相关。针对第二个问题，在大学生中有效开展生命教育，除了不断完善生命教育课程体系外，要使生命教育真正发挥作用，还需要政府和社会各界的共同重视，充分调动社会各方面的力量，在全社会营造一种积极向上的生命态度，才能使得生命教育的目的和意义深入人心。

心理测试

自我压力评估测试

要想战胜压力，第一步要敢于承认压力的存在，承认压力是你正面临的问题，这对减轻压力非常关键。现在进行自我评估测试，对下列陈述做出反应，选择一个最贴切的答案。尽可能客观公正：若回答“从不”则选1，若回答“总是”则选4，以此类推。然后算出总分，参照后面的分析自我评估，借鉴测试答案以明确需要改进的地方。

选项：1—从不，2—有时，3—经常，4—总是。

表10-1　自我压力评估测试

序号	题目	选项			
1	一旦工作发生差错，就责备自己。	1	2	3	4
2	一直积压问题，然后总想发作。	1	2	3	4
3	全力投入工作以忘记私人问题。	1	2	3	4
4	向最接近的人发泄怒气和沮丧。	1	2	3	4
5	遭受压力时，注意到自身行为的不良变化。	1	2	3	4
6	只看到生活中的消极方面而忽视积极方面。	1	2	3	4
7	环境变化时感到不适。	1	2	3	4
8	感觉不到在团队中的自我价值。	1	2	3	4
9	上班或出席重要会议时迟到。	1	2	3	4

（续上表）

序号	题目	选项			
10	对针对我个人的批评反应消极。	1	2	3	4
11	一小时左右不工作就内疚。	1	2	3	4
12	即使没有压力，也感到匆忙。	1	2	3	4
13	没有足够的时间阅读报纸。	1	2	3	4
14	希望即刻得到他人的注意或他人的服务。	1	2	3	4
15	工作和在家时都不爱暴露真实情感。	1	2	3	4
16	同时承揽过多的工作。	1	2	3	4
17	拒绝接受同事和上司的劝告。	1	2	3	4
18	忽视自身专业和生理方面的局限性。	1	2	3	4
19	工作占据全部时间，无暇享受兴趣和爱好。	1	2	3	4
20	未加周全的思考，就处理问题。	1	2	3	4
21	工作太忙，整整一周不能和朋友、同事共进午餐。	1	2	3	4
22	问题棘手时，逃避、拖延。	1	2	3	4
23	感觉行动不果断就会受人利用。	1	2	3	4
24	感到工作过多时，羞于告诉他人。	1	2	3	4
25	避免托付工作给他人。	1	2	3	4
26	尚未分清主次就处理工作。	1	2	3	4
27	对他人的请求和需要，总是难以拒绝。	1	2	3	4
28	认为每天必须完成所有的工作。	1	2	3	4
29	认为不能应付自己的工作量。	1	2	3	4
30	因害怕失败而不采取行动。	1	2	3	4
31	往往把工作看得比亲人和家庭生活更重要。	1	2	3	4
32	事情没有即刻生效，便失去耐心。	1	2	3	4

【测试结果】：

现在你已经完成自我评估测试，请算出总分，然后根据相应的分数段去评估你所承受的压力。

32～64：你能很好地驾驭压力，因为积极性压力大多能够产生激励作用。所以，努力在积极性压力和消极性压力之间寻找最佳平衡。

65～95：你承受的压力还是适度和安全的，但某些地方需要改进。

96～128：你承受的压力太大了，需要寻找策略以减轻压力。

心理训练营

活动1　生命的历程

以小组为单位进行，活动中事先准备好20张代表了个体生命历程的照片，照片摆放得乱七八糟，却有一定的规律。小组每次只能选派一人前往掀开一张相片，并对照片进行描述和命名，照片的规律由各个小组自己探讨总结。根据小组组合排列好相片的时间长短评判每个小组的表现。接着，小组选派一名代表根据照片讲述5分钟的成长故事。

活动中，同学们要思考两个问题：

（1）生命中你最重要的人是谁，他/她给你最重要的体验是什么？

（2）当你的父母将要老去的时候，你想对他们说什么？

接着，找一个僻静的不受干扰的角落，抛开一切杂念，敞开心扉，开始一段心灵之旅。假设你正在前往殡仪馆的路上，要去参加一个至亲的丧礼。抵达之后，居然发现亲朋好友齐集一堂，是为了向你告别。也许这是几十年，甚至更久之后的事情，但是假定这些亲友将上台追述你的一生。

请想一想你希望听到什么样的评语？

你这一生中有任何值得怀念的成就、贡献或者其他事情吗？

你是一个令人怀念的同事或伙伴吗？

失去你会对关心你的人有什么影响？

写下你的感受：

____

____

____

____

活动2　生存教育讨论

【讨论】长沙某高校大学生花钱请家政服务员打扫寝室，你如何看待这种现象？

“开学在即，大学生忙于请钟点工，‘栋梁之材’一屋不扫何以扫天下？”一位家政公司老板向记者发来短信表示他的担忧。作为利益获得者，他为何勇于说“不”呢？记者走访了部分大学校园发现，开学之际，大学生们颇为流行花钱请家政服务员打扫寝室。

请谈谈你对大学生请人打扫寝室的看法：

____

____

____

____

活动3 爱的鼓励与惩罚

班级所有成员分成若干小组，然后通过“石头、剪刀、布”的游戏方式确定小组成员获得的是“爱的鼓励”还是“惩罚”。“石头、剪刀、布”的游戏与日常生活中玩的“石头、剪刀、布”的原理相同，但动作表现不同，日常生活中的“石头、剪刀、布”采用的是手语动作，而这里的“石头、剪刀、布”采用的是四肢肢体动作，小组选派三个人进行小组之间的两两对决，三局两胜，赢者可以进行“爱的鼓励”（按照1、2、3、4、2的次数拍手掌），输者要罚做三个俯卧撑（允许代人受罚）。

活动结束后，请同学们思考3个问题：

（1）如果代表小组参赛的你输了，你会怎么想？当别人代你受罚的时候，你又是怎么想的?

（2）当代表小组参赛的组员输了的时候，小组其他成员是什么想法?

（3）生活中是否有类似的输赢？你是如何看待生活中出现的输赢问题的?

◎ 思考与讨论

1. 假如有一天你坐船出海，突然遇上风暴，船只被巨浪吞没，你被抛到一个荒无人烟的小岛上，你会怎样寻求生存?

2. 宇宙年龄约有多大？约137亿年；地球的年龄约有多大？约46亿年；人类历史约有多久？约300万年；人的生命又有多久呢？最长不过百年。生命如此短暂，如何让自己的生命之花绚烂绽放，活出最好的自我?

参考文献

[1] 阿尔弗雷德·阿德勒. 生命的意义 [M]. 欧阳瑾，译。北京：台海出版社，2018.
[2] 阿尔弗雷德·阿德勒. 儿童的人格教育 [M]. 彭正梅，译。上海：上海人民出版社，2006.
[3] 阿尔弗雷德·阿德勒. 人，做得到任何事：阿德勒心理学讲义 [M]. 吴书榆. 译. 北京：北京时代华文书局，2018.
[4] 岸见一郎，古贺史健. 被讨厌的勇气 [M]. 渠海霞译. 北京：机械工业出版社，2018.
[5] 白羽. 改变心力——团体心理训练与潜能激发 [M]. 杭州：浙江文艺出版社，2008.
[6] 罗伊·鲍迈斯特，约翰·蒂尔尼. 意志力——关于专注、自控与效率的心理学 [M]. 丁丹，译. 北京：中信出版社，2012.
[7] 克里斯托弗·彼得森. 积极心理学 [M]. 徐红，译. 北京：群言出版社，2010.
[8] Alan Carr. 积极心理学——有关幸福和人类优势的科学 [M]. 丁丹，译. 北京：中国轻工业出版社，2014.
[9] 陈国海，许国彬，肖沛雄. 大学生心理与训练 [M]. 广州：中山大学出版社，2006.
[10] 陈海贤. 了不起的我：自我发展的心理学 [M]. 北京：台海出版社，2019.
[11] 陈晓晖，高超，杜冲，等. 大连理工大学学风建设调查与分析 [J]. 大连理工大学学报（社会科学版），2007，28（4）：81-84.
[12] 程刚，肖友琴. 大学生失恋应对方式的构成及其特点 [J]. 中国健康心理学杂志，2010，18（10）：1274-1276.
[13] 程良越，谢珊. 大学生职业生涯发展 [M]. 广州：广东高等教育出版社，2011.
[14] 邓艳香. 大学生意志力培养的探析 [J]. 时代教育，2013（17）：205-206.
[15] 冯廷勇，刘雁飞，易阳，等. 当代大学生学习适应性研究进展与教育对策 [J]. 西南大学学报（社会科学版），2010，36（2）：135-139.
[16] 高竞玉. 特区高职院校学风建设的调查及分析 [J]. 企业家天地：理论版，2008（5）：205.
[17] 郭立艳. 高职学生学习倦怠研究 [J]. 职业教育研究，2010（2）：38-39.
[18] 郭瑞立. 学习能力训练教案（上/下）[M]. 南京：南京大学出版社，2014.
[19] 侯丽萍，张慧全. 高职大学生心理健康与自我调适 [M]. 北京：中国轻工业出版社，2007.
[20] 黄雪薇. 大学生心理健康教育教程 [M]. 广州：广东科技出版社，2007.
[21] 贾晓波，陈世平. 学校心理辅导实用教程 [M]. 天津：天津教育出版社，2002.
[22] 简·尼尔森，琳·洛特. 十几岁孩子的正面管教 [M]. 北京：北京联合出版公司，

2014.
[23] 简·尼尔森. 正面管教[M]. 玉冰，译。北京：北京联合出版公司，2016.
[24] 金盛华，张杰. 当代社会心理学导论[M]. 北京：北京师范大学出版社，2002.
[25] 李高峰. 生命与死亡的双重变奏——国际视野下的生命教育[D]. 上海：华东师范大学，2010.
[26] 李娜，王永辉，黄荡，等. 大学生心理危机成因分析及干预体系的建立[J]. 科技创业月刊，2013（12）：146-150.
[27] 李卿. 云南省高校“三生教育”现状与路径研究[D]. 昆明：昆明理工大学，2012.
[28] 李全彩，赵入坤. 当代大学生学风问题调查分析[J]. 课程教育研究，2016（33）：214-215.
[29] 李雪娇. 新时期大学生心理危机干预对策探索[J]. 长春大学学报，2014，24（1）：191-194.
[30] 李娅. 当代大学生生命教育实践研究[D]. 南京：南京师范大学，2011.
[31] 李逸龙，王青，韩旭东. 倾听积极心理学——来自哈佛讲堂的人生幸福课[M]. 北京：国家行政学院出版社，2013.
[32] 联合国教科文组织. 学会生存——教育世界的今天和明天[M]. 北京：教育科学出版社，1996.
[33] 梁娟，谭华玉，周艳华，等. 新时期工科专业大学生学习倦怠现象实证研究——以广东者高校为例[J]. 内蒙古农业大学学报，2012，14（6）：146-147.
[34] 梁瑞琼，邱鸿钟. 大学生心理健康教育与训练[M]. 北京：教育科学出版社，2010.
[35] 琳·洛特，玛丽琳·M. 肯特，德鲁·韦斯特. 懂我就是爱我[M]. 张婷婷，译. 北京：北京联合出版公司，2015.
[36] 琳·洛特，芭芭拉·曼登霍尔. 做你自己的心理治疗师[M]. 花莹莹，译. 北京：北京联合出版公司，2015.
[37] 龙迪. 心理危机的概念、类别、演变和结局[J]. 青年研究，1998（12）：42-45.
[38] 倪海珍，杜旭林. 高职大学生心理健康与成长[M]. 北京：科学出版社，2008.
[39] 潘菽. 教育心理学[M]. 北京：人民教育出版社，1983.
[40] 邱鸿钟. 大学生心理健康教育[M]. 广州：广东高等教育出版社，2008.
[41] 邱鸿钟. 性心理学[M]. 广州：暨南大学出版社，2008.
[42] 邱鸿钟. 大学生心理健康教育[M]. 广州：广东高等教育出版社，2012.
[43] 饶淑园，赖美琴. 大学生心理健康[M]. 广州：暨南大学出版社，2009.
[44] 饶淑园，赖美琴. 大学生心理健康（修订版）[M]. 广州：暨南大学出版社，2011.
[45] 任俊. 积极心理学[M]. 北京：开明出版社，2012.
[46] 马丁·塞利格曼. 认识自己，接纳自己[M]. 任俊，译. 沈阳：万卷出版公司，2010.
[47] 时蓉华. 社会心理学[M]. 上海：上海人民出版社，2002.
[48] 舒天戈. 百年哈佛：教给学生的人生哲学[M]. 北京：石油工业出版社，2005.

[49] 宿春礼，王彦明. 影响中学生一生的100个哲理故事 [M]. 北京：中国和平出版社，2006.
[50] 泰勒·本-沙哈尔. 幸福的方法 [M]. 汪冰，刘骏杰，译. 北京：当代中国出版社，2011.
[51] 谭华玉. 生源校差异与高职新生心理差异研究 [J]. 广东水利电力职业技术学院学报. 2007 (3)：18-21.
[52] 谭华玉. 近三届高职新生心理健康状况变化调查——以广东水利电力职业技术学院为例 [J]. 广东水利电力职业技术学院学报，2009 (4)：24-28.
[53] 谭华玉. 经济发展水平对高职生源心理影响的调查研究 [J]. 职业技术教育，2009 (31)：69-72.
[54] 谭华玉. 广东省高职生学习倦怠及家庭因素影响研究——以广东水利电力职业技术学院等校为例 [J]. 广东水利电力职业技术学院学报，2011 (3)：45-49.
[55] 谭华玉，黄喜珊. 心理弹性对大学生无聊状态及学习倦怠的影响 [J]. 广东水利电力职业技术学院学报，2017 (4)：12-17.
[56] 谭谦章，袁一平. 新编大学生心理健康教程 [M]. 北京：化学工业出版社，2011.
[57] 陶行知. 陶行知文集 [M]. 南京：江苏教育出版社，1997.
[58] 田澜，肖方明，陶文萍. 关于中小学生学习适应性的研究 [J]. 宁波大学学报（教育科学版），2002，24 (1)：41-42.
[59] 田澜，张大均，陈旭. 小学生学习适应问题的整合性教育干预实验研究 [J]. 心理科学，2004 (6)：110-113.
[60] 汪冰. 世界再亏欠你，也要敢于拥抱幸福 [M]. 武汉：长江文艺出版社，2013.
[61] 王丽. C大学学风状况及分析 [J]. 学习月刊，2010 (11)：95-96.
[62] 王惠萍，李克信，时建朴. 农村初中生学习适应性发展的研究 [J]. 应用心理学，1998 (1)：49-54.
[63] 王晓晨，张安东，薛勇民，等. 趣味哲学 [M]. 太原：希望出版社，1992.
[64] 王学风. 国外中小学的生命教育及启示 [J]. 外国中小学教育，2007 (1)：43-44.
[65] 王滟明. 在哈佛听积极心理学 [M]. 北京：中国华侨出版社，2012.
[66] 肯·威尔伯. 超越死亡——恩宠与勇气 [M]. 胡因梦，刘清彦，译. 北京：生活·读书·新知三联书店，2011.
[67] 韦先良. 提高大学生学习兴趣路径探究 [J]. 语文学刊，2012 (3)：135-136.
[68] 席居哲. 如何做一个心理弹性者（上）[J]. 大众心理学，2014 (2)：25-26.
[69] 席居哲. 如何做一个心理弹性者（下）[J]. 大众心理学，2014 (3)：24-25.
[70] 熊平安. 学习习惯和意志力因素与独立学院学生学习能力及效果的相关性分析 [J]. 学校党建与思想教育，2013 (27)：35-36.
[71] 徐安娜，黄克宇，谷立峰. 广东白云学院学风建设状况调查及思考 [J]. 广东白云学院学报，2007 (14)：54-61.
[72] 徐炳吉，段福兴. 论大学生学习兴趣的激发与培养 [J]. 山东理工大学学报（社会科

学版），2006（1）：93-94.
［73］徐玲，刘小敏，李鹏程. 大学生心理健康教育教程［M］. 北京：经济日报出版社，2008.
［74］徐绍华. 国外“三生教育”的探索与借鉴［J］. 昆明理工大学学报（社会科学版），2010（3）：12-17.
［75］许克亮. 职教生心智成长训练：团体游戏汇编［M］. 北京：机械工业出版社，2016.
［76］杨洪玲. 大学生心理危机特点及干预机制探索［J］. 吉林省教育学院学报，2009（10）：44-45.
［77］阳志平，彭华军. 积极心理学团体活动课操作指南［M］. 北京：机械工业出版社，2009.
［78］叶奕乾. 心理学［M］. 北京：中央广播电视大学出版社，1990.
［79］张春兴. 现代心理学［M］. 上海：上海人民出版社，1994.
［80］张彦军. 从唐僧师徒气质特点看中国古人对气质的认识［J］. 吉林省教育学院学报，2013（5）：137-138.
［81］张积家，陈俊. 高等教育心理学［M］. 北京：高等教育出版社，2005.
［82］张雷. 进化心理学［M］. 广州：广东高等教育出版社，2007.
［83］张磊. 民办高校学风的现状分析及建设机制［D］. 长春理工大学，2007.
［84］张苗. “互联网+”场域下大学生学习适应能力提升路径研究［J］. 当代教育科学，2017（4）：93-96.
［85］张敏强. 大学生职业规划与就业指导［M］. 广州：广东高等教育出版社，2008.
［86］张志超. “95后”大学生学风问题及对策研究——以燕山大学电气工程学院为例［J］. 教育教学论坛. 2018（20）：69-70.
［87］赵中. 大学校园心理危机预防体系的分析［J］. 黑龙江教育学院学报，2012（2）：106-108.
［88］郑洪利. 大学生心理素质训练教程［M］. 上海：上海交通大学出版社，2005.
［89］郑晖，姚健儿，刘延，等. 大学生心理健康教育［M］. 长沙：湖南师范大学出版社，2011.
［90］郑祥专. 大学生积极心理健康教育［M］. 北京：中国轻工业出版社，2009.
［91］郑雪. 人格心理学［M］. 广州：广东高等教育出版社，2004.
［92］中山大学心理健康教育咨询中心. 心灵的成长——关爱心灵的礼物［M］. 广州：中山大学出版社，2006.
［93］周媛，吴文春. 在校大学生在线学习活动特征调查与策略研究［J］. 长春教育学院学报，2013（3）：13-14+35.
［94］人民网. 大学生性健康调查报告：超两成大学生曾发生性行为. 2016-09-26. http：//bj. people. com. cn/n2/2016/0926/c233081-29062983. html
［95］央广网. 我国现有吸毒人员240.4万名，人数首次出现下降. 2019-06-26. https：//baijiahao. baidu. com/s? id=1637408443117640508&wfr=spider&for=pc.